子どもの自殺予防ガイドブック
学校現場から発信する
いのちの危機と向き合って

阪中順子

金剛出版

はじめに
いのちの危機と向き合って

　振り返ると，とまどいながらも，30年以上，小・中学校で多くの子どもたちと向き合ってきた。なかでも，教職に就いた当初は予想もしなかった自殺予防に細々とではあるが20年近く携わってきたことになる。自殺という究極の危機を考えることは，日々の子どもたちの生を考えることであった。子どもの自殺問題をどのように捉え，どのように関わるかを模索することを通じて，自殺予防にとどまらず日常の教育活動における子どもや保護者への関わりについて多くのことを学ぶことができた。

荒れた中学校に赴任して

　友だちから「やめておいたほうがいいのでは」と心配された中学校に赴任したことがあった。トイレの壁や便器は粉々に破壊され，4階から教室のドアが降ってくることもあった。割れた窓ガラスや廊下に大量にたまった消火栓の水を片付けたり，シンナーの吸引やバイクの暴走など，ドラマでみたシーンを毎日のように体験することとなった。担任していた生徒が部活動中に上級生からの暴力を受け，失明寸前にさせられることもあった。心も身体もずたずたになり，物を壊し他者を傷つけてしまう生徒たちを前にして，教師として無力感に襲われることもしばしばであった。事後処理に追われ，学校全体として「なぜ荒れるのか」と問題の本質や個々の生徒理解を深める余裕もないまま，教師の一人ひとりは必死に働いているにもかかわらず，いたずらに時間だけが過ぎていき，毎年，大量の人事異動があった。

　担任として生徒に，「朝起きて行きたくなるクラスにしよう」と，ことあるごとに訴えた。そんな折り，小柄な女子の生活ノートに，「放課後の日直清掃で，〇〇さん（大柄の突っ張り男子3年生）がクラスにたばこを吸いにきたけど，『教室から出て行ってください』と言ったら，出て行ってくれた」と書いてあっ

た。その勇気をクラスみんなでたたえ合った光景を今も思い出す。行事を大切にし合唱大会でも練習を重ね、みんなで心を合わせ賞を得ることに燃えた。「ひたむきに歌っている姿に涙がでたわ」と同僚が声をかけてくれたことをみんなで喜んだ。

　また、担任していた生徒が自殺企図を繰り返したこともあった。「誰にも言わないで」という母親の言葉に、家族の意をくむべきなのか、学校として援助体制をとるべきなのか、迷い続けた。

　しかし、このような生徒指導における困難な状況を何とか乗り越えることができたのは、共に働く先輩の女性教員の存在があったからである。担任である私をたて、保護者の意向も大切にしながら、一緒に対応策を考えてくれた。そうした同僚の存在が、どれだけ心の支えになったかわからない。また、所属学年の教師集団が一致団結していろいろな問題に対処し、生徒と真摯に向き合おうとしていたことも大きかった。

　私自身もカウンセリングの知識や技法を身につける必要性に迫られ、県の教育研究所の学校カウンセラー養成研修講座などで学ぶようになった。その学びを通じて、学校外の専門機関との連携がとれるようになったことも大きな力となった。

院内学級でいのちと向き合って

　学校の荒れが下火になった頃、近くの大学病院に院内学級が設置されることになり、その担当者となった。そこで、小児がんのつらい治療に耐えている生徒や拒食症に苦しみ「生きていてどうなるの」と訴えかける生徒たちの、いのちを削りながらも必死で生きようとする姿に出会った。

　一方で、院内学級設置校である本校と同様に、エネルギーをもて余して他者や自分を攻撃する生徒たちもいた。現れ方は違うが、必死で生きようともがき苦しむ生徒たちと出会うなかで、その揺れる心をどう捉えたらよいのか、どう関わったらよいのか、思春期の心の危機への対応について学びたいと強く思うようになった。

　そのようなときに、大学院に内地留学する機会を得、カウンセリングを体系的に学ぶことができた。死にたいと訴えるほどの深刻な心の危機に陥った生徒との関わりを通じて、思春期の心の危機と自殺予防の問題に自らの研究課題として取り組むようになった。

「死にたい」と訴える子どもたちに関わって

　大学院終了後も、生きづらさを抱える子どもたちとの出会いが幾度もあった。そのうちの一人は、中学生の時には抑うつ傾向が強く自殺念慮があったが、高校へは何とか進学し、中学生の時に憧れていた大学に進学することもできた生徒である。大学の相談室にも医療機関にも繋がっていたが入学後まもなく自らいのちを絶ってしまった。時々、中学校へ電話があり、亡くなる3日前にも久々に元気な声の電話があり、ほっとしていた矢先に知らせを受けた。深い悲しみと共に、自分に何が足りなかったのか、何ができなかったのか、と問わずにはいられなかった。

　院内学級担当者として関わった生徒は、200人を超える。その内訳は、最も多いのが小児がんの子どもで29％、ついで精神科思春期外来の医師が診ている子どもで28％、主に拒食症や心身症をはじめとしてこころのSOSを発している子どもたちであった。本校においても、教育相談担当者として、リストカットを繰り返す女子生徒や、「包丁を胸に突きつけてしまう自分が怖い」と訴える男子生徒、「死にたい」と訴える不登校生徒などへの対応を迫られていた。

　その後、小学校に転勤、衝動性が高く自閉傾向のある児童と出会った。その子どもは周りから怒鳴られたりすると、「死ぬ！　車にぶつかる！」と体全体で泣きじゃくり、部屋の隅から出てこないときがあった。その姿を見つめながらに、重い気持ちで保護者と座りこんでしまうこともあった。その後も折り合いのつかないときには、時々「死ぬ」という言葉を発していたことが悲しく思い出される。また、自分の首に手を当て「死にたくなってしまう、絞めてしまいそう」と、苦しんでいる低学年の児童と出会ったこともあるが、保護者や子どもとの面談を重ねるうちに、家族の支えで元気を取りもどしていった。

　現在の学校において、このような児童・生徒の存在は特殊なケースとして片づけることのできない問題となっている。

　子どもたちが、生き辛さを訴えたり、生きていくエネルギーを失ってしまった時、大人としてどう向き合っていけばよいのか。その問いへの答えを今も求め続けている。

目次

はじめに　いのちの危機と向き合って ………… iii

荒れた中学校に赴任して ……… iii
院内学級でいのちと向き合って ……… iv
「死にたい」と訴える子どもたちに関わって ……… v

第一部
［理論編］自殺予防の基礎知識 ………… 1

第1章　子どもの自殺の現状と理解 ………… 3

第1節 ── 日本における自殺の実態 ………… 3
1. 日本の自殺者数の推移 ……… 3
2. 青少年の自殺率の長期的推移 ……… 4

第2節 ── 子どもの自殺の実態 ………… 5
1. データからみる日本の子どもの自殺の実態 ……… 6
    a. 最近の子どもの自殺者数と自殺率の推移 ……… 6
    b. 子どもの自殺の連鎖 ……… 7
    c. 子どもの自殺未遂，自傷行為の実態 ……… 9
    d. 年代別死因と子どもの自殺 ……… 11
    e. 中高生の自殺の原因 ……… 12
2. 子どもの自殺に対する意識 ……… 16
    a. 子どもの希死念慮の実態 ……… 16
    b. 最近の子どもの死生観の特徴 ……… 19

第3節 ── 子どもの自殺の背景 ………… 21
1. 子どもの自殺をとらえる視点 ……… 21
    a. 自殺のとらえ方 ……… 21
    b. 子どもの自殺の特徴 ……… 23
2. 思春期の心理的特徴と自殺 ……… 25
    a. 自殺の背景となる思春期特有の心理 ……… 25
    b. 思春期危機と自殺 ……… 27
3. 自殺に追いつめられた子どもの心理 ……… 30

第2章　日本と海外の学校における自殺予防教育の概観 ………… 32

第1節 ── 日本の学校における自殺予防の出発点と課題 ………… 32
1. 日本の学校における自殺予防の取り組みの出発点 …… 32
2. 「子どもの自殺防止のための手引書」（総理府, 1981）の刊行 …… 34
3. 出発点における課題とその後の取り組み …… 35

第2節 ── アメリカの学校における自殺予防教育 …… 37
1. アメリカの自殺予防教育の出発点 …… 37
   a. 学校のカリキュラムに組み込まれたプログラムをめぐる論議 …… 37
   b. 1980年代の生徒向けプログラムの特徴 …… 38
2. 最近のアメリカの自殺予防教育 …… 39
   a. マサチューセッツ州の自殺予防プログラム「SOS」 …… 40
   b. メイン州の自殺予防プログラム「ライフライン」 …… 45
   c. アメリカの自殺予防学会の方向性 …… 49

第3節 ── オーストラリアの学校における自殺予防教育 ………… 52
1. 国レベルで取り組む自殺予防教育 …… 52
2. 自殺予防教育のための『マインドマターズ』 …… 53
   a. 3冊の総論テキストと自殺予防 …… 54
   b. 5冊の授業用テキストと自殺予防教育 …… 59
   c. レジリエンスを核にした自殺予防教育の展開 …… 60
   d. 自殺予防教育をすすめるための必要な条件整備 …… 62

第3章　日本の学校における自殺予防教育の必要性と方向性 ………… 68

第1節 ── 自殺予防に関する知識の啓発の必要性 ………… 68
1. 自殺に関する誤った理解 …… 68
   a. 子どもの自殺の原因はいじめか？ …… 68
   b. 自殺は自らの意思による選択か？ …… 72
2. 交通安全教育との比較 …… 73

第2節 —— 相談行動と友人支援の重要性 74
1. 友人支援の未熟さ 74
2. 中学生の相談行動と友人支援に関する調査 75
    a. 困ったときの相談相手 75
    b. 中学生の相談に関する意識と自殺親和性 76
    c. 友人から「死にたい」と打ち明けられたときの支え方（中学生）....... 77
3. 大学生の友人支援に関する意識 78
    a. 大学生の相談に関する意識と自殺親和性 78
    b. 友人から「死にたい」と打ち明けられたときの支え方（大学生）....... 78
    c. 友人の支え方と自殺親和性との関係 82
4. 小学生の相談行動 83
5. 自殺防止のための援助施設に関する認知 84

第3節 —— 自殺予防教育に対する教師の意識と実施上の課題 85
1. 生徒向けプログラムに対する評価 86
    a. 生徒向けプログラム実施に関する必要度の経年変化 86
    b. 生徒向けプログラムの実施時期 89
2. 自殺予防教育実施に向けての課題 90
    a. 意識調査の結果 90
    b. 意識調査から導き出された課題 92

第4節 —— 自殺予防教育の方向性 97
1. 自殺予防教育の全体像 —— 学校における自殺予防の3段階 98
2. 「未来を生き抜く力」を育む教育として 100
3. 児童生徒向け自殺予防プログラムのカリキュラムデザイン 100
    a. 核となる授業 101
    b. 下地づくりの授業（いのちについて考える）....... 103

第二部
［実践編］自殺予防プログラムと危機介入 ………… 105
第4章　教師を対象とした自殺予防プログラム ………… 107
第1節 ── なぜ，教師を対象とした自殺予防プログラムから始めるのか ………… 107
1. 自殺予防における教師の役割 …… 107
2. 教師の自殺理解を促進するプログラム …… 108

第2節 ── 教師向け自殺予防プログラムの概要と有効性 ………… 109
1. グループワークを中心に据えた教師向けプログラムの概要 …… 109
   a. 全体の構成 …… 109
   b. グループワークを中心としたプログラム …… 110
2. 教師向けプログラムの有効性 …… 113
   a. グループワークの有効性 …… 114
   b. 知識理解の有効性 …… 116
   c. プログラムの課題 …… 118

第3節 ── 教師向け自殺予防研修の実際と効果 ………… 122
1. 研修の具体的展開例 …… 123
   a. 自殺に関する事例検討の実際 …… 123
   b. 自殺予防の理解と対応についての研修の実際 …… 126
2. 最近の自殺予防研修の効果 …… 136
   a. 内容満足度，理解度 …… 136
   b. 自殺予防に取り組む自信度 …… 138

第5章　子どもを対象とした自殺予防プログラム ………… 139
第1節 ── 生徒向け自殺予防プログラムの概要と有効性 ………… 139
1. 生徒向けプログラムの概要 …… 140
   a. プログラムの全体構成 …… 140
   b. プログラム実施に至る経緯 …… 142
   c. プログラムの特徴 …… 142
   d. プログラムの実施にあたって留意した点 …… 144

2. 生徒向けプログラムの実際（10時間の授業内容）...... 144
    a. 核となる授業『大切ないのちを守るために』（ステップ2）...... 144
    b. 下地づくりの授業『生と死』（ステップ1）...... 159
    c. まとめの授業『今を生きる』（ステップ3）...... 161
3. 生徒向けプログラムの有効性 163
    a. 「核となる授業」実施の効果 164
    b. プログラム実施による希死念慮の経年変化（200X年度入学生〜200X＋7年度の入学生）...... 166

第2節 —— 児童向け自殺予防プログラムの試行 168

1. 児童向けプログラムの実際 169
    a. 身近なところからいのちについて考える 169
    b. 違いを認めていのちを支え合う 172
    c. 気持ちを伝えることや聞く姿勢を身につける 173
2. プログラムの深化に向けて 177

第3節 —— 学校における自殺予防教育の日常的展開 178

1. 各教科・領域における自殺予防教育に関する学習 178
    a. 保健体育の学習内容（心の健康・ストレス対処）...... 179
    b. 他の教科における自殺予防と関連する項目 182
    c. 教科外教育活動と自殺予防 184
2. 自殺予防教育の土台になる日常的教育活動 186
    a. 自尊感情を高められるような学校つくり 186
    b. 仲間作りを進め，安心して生活できる学校づくり 187
    c. 児童生徒が悩みを相談できる校内体制の構築 187
    d. 移行期の問題 188

第4節 —— 保護者を対象とした自殺予防プログラムの試行 189

1. 「教師向け」を土台にしたプログラム 189
2. 保護者向けプログラムの留意点 195

第6章　学校における自殺の危機への対応の実際 197

第1節 —— 自殺の危険の高い生徒への対応 197

1. ハイリスクな生徒の理解 198

a. 希死念慮 198
   b. 自傷行為 199
2. ハイリスクな生徒への対応 199
   a. 感情を理解しようと聴く 199
   b. ひとりで抱えこまない 200
   c. 専門家との連携 201
   d. リストカットへの対応 202
   e. 過量服薬への対応 203
   f. 保護者への対応 203
   g. 急に子どもとの関係を切らない 203

第2節 —— 自殺が起きてしまったときの対応 204

1. 初期対応における留意点 205
   a. 遺族対応 206
   b. 児童・生徒の心のケア 206
   c. マスコミ対応 207
   d. 保護者・地域対応 208
2. 背景調査の意義と進め方 208
   a. 背景調査の進め方 208
   b. 背景調査の意義 —— 事実に向き合う 209

第三部
[事例編] ケースから学ぶ自殺リスクへの対応 211

事例1　生徒の自殺企図に関わったケース（学級担任として）....... 213
事例2　同僚との連携を模索しながら関わったケース（教育相談係として）....... 218
事例3　学校・関係機関との連携をめざして関わったケース（院内学級担任として）
　　　....... 222
事例4　養護教諭との連携のもとに関わったケース（教育相談係として）....... 226
事例5　卒業後も関わり続けたケース（部活動顧問として）....... 229
まとめ ——5つの事例からみえてくるもの 232

資料 .... 235　　あとがき .... 245　　参考文献 247

第一部
［理論編］
自殺予防の基礎知識

第1章
子どもの自殺の現状と理解

第1節——日本における自殺の実態

1. 日本の自殺者数の推移

　子どもの自殺の現状をより理解するために，まず大人や若者の現状を概観する。

　戦前戦後の日本の自殺者数の推移は図1-1のグラフのようになる。2012年，日本の自殺者数は15年ぶりに3万人を下回った。それでも，毎日80人近くの人が自ら命を絶っている厳しい現実がある。

　世界に目を向けると，年間約100万人が自殺で亡くなっている。自殺は紛争，飢餓，感染症などで苦しんでいる国や地域では十分な関心が払われず，WHO（世界保健機関）に正確な統計を報告していない国も数多くある。G8（主要国首脳会議8カ国）中での日本の自殺率をみると，図1-2のように，2010年には，ロシアを抜いてしまい，きわめて高い値を示している。日本は深刻な自殺大国と言わざるを得ない。

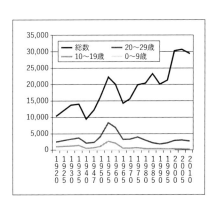

図1-1　日本の自殺者数の推移
　　　（厚生労働省資料より作成）

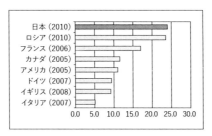

図1-2　世界の自殺率（WHOの統計より作成）

2. 青少年の自殺率の長期的推移

　日本の青少年の自殺の傾向について，10歳から25歳の5歳階級，性・年齢別に1950年からの推移について概観する（図1-3）。1955年頃，20代前半の自殺率は70代以上の高齢者に次いで高かった。しかし，1960年代後半から青少年の自殺率は減少し，少しの上下はあるものの比較的低い水準で推移しているといえる。

　この自殺率の減少の背景として，1955年から高度経済成長がはじまり，1964年には東京オリンピックが開催され，1968年にはGNP（国民総生産）が資本主義国家の中で第2位となるという経済的躍進を遂げ，高校進学率も1955年51.5%から1965年には70.1%，1970年は82.1%に上昇していったことがあげられる。

　高校進学率の上昇と青少年の自殺率の減少との間には何らかの相関があると思われる。中（1966）は，1955年の高校生の自殺率は10.4，一方，15〜19歳の就業者（の自殺率）は42.9という数字をあげ，「高校や大学在学中の学生・生徒の自殺がそれほど多くなく，その自殺率は，就業者のそれよりもはるかに低率である」と指摘している。また，渡部（2006）は，1985年の時点でも若者の自殺率は無職青年，有職青年，高校生，大学生の順で高かったと指摘している。どちらも，学校に籍を置かない若者の自殺率が高いことを示している。

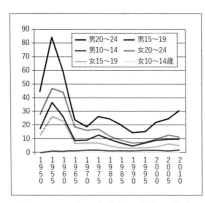

図1-3　日本の青少年の自殺の推移
（厚生労働省資料より作成）

高度成長とともに若者の自殺率は減少したともいえるが，1998年から賃金削減，正社員減少等により，一億総中流時代が次第に過去のものとなる不景気に突入し，自殺者は一気に3万人に跳ね上がった。それにともない，低かった20代の自殺率も2009年には，警察庁が悉皆(しっかい)で統計をはじめた1978年以降で最悪の数字を示している。その後，先述したように2012年からは総自殺者数は3万人を下まわったが，若年層の自殺率は諸外国に比べても依然として深刻な状況が続いている。

　警察庁は2007年から「自殺の概要資料」で，年齢別自殺者数（原因・動機別とのクロス集計）を行い，今までの大項目に加えて小項目もたて，より自殺予防に役立てる資料をめざしている。その中で，20歳台の自殺の原因・動機で増加率の高い項目が「就職失敗」であり，2007年と2010年を比べると約2.6倍にも上昇している。若者も社会の影響を大きく受けていることがわかる。

　以上のことから，学校は社会の荒波を受けるまでの子どもや若者を自殺から守っている一面を持っていると思われる。したがって，入学を許可された生徒が「排除」されない学校，切り捨て教育ではなく，さまざまな問題を抱えた子どもたちに生きる力を育む教育が求められる。また，キャリア移行期の支援の重要性が示唆されるとともに，苦境に陥っても，危機をしのいだり乗り越えたりする，生き抜くための教育として，自殺予防教育が今，学校に求められているのではないだろうか。

第2節 ── 子どもの自殺の実態

　2012年に，滋賀県大津市の中学生の自殺をめぐって学校や教育委員会の隠蔽体質を非難する報道が行われた。2013年の2月には，大阪府大東市で「統廃合中止」を訴えるメモを残した小学校5年生の自殺という痛ましい事案も報道された。子どもの自殺がいじめなどの学校問題と結びついているのではないか，教育関係者の不適切な対応があるのではないかと考えられるときには，学校や教員の責任を問うセンセーショナルな報道が繰り返されてきた。

　全自殺者（年間約3万人）の中に占める子どもの割合はどれくらいであろうか。未成年の自殺者数の全体に占める割合は2％であり，児童・生徒に限ると全体の自殺者数に占める割合は約1％で決して多いとはいえない。それでも毎年300人前後の小・中・高校生が自ら命を絶っている現実に，大人は真摯に向き合ってきたといえるのであろうか。これから人生が始まるという時期に自らの手

第一部 ［理論編］自殺予防の基礎知識

で未来を閉ざすという行為は，本人はもとより，保護者，また，周りの友だちや大人たちにとってもあまりにも痛ましいものである。周囲への影響や社会としての損失の大きさを考えれば，放置できない問題である。

1. データからみる日本の子どもの自殺の実態

a. 最近の子どもの自殺者数と自殺率の推移

　下の図1-4の棒グラフは，ここ35年間の中高校生の自殺者数の実態を，文部科学省（文部省）と警察庁の調査から，グラフ化したものである。突出している年からみれば，漸減している時期もあるが最近は，中学生は約100人弱，高校生は200人前後の，計300人の生徒が，毎年自ら命を絶っている（小学生の年間の自殺者数は10人前後で，このグラフには含めていない）。

　また，1978〜2013年で，文部科学省（以下文科省）と警察庁のそれぞれの自殺した生徒数の平均を比べてみると，172人，279人であり，100人ほどの差がある。特に，大人が3万人以上の自殺者数を出した1998年から2013年までの平均は，それぞれ156人，293人とほぼ2倍の違いがあり，2005年は約3倍近くあった。この数値の差の大きさに疑問が持たれ，文科省はその一因でもあると思われた公立学校だけを報告対象とするのでなく，2006年からは国私立学校，2013年度からは高等学校通信制課程も調査の対象となった。にもかかわらず，

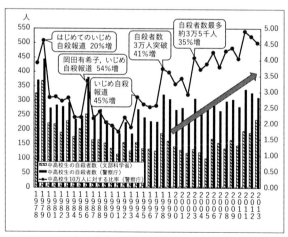

図1-4　中・高校生の自殺者数と自殺率の推移
（全国の中・高校生の総数　1986年1137万人　2013年686万人）

警察庁と文科省の差はそれほど縮まったとはいえない。
　この数値の差はどこからくるのであろうか。
　一つには，文科省の調査が，調査権のない教員が日々の観察や伝聞から類推するしかない状況のなかでの報告によって作られているため，実際は自殺であっても保護者が事故死や病死として届けてきた場合，保護者の意向を無視できないからではないかと考えられる。しかし一方で，自死遺族の方から「学校から自殺でなく事故で扱っては，と言われた」と訴えられたこともある。筆者が関わったケースでも，はじめは遺族の方の意向として「事故で」ということであったが，しばらく経過した後，「自殺とはっきり言ってほしい。いじめがあったのでは」と，学校へ真相解明の強い要求となったこともあった。いずれにせよ，子どもの死が与える衝撃は計り知れず，自殺であれば受け入れ難さはなおのことである。日本の社会が自殺をタブー視している風潮が未だに続いている現状もあり，子どもの自殺を実態に即してとらえることの難しさを痛感する。
　また，遺族や教師が，後で「記憶がないところがある」と語る場合も少なくない。子どもの自殺の事実を受け入れ現実を直視することが難しい心情のあらわれであろう。自殺問題は，周りの心をそれほどまでに揺り動かす深刻な危機なのである。
　図1-4の折れ線は，子どもの自殺率の推移である。
　中高生の生徒総数は1986年当時約1,140万人と最も多い時期であり，2013年度は約700万人弱と，60％近くまで減っている。そのため，ここ20年間をみると，自殺者数は横ばいであるが，中・高校生の自殺率は漸増傾向といえる深刻な状況である。

b．子どもの自殺の連鎖

　次頁の図1-5は，前年度に対する自殺者数の増減の割合を前年度を1として示したものである。中・高校生は実線，総自殺者数は破線で示した。大人に比べて，変動の幅が著しいことがわかる。グラフ上の①から⑥の自殺に関する報道を追ってみたい。
　1979年①は「いじめ自殺」という言葉が初めてマスコミで使われた年である。1986年②では，2月に東京中野区の中学生が「このままじゃ生き地獄になっちゃうよ」などと遺書を残して自殺したため，いじめ自殺としてセンセーショナルな報道が繰り返された。また，4月にアイドル歌手が，手首を切りガス栓を開け自殺を図り病院へ搬送された。しかし，応急手当のみで精神科医による診察もなく，マネージャーがすぐ事務所に連れて帰ったが，みんなの目が離れた隙にビル

の屋上から飛び降り自殺するという事案があった。自殺の現場や嘆き悲しむ若者の姿が連日センセーショナルに報道され、その後2週間で三十数人の後追い自殺者が出てしまった。その頃の青少年の自殺は年間500人ぐらいで、月平均40人ぐらいであるが、4月は119人、5月は88人、6月は85人が亡くなった。その結果、1986年はその前後の年と比べて中高生の自殺者は54%も増えてしまった（1985年247人　1986年381人　1987年249人）。

また、③の21%増（中学生65%増）は尾崎豊が亡くなった年（1992）で、葬儀には3万人以上の列席者があったという。1994年④では、11月に愛知県西尾市で中2男子が自殺し、いじめ自殺が加熱報道された結果、前年度よりも中高生の自殺は45%（中学生51%）増加している。

2006年秋には、北海道滝川市や福岡筑前町の中学生の自殺報道から、児童・生徒の自殺が相次ぎ、文部科学大臣宛への自殺予告、いじめ自殺に関連した校長の自殺までが起きるに至った。各学校には文科省からの「いじめ問題への取り組みの徹底について」（通知）が出され、児童・生徒には「未来ある君たちへ」と題して「文部科学大臣からのお願い」（2006.11.17）が手渡されている。これらが功を奏したのか、自殺率の上昇は小さな幅にとどまり、中高校生の自殺率の増加は7%（中学生は23%増）であった。

一方、大人の自殺者数が3万人を突破した1998年⑤は41%増（中学生65%増）であった。大人の自殺者が最高になった2003年⑥も35%（中学生54%増）増加していることから、中・高校生が他者の死や大人の社会の影響を敏感に受けてい

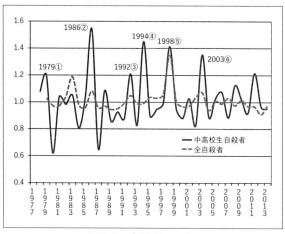

図1-5　自殺率の変化

る現実は見逃せない。以降，少子化にもかかわらず自殺者数の減少が見られず，自殺率が漸増していることは，子ども自殺がきわめて深刻な状態にあることを示している。

c．子どもの自殺未遂，自傷行為の実態

　これまでの教職経験のなかで，車の前に飛び出し一命をとりとめたり，カーテンレールにひもをかけ首をつろうとして紐が切れて助かったり，また，要請があって家庭訪問すると，割ったコップで身体を傷つけソファーが血だらけになっている状態で横たわっていたり，といった生徒たちと出会ってきた。

　青少年の場合は，自殺未遂が自殺既遂の100〜200倍とされ，既遂自殺者の背後に非常に多くの未遂者が存在することを各種の報告が指摘（高橋，2008）していることから考えると，児童・生徒の自殺未遂は私たちが思っている以上に数多くあると予想される。

　現在，学校現場で養護教諭を始め対応に苦慮している問題として，リストカットが挙げられる。私自身も，その傷跡を「何もない……猫に引っかかれた」と隠す生徒や，たくさんの痛々しい傷跡をつけ，首にまでカッターをあて「死にたい」とノートに書く拒食症の生徒など，さまざまに苦しんでいる生徒と関わってきた。「リストカットでは死なないのだから，心配しなくてもいい。振り回されないように」と，教員に話す医師も少なくなかった。そのため，目の前の生徒にどのように接していいかわからなくなった教員は，生徒と距離を置くことになってしまったケースもある。しかし，高橋は以前から，「手首を浅く切る，薬を数錠服薬するといった，実際には死ぬ危険はそれほど高くないと考えられる自傷行為も軽視しないで真剣に受け止める」（1992）ことが必要と警鐘を鳴らしている。

　最近では，自殺を予防するといった観点からみれば，自傷・自殺未遂・自殺は移行性のある一連のものであり，それぞれを区別するのではなく，その関連性が問題にされることが多くなり，自傷行為を自殺関連行動という言葉で表すことが多くなった。

　自傷とは，その字のごとく自らの身体を自らの意志で傷つける行為であり，自殺への思いが見え隠れしていることが少なくない。

　次頁の自傷行為の実態に関するグラフ（図1-6）は，文科省の「教師が知っておきたい子どもの自殺予防」を分担執筆した折りに作成した図である。上の2つのグラフは，全国高等学校PTA連合会と精神科医松本俊彦らの調査であり，自傷行為の経験有りは，いずれも女子で約12％，男子で約7％，に上るとされる。

9

第一部　［理論編］自殺予防の基礎知識

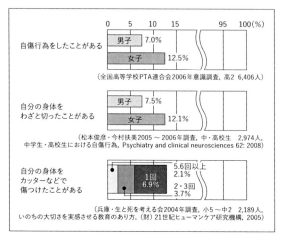

図1-6　自傷行為の実態

「兵庫・生と死を考える会」が行った調査でもおよそ10%強になる。調査主体が違い，調査地域も違うのにもかかわらず，よく似た数値が出ていることに驚かされる。これら日本の3つの違った調査を見ても約1割の子どもたちが，自分の身体を故意に傷つけていることになる。また，松本（2009a）によれば，「海外で実施された同様の調査とも一致」し，欧州7カ国の共同調査の結果も「おおむね男子では3～5%，女子の10～17%に自傷の経験があることが明らか」と報告している。

また，「兵庫・生と死を考える会」(2005)によると，自傷行為の経験有りと答えた子どもは，自傷行為をしていない子どもよりも，「保護者から愛されていない」と答える傾向が非常に強く，死のイメージとして「喜び」「楽しみ」「不思議」「何も感じない」などと答えている。また，「死にたいと思ったことがある」という割合は非常に高く，その理由の1位が「親と家庭のこと」であった。また，テレビやゲームでは暴力や殺人を好む傾向が非常に高く，気になる点として死の絶対性の認識が低いことから，「最悪の事態を招く死生観を有している」と指摘している。

しかし，「保健室利用状況に関する調査報告書」(2009)では，過去1年間に中学・高校の養護教諭が把握した「リストカット等の自傷行為」は，中学校で0.37%，高校で0.33%にすぎず，学校の中で一番このような情報を得やすい立場にある養護教諭でさえ，気づいていないケースが大半である。自傷行為という子どもが苦しみもがきはじめたサインを，大人はなかなか見つけることができない

ということである。

　自殺者の約半数は生前に自傷経験があり，自傷で受診した人が1年以内に自殺する確率は一般人口の60倍以上だという外国の報告もある。1回でもリストカットしていた経験のある子どもは，将来自殺の可能性があると考え，生涯の精神保健のためにも丁寧に対応する必要がある。

　リストカットでは死ななくても，リストカットする子どもは死なない（松本，2009a），とは言い切れないのである。自傷行為も含めて，自殺未遂はその後の自殺の強力な危険因子である。自殺未遂者への介入（特に青少年の場合は自傷行為への介入も含めて）が，自殺予防の大きな柱の一つである。

d．年代別死因と子どもの自殺

　次は10代〜30代の死因上位3項目についてである。表1-1に示したように，10歳から14歳まで，つまり小学校高学年から中学生の死因をみてみると，自殺は第3位であるが，その後10代後半から39歳まで，ずっと死因のトップという深刻な現実である。自殺対策白書（内閣府，2012）でも「こうした状況は国際的に見ても深刻であり，15〜34歳の若い世代で死因の第1位が自殺となっているのは先進国7カ国では日本のみで，その死亡率も他の国に比べて高いものとなっている」と指摘している。

表1-1　10代から30代の死因

年齢	第1位	第2位	第3位
10〜14	悪性新生物	不慮の事故	自殺
15〜19	自殺	不慮の事故	悪性新生物
20〜24	自殺	不慮の事故	悪性新生物
25〜29	自殺	不慮の事故	悪性新生物
30〜34	自殺	悪性新生物	不慮の事故
35〜39	自殺	悪性新生物	心疾患

平成24年人口動態統計を参考に作成。

　図1-7は15歳から19歳の不慮の事故と自殺者数のグラフである。2008年から，小差であるが自殺者数の方が不慮の事故よりも多くなっている（2011年のみ東日本大震災の影響か不慮の事故が424人から660人に急増）。また，10歳から14歳の死因の第1位は，24年度は悪性新生物となっているが，多くの年度は不慮の事故が第1位となっている。自殺はタブー視され隠されることも多く，遺書のないもので，原因不明として不慮の事故の中に含まれているケースも少なくないといわれている。子どもの自己破壊の試みと自殺の境界がはっきりしない例が多いといわれる傾向は変わっていないのではないかと思われる。

　「京大生では，15年間における大学への全死亡届出者149名と，知り得た限りの全自殺者69名を照合した結果，自殺者の約40％が事故死その他への偽装

（計32％）または未届（8％）」（石井，1971）であり，また「自殺者本人によるにせよ保護者によるにせよ，自殺を眠剤・ガス中毒等による事故死に擬するか，心不全死で届けたりする場合が，かなり多いといわなければならない」（石井，1970）という指摘もある。したがって，青少年の自殺の実数は，統計にあらわれた数字以上のものであると考えるべきであろう。

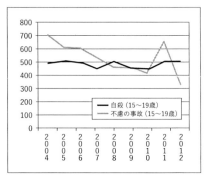

図1-7　不慮の事故と自殺者数
（厚生労働省資料より作成）

　これまで，データからみる日本の大人や子どもの自殺の実態を概観したが，このような深刻な現状を受け，子どもの自殺の原因について考えてみたい。

e. 中高生の自殺の原因

　海外では，自殺予防のために社会的要因を含む自殺の原因・背景，自殺に至る経過，自殺直前の心理状態等を多角的に把握することをめざした心理学的剖検が行われている。しかし，日本では，ようやく始められたばかりである。
　自殺は，さまざまな要因が絡み合って起こるといわれるが，子どもの自殺は衝動性が高いことや言語能力も発達途上であることから，大人以上にわかりにくい。文部科学省における，「児童生徒の自殺予防に関する調査研究協力者会議」では，効果的な自殺予防のために，正確な実態把握をめざし，不幸にも自殺が起こった場合の報告文書の「統一フォーマット」を作成したり，背景調査の方法を提示してきた。しかし，未だ十分な把握が行われていないのが現状である。次に警察庁と文科省の調査結果から，子どもの自殺の原因を探るというのは危険すぎるとも思われるが，理解の一端にはなると考え検討を行う。

1）警察庁の調査から

　警察庁では1978年から悉皆調査がなされ，2007年（H19）に自殺統計原票が改正された。2006年までは，遺書等（「遺書があり」の平均31％，2001～2006年）から自殺の原因動機と考えられるものが1つあげられていたが，2007年からは，「遺書等の自殺を裏付ける資料により明らかに推定」できたものを3つまで回答するようになった（公表の形式は，「平成22年中における自殺の概要資料」のタイトルで，警察庁生活安全局生活安全企画課が公刊していたが，平成23年

からは,「平成23年中における自殺の状況」として,内閣府自殺対策推進室・警察庁生活安全局生活安全企画課が名を連ねて公刊している)。

2007年から自殺の原因・動機を推定できた人は,全自殺者数の約75%(2013年までの7年間を平均)になり,大幅に増えた。ただ,亡くなった人の本当の原因はその人にしかわからないといった側面があり,より真実に迫り予防に役立てるためには,やはり心理学的剖検のような専門家によるていねいな取り組みが必要である。生徒の自殺事案も,自殺場所が学校でない場合,警察が学校に事情を聞きに出向くのは多くないようである。そのような状況で担当警察官が,保護者からの聞き取りを中心にさまざまな資料により判断していると思われる。

原因・動機別は大きく「○○問題」の7グループに分けられ,52の項目がある。中高生の自殺者数の比較的多い項目を選び出し,項目名については内容が変わらない範囲で簡略化し,2007年から2013年の7年間を,1つの表にまとめたものが表1-2である。また,グラフ(図1-8)は,5つの「問題」の割合を棒グラフで表したものである。

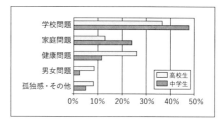

図1-8 中・高校生の
自殺の背景に関する問題別分類

グラフから,中高生とも,「学校問題」の割合が一番多く,中学生では5割近くなる。この中で割合の高いのが,「入試に関する悩み・その他の進路に関する悩み」であり,「学業不振」が続く。やはり,日々の学習,進路に関する丁寧な日常の取り組みが必要だと思われる。「いじめ」については総項目に占める割合は1.8%であり,いじめだけに目を向けていても子どもの自殺が減らないことがわかる。「その他学友との不和」が「いじめ」の2倍以上有り,「いじめ」とともに,日頃の友だち関係に目を向ける必要がある。

次に「家庭問題」,「健康問題」と続く。高校生は「健康問題」が中学生に比べると倍増している。中高校生で,精神疾患が約2割を占めていることも見過ごすことができない。

2) 文部科学省の調査から

文科省は,1974年から公立中学・高校生の自殺者数の調査を開始した。1977年からは公立小学校,2006年からは国私立学校,2013年からは高等学校通信課程を調査対象に加えている。

表1-2　中・高校生の自殺の原因・動機の年次推移

原因・状況	2007 H19	2008 H20	2009 H21	2010 H22	2011 H23	2012 H24	2013 H25	合計	構成比
家庭問題	32	40	55	58	56	48	49	338	15.9%
親子・家族の不和	15	20	27	25	24	30	23	164	7.7%
しつけ・叱責	6	12	18	23	19	10	18	106	5.0%
健康問題	68	65	76	62	56	70	55	452	21.2%
身体の病気	8	5	4	6	5	6	7	41	1.9%
精神疾患(うつなど)	57	54	70	52	50	62	44	389	18.3%
経済・生活問題	1	2	2	2	6	4	0	17	0.8%
就職失敗	0	2	0	2	4	2	0	10	0.5%
男女問題	21	18	26	20	24	31	19	159	7.5%
学校問題	107	126	118	117	134	124	111	837	39.3%
学業不振	26	24	29	11	34	45	28	197	9.2%
入試・進路の悩み	22	35	39	29	52	41	40	258	12.1%
教師との人間関係	5	3	3	5	5	2	1	24	1.1%
いじめ	7	11	7	4	3	3	4	39	1.8%
学友との不和	18	15	20	17	20	11	23	124	5.8%
その他	18	20	33	19	16	26	38	170	8.0%
後追い	0	1	0	0	3	0	0	4	0.2%
孤独感	8	5	1	4	5	5	10	38	1.8%
自殺者数	266	299	305	280	340	328	312	2,130	

遺書等の自殺を裏付ける資料により明らかに推定できる原因・動機を自殺者一人につき3つまで計上。
構成比は，各区分における自殺した生徒数に対する割合。　　　　　（警察庁資料より作成）

　自殺の原因として，いじめによるものは0%と発表していた時期（1999～2004年）があった。しかし，1999年に自殺した子どもの遺族の要請で再調査した結果，2年後には，教育委員会がいじめとの因果関係（授業中のからかいや自殺の2日前の担任への相談など）を認めた大阪府堺市の女子高生のケースがあった。その他にも，遺族がいじめがあったと訴えているものも少なくなかった。子どもの自殺を「いじめ自殺」にひとくくりにするのも問題だが，主たる理由を一つだけに選択している文科省の「自殺の原因別状況」も，誤解を招きかねない（阪

第1章 子どもの自殺の現状と理解

表1-3 自殺した中・高校生の置かれていた状況の年次推移

置かれた状況＼年	2007	2008	2009	2010	2011	2012	2013	合計	構成比
家庭不和	16	13	17	17	15	19	28	125	10.1%
父母等のしっ責	12	10	14	12	23	14	16	101	8.2%
病弱等による悲観	2	10	1	0	5	3	5	26	2.1%
精神障害	20	8	16	20	17	13	21	115	9.3%
異性問題	6	7	9	8	11	4	13	58	4.7%
学業等不振	8	5	10	5	14	15	17	74	6.0%
進路問題	9	16	12	12	20	24	18	111	9.0%
教職員との人間関係	0	2	1	2	0	5	2	12	1.0%
いじめ	5	3	2	4	4	6	9	33	2.7%
友人関係	8	4	10	5	8	12	16	63	5.1%
厭世	14	8	15	13	17	15	23	105	8.5%
その他	9	7	2	10	19	20	13	80	6.5%
不明	85	73	96	86	112	93	121	666	54.1%
自殺者数	155	136	165	155	196	189	236	1,232	

自殺した生徒が置かれていた状況について，該当する項目を全て選択するものとして調査。
（文部科学省資料より作成）

中，2005b）状況にあった。2006年の文科省の「児童生徒の自殺予防に向けた取り組みに関する検討会」でも議論がなされ，その年度から，「自殺の原因状況」ではなく，「自殺した児童生徒が置かれていた状況」についての報告を求めることになる。各項目は，学校が事実として把握しているもの以外でも，警察等の関係機関や保護者，他の児童生徒等の情報があれば，該当する項目をすべて選択することになっている。

表1-3は，報告内容が変更後の2007から2013年の中高生の「自殺した生徒の置かれていた状況」13項目の数値である。不明が中・高校生徒とも5割を超えていることは，これからの大きな課題である。

上記の文科省の項目と警察庁のデータの小項目を簡略化し，比較できるようにグラフ化したものが図1-9である。最も多いのは心の病気である。

このことからも，中高生の自殺の原因を考えるときに，心の病の視点を抜きに子どもの自殺を減らすことはできないのではないだろうか。また，進路問題，学

第一部　[理論編]自殺予防の基礎知識

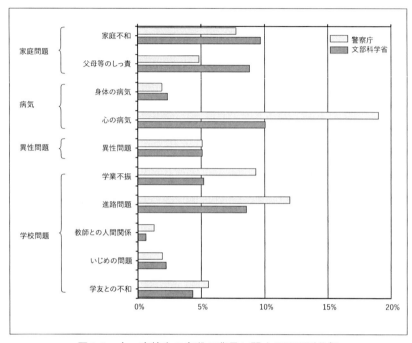

図1-9　中・高校生の自殺の背景に関する項目別分類
（警察庁，文部科学省資料より作成 2007〜2013）

業不振などの学校問題が占める割合が高いことからも，また，一日の大半を学校で過ごすことからも，自殺をはじめ子どもの危機に際し教員に求められる役割は，決して小さなものではない。なお，家族関係の不和など家庭問題も少なくないことから，保護者への発信も必要不可欠である。

いじめと心の病に関することは，第3章第1節で詳しく述べる。また，自殺の危険因子の詳細については，『教師が知っておきたい子どもの自殺予防』（文科省，2009）や『教育現場からみた思春期における危険因子』（阪中，2005b）を参照されたい。

2. 子どもの自殺に対する意識

a. 子どもの希死念慮の実態
1）2000年までの意識調査
　　思春期にある子どもの心理という視点から，中学生の自殺や死に対する意識調

査を取り上げ，希死念慮の実態について検討する。

ⅰ）東京都立教育研究所相談部（1982）「子どもの『生と死』に関する意識の研究」
　「死の衝動あり」は中学3年生で27.1％，女子では学年が上がるにつれ比率が増加し，中2・中3では40％を超える（幼・小・中1,873名を対象にした調査）。

ⅱ）ベネッセ教育研究所（1997）「高校生にとっての生と死」
　「死にたい」と思ったことがあると答えた生徒は全体の38.3％で，その8割までが中学3年生までに「死にたい」と感じていたと指摘されている。中学生では，約30％の生徒が「死にたい」と思ったことがあるということになる（公立高校1～3年生　2,216名を対象にした調査）。

ⅲ）大塚（1998）の調査
　中学生は非常に不安定な状態にあり，特に3年生になると急にうつ状態や自殺に対する親和性の高い状態に陥りやすい。中学生の約55％が「『死んでやる』など，死をほのめかす言葉を言ったことがある」と答え，約23％の生徒が「以前に死のうとしたことがある」と答えていることが明らかになった（中学生1,537名を対象にした調査）。

2）A中学校における意識調査（1999～2008）
　近畿地方のA中学校では，1999年から教育相談週間前に「生活アンケート」を実施し，その中で死と自殺に対する意識について調査している。10年間の数値の平均を分析した。
　各年とも，教育相談週間前に学級活動の時間に調査票を配布し，記名自記式で回答を求め，時間内に回収した。欠席や記入漏れ等は後日再調査した。
　有効回答者数は，4,658人で有効回答者率は99％であった。
　生活アンケートを受けていない生徒41人は，アンケート実施後の転入生徒や不登校や不登校傾向の生徒で，担任や教育相談担当者が，アンケート実施に懸念を抱いた生徒である。今までの研究からも不登校の生徒の自殺リスクが高いと言われていることもあり，配慮したものである。
　調査票は「学校生活に関するアンケート」（冨永，1998）に，大塚（1998）の自殺親和状態尺度から自殺に対する親和性を測る4項目の質問（③⑧⑩⑮）を加えたものを「生活アンケート」として実施した。「あなたのこの頃の身体の調子や気持ちについて質問します」という問に対して，「その通りだ」＝4点，「どち

表1-4　質問項目一覧

① 花や自然が好きだ
② よくねむれる
③ わけもなく悲しいと思うことがある
④ 勉強が手につかない
⑤ 好きな教科（勉強）がある
⑥ 気持ちがむしゃくしゃする
⑦ 頭痛がする
⑧ 死にたいと思ったことがある
⑨ 誰かに怒りをぶつけたい
⑩ 自分は一人ぼっちだと寂しく感じる
⑪ 食べられない
⑫ おなかがいたい
⑬ よくあいさつする方だ
⑭ 学校が楽しい
⑮ 私なんかいない方がいいと思う
⑯ 先生にいろいろなことを相談できる
⑰ 何でも話し合える友だちがいる
⑱ 家での生活は楽しい
⑲ 熱中できるものがある
⑳ 家族にいろいろなことを相談できる

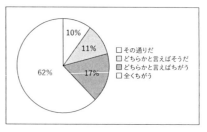

図1-10　中学生の希死念慮（この頃「死にたいと思ったことがあるか」）

らかと言えばその通りだ」＝3点，「どちらかと言えば違う」＝2点，「まったく違う」＝1点を与えた。得点の多いものほど精神的に辛い状態を表す。具体的な質問項目は表1-4に示した通りである。①②⑤⑬⑭⑯⑰⑱⑲⑳は逆転項目である。

　10年間の中学生の希死年慮についてみてみると，「この頃『死にたいと思ったことがある』」という質問に，10％の生徒が「その通りだ」と答えている。「どちらかと言えばその通りだ」を加えると21％に達する（図1-10）。男子をみると，「その通りだ」と答えたのは7％で，学年差はほとんどない。しかし，女子は学年を追う毎に増加している。また，死にたいとまったく考えないと答える生徒は，男子は70％前後であるが，女子の3年生では48％にまで減少する。女子の場合，希死念慮は学年があがるにつれて高くなり，中学3年生の女子では16％に及ぶ。「どちらかと言えばそうだ」をあわせると，34％にもなる。その背景として，女子は身体的，精神的な成熟が男子より早く訪れることで思春期特有の心の揺れが大きくあらわれやすく，受験や進路選択などに関わるストレスは学年があがるにつれて影響を強く受けることが背景にあると考えられる。

　以上のように，一つの学校の経年調査からも，先行の調査と同様の結果が得られた。

　しかし，毎年の傾向と異なる年度もある。「死にたいと思ったことがある」女子生徒が1年次より5割に達したこともあった。この生徒たちが小学生の頃，深

刻な学級崩壊があったり，保護者対応に大変苦慮したという情報が得られたが，それらのことの影響もあったのではないかと思われる。A中学校では，この数値の高さを教育相談部でもとりあげ，対応をめぐる校内研修も実施した。当該学年は，生徒理解を深めようと，日々丁寧に生徒たちに関わり，学年があがるごとに希死念慮が低くなっていった。

　以上の調査結果から，中学生という年代は精神的に不安定な時期であり，死にたいと思ったことがある生徒は少なくみても2割程度いることがわかる。

　このように，危険の程度はいろいろだが，死にたいという気持ちを抱く生徒は，大人が思っているよりはるかに多いということが，これまでの調査結果から示された。

　多くの中学生が死を考えることは，生の深い意味を考える契機になるともいえる。村瀬（1996）も指摘するように，「中学生という年代は，（生の＊筆者注）否定や超越が，きわめて衝動的・感覚的水準で行われやすく，生との十分な対決を経ていないという点で，むしろその後に来るべき本格的な（生の）否定の前奏曲」としてとらえられなければならない。実際には中学生の自殺既遂者は決して多くはないが，生徒の「死にたい」という思いを見過ごさず，救いを求めるSOSとしてとらえ，放置するのではなく教師の側から何らかの対応を行う必要があるのではないだろうか。

b．最近の子どもの死生観の特徴

　佐世保小学校6年女児殺人事件の加害女児が，少年審判で「自己の経験や共感に基づく『死のイメージ』が希薄」と指摘されたことを受けて，長崎県教育委員会は，小学4・6年，中学2年の計約3,600人を対象に生と死の意識調査（2005）を実施している。

　その結果，「死んだ人は生き返る」と思う

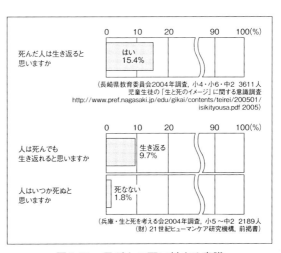

図1-11　子どもの死に対する意識

中2生徒は18.5％で，平均すると15.4％もいることが明らかになった。理由は半数が「テレビや本で生き返る話を聞いたことがあるから」で，29.2％が「テレビや映画で生き返るところを見たから」と答え，「ゲームでリセットできるから」も7.2％いた。長崎県教委は「子どもたちは経験ではなく，周囲の情報で死を認識しているようだ」と分析，学校や家庭で生死の意味を教える必要性を訴えている。アメリカの小児精神科医であるフェファー（Preffer, 1986）は，子どもの年齢が高くなるほど，死が非可逆的なできごと（死は生命の終わり）であることを次第に理解していくが，多くの自殺の危険の高い子どもは死ぬということは一時的なもので，すべての緊張を取り除く快い状態だと信じたり，他人の死は生命の終わりだが自分は死んでももう一度生き返ることができると考えたり，死についての理解が変動する，と指摘している。また，強いストレスを受けた場合，自我機能の退行（死の不可逆性の揺らぎ）はいつでも起こるというのである。

「兵庫・生と死を考える会」（2005, 2006）でも，2年間にわたって小5から中2までの児童・生徒2,189人に死生観についてのアンケート調査結果を報告している。その中で，死の普遍性は年齢が上がるに従って確立していくが，「人は死なない」と答えた子どもは全体の1.8％いて，その子どもたちが「死ぬことは怖ろしくない」と答える傾向が非常に強いと指摘している。また，「殺人に対しての許容」「死について考えることはない」「家族に愛されていない」「テレビの視聴が長い」「パソコンに向き合っている時間が長い」といった傾向もみられるという。

また，同報告書では「人は死んでも生き返る」と答える割合は9.7％に及び，年齢が上がっても少なくないことがわかった。そう答えた生徒の死のイメージは，「悲しみ」より「始まり」「不思議」というところに重点が置かれ「死を怖ろしくない」「死後の世界がある」「保護者に愛されていない」と答える傾向も強くみられた。先にふれた「人は死なない」と答えた子どもと同様の傾向があり，「特異な回答」として共通していると指摘している。

これらの数字は「自他の『いのちの大切さ』を実感できない今日の子どもの現状を表している」と記している。兵庫県西脇市教育委員会が2005年9月にこのアンケート様式を一部変更したもので調査した結果もほぼ同じ傾向であったという。

ただ，長崎県も兵庫県も全国版ニュースでセンセーショナルに報道された子どもに関わる衝撃的な事件の後に実施したという点で，何らかの影響を受けている可能性も考えられる。しかし，筆者もA中学校において調査した結果，「死んだ人は生き返ると思いますか」という問いに「生き返る」と答えた生徒は9％であった。「霊として生き返る」等もあるが，「生き返りたいと思うし生き返ると聞

いたことがあるから」「本に書いてあるから（実話）」などと，肉体も生き返ると考えていると思われる記述も少なくなかった。

「10代の頃，死の不可逆性の理解が曖昧になる時期があることがわかり，不可逆性は年齢との関係が低いとの報告もある（Brent & Speece, 1996）」と，児童精神科医の上田敏彦は「子どもの死の考え方」の講演（2013）で述べている。

先述したフェフェーと重ねあわせると，思春期には生を考え始めるからこそ，死が頭をよぎり，強いストレスにさらされた場合には死の不可逆性の理解が曖昧になる時期があるのではないかと考えられる。

以上のことからも，最近の児童・生徒，特に思春期の死生観は，大人とは異なるといえるであろう。

厚生労働省「人口動態統計」によると，現在，在宅死亡率は1951年の82.5%から，2009年には12.4%と大幅に低下している。生まれ死にゆく場としての自宅が病院や施設へと移り，子どもたちが間近でいのちを体験する場が奪われている。それに反して，携帯電話が普及しテレビやネット社会で人間的な繋がりが衰え，仮想空間で肥大化し有害情報も含め過度に情報の影響を受けやすくなっている。「子どもから死を遠ざけるのではなく，死について豊かなイメージを育てることによって現実の死を防ぐことができる」という河合（1987）の指摘を改めて考える必要があるのではないだろうか。

第3節 ── 子どもの自殺の背景

1. 子どもの自殺をとらえる視点

a. 自殺のとらえ方
1) 自殺の定義

現在の学校現場においては，不登校・ひきこもり・自傷行為・拒食症などで苦しんでいる生徒が，「死にたい」「生きていて何になるの？」などと，訴えることは珍しいことではない。車・バイクの暴走行為は減ってきた感があるが，薬物濫用などの自己破壊的行動は相変わらずみられる。非行という形を取りながら，死を賭けての"救いを求めている叫び"という側面をもっている場合も少なくない。意識的であれ無意識的であれ，自分の命を危険にさらす行為を選択するという意味においては，自殺行為と同様の意味をもつものとしてとらえることができる。

高橋（1992）は，厳密な自殺の定義より，「絶望的な状況におかれて取る行動

が実質的に死につながる危険性が高いと判断されたならば，それを未然に防ぐことが必要なのだ」と述べている。

　ここでは，あくまでも「自殺を未然に防ぎ，命を守るために何ができるのか」ということを最優先し，実践的な観点から，「意識的であれ，無意識的であれ，死に至る可能性をもったあらゆる自己破壊的行為」を「自殺」としてとらえることとする。

2）自殺の段階的とらえ方

　自傷行為や「死ぬ死ぬと言っている人は死なない」など自殺のほのめかしを自殺とは切り離してとらえる傾向が見られることもあるが，稲村は不登校等の問題も間接的な自殺のサインととらえ，自殺未遂行動の直接サインまでを段階的に示している（表1-5）。

　フェファーは，自殺行動を連続しているものとして自殺のスペクトラムという視点でとらえ（表1-6），「このスペクトラムは，自殺行動の深刻さとその変化を推定する明確な基準に基づいている」と述べている。自殺は何の前触れもなく突然起こり，防ぐのは困難と考えている人も少なくないが，自殺をスペクトラムという観点から連続的・段階的にとらえる見方は，ハイリスクな子どもを評価する際や，学校現場や家庭において具体的な自殺予防のための取り組みを考えるうえで参考になる。

　また，フェファーのいう軽度の自殺企図にふくまれる自傷行為は，実態（p.10参照）をみてきたように，今や日本の学校における自殺予防を考えるうえで避けることのできない問題となっている。自傷行為にはさまざまなとらえ方があるが，フェファーは40年近く前から，「自傷をもくろんだ子どもは，すべての症例で自殺の危険があると判断される」と述べ，前節で高橋や松本が警告を発しているのを紹介した（pp.9-10参照）。自傷行為であっても自殺に到る危険性を持った自殺関連行動としてとらえ，死に繋がりかねない子どもの「救いを求める叫び」として真摯に受け止めることが求められる。自殺をスペクトラムとしてとらえることによって，自傷の問題を「見える傷」の向こう側にある「見えない（心の）傷」という視点が可能になるのではないだろうか。

　一方で，希死念慮と自殺企図を同一スペクトラム上でみないで，それぞれ（希死念慮，自殺する能力（自傷行為など））へのアプローチを研究することが，より予防に資するのではないかという見方もある（Joiner T E, et al., 2009）。

　いずれにしても，希死念慮や「一見すると死に至る可能性が低いと思われる自己破壊」行動にどのように関わるかを自殺予防の観点から検討し，対応の具体的

表1-5　自殺のサイン(稲村，1994)（一部阪中改）

1. 間接的自殺サイン（一般的危機サイン）
　自殺念慮が強まり，自殺兆候が現れる段階。
　沈んでいる（抑うつ気分），ノイローゼ気味の心理状態，孤立無援の心理状態。逸脱行動（不登校，非行，家庭内暴力）。
2. 直接的自殺サイン
　　第1段階：自殺の　　　　直接表現　　死にたい，楽に死ねる方法はないか。
　　　　　　　ほのめかし　　間接表現　　遠くへ行きたい，楽になりたい。
　　第2段階：自殺準備行動　遺書めいたものを書く，日記・写真の整理，借金の返済，形見分け，身辺整理。
　　第3段階：自殺未遂行動　救急車に運び込まれるものから，手首を少し切る程度のものまで。

表1-6　自殺のスペクトラム(フェファー，1986　一部阪中改)

1. 自殺の危険なし	いかなる自己破壊行動，希死念慮，自殺行動も認められない。
2. 希死念慮	自殺の意図についての考えや言語化。 例「自殺したい」と語る，自殺しろという幻聴。
3. 自殺の威嚇	差し迫った自殺行動の言語化。または，もし，実際に行動に移されたら重体や死に至るような前駆行動。 例「自動車の前に飛び出してやる」と語る。 　　開け放った窓のそばに立ち，飛び降りると脅す。
4. 軽度の自殺企図	実際に起きた自己破壊行動であるが，現実的には生命を脅かすことはなく集中的な医学的治療が必要でなかった行動。 例 死ぬ危険のない薬を数錠服用。手首を浅く切る。
5. 重度の自殺企図	実際に死をもたらす可能性の高い自己防衛行動をとり集中的な医療を必要とした行動。 例 4階の窓から飛び降りたなど。
6. 既遂自殺	

な方向性を示すことが喫緊の課題である。

b．子どもの自殺の特徴
1) 大人と子どもの自殺の比較
　西尾（1983）は，自殺を人生の中での発達段階とそれぞれの自殺態度から，
　　　少年期「犠牲の自殺」「衝動の自殺」
　　　青年期「求める自殺」「あこがれの自殺」(煩悩と苦悩)

壮年期「挫折の自殺」
老年期「あきらめの自殺」
と呼ぶことがあると述べている。また，長岡（1980a）は，青年期の自殺を，かつては「知的で美的かつ，煩悶をともなうものであった」が，今日では「『軽々しく，もろく，あっけない』自殺が増えた」と指摘している。最近の子どもたちの自殺においても「軽々しく，もろく，あっけない」という印象は否めない感がある。しかし，「犠牲の自殺」「衝動の自殺」と呼ばれるにしても，「軽々しく」あっても，これから人生が始まるというべき子どもの自殺は，悲惨であることには違いない。

2) 自殺する子どもの特徴

「子どもの自殺防止のための手引き書」（総理府青少年対策本部，1981）（p.34参照）では，大人と比較して，子どもの自殺に際だつ特徴として，次の5点をあげている。

- 唐突で衝動的な印象
- 致死度の高い手段――首つり・高層ビルからの飛び降り・列車への飛び込み。
- ささいな腑に落ちない動機――子ども自身にしてみると，それぞれ皆死ぬに値するような理由になっていることが重要。
- 高い被暗示性――他の影響を非常に受けやすい。
- 生と死のけじめがはっきりしていない死生観――一時的にこの世から逃れる手段として自殺を考えがち。

次に，長岡（1980b）は，75人の中・高校生の自殺既遂の事例をていねいに追跡調査した結果から，その特徴として，以下の3点をあげている。

- 体を動かしたり，汗を流す体験が乏しい。
- 自殺した生徒は危機に直面したとき，危機に耐え乗り切る構えが乏しい。
- 自殺した生徒は，幅広く柔軟に考える力が乏しい。

これらの要素が重なれば，生きにくい気持ちに陥ることは想像に難くない。このようなマイナス面を，できるだけプラスに転化させ，自己受容をうながす関わりが必要である。学校における自殺予防を考えるとき，運動が果たす役割を軽視することはできない。教科体育だけでなく，学校が計画する体育的諸活動を盛んにし，身体的活動に背を向けようとしている生徒の参加を促すように動機づけることが望まれる。

また，長岡（2012）は「自殺予防と学校」の中で，再度，数十例の中学生の

自殺事例を検討し，次のような特徴があると指摘している。
- 自殺念慮を抱いてから決行に至るまでの期間は，大学生や高校生よりも短い。したがって，危機介入の機会が限定されている。
- 決行に踏み切る直接の動機として，「叱られて」，「疑われて」，「馬鹿にされて（笑われて）」などが多い。
- 信頼していた人から「仲間はずれにされた」，「足蹴にされた」など，人間関係の断絶の体験が多い。また，過去や身近に喪失体験がある。
- 「いっぺんやってやろう。脅かしてやろう。驚かせてやろう」といった向こう見ずな小学生のような幼い心理が働く。
- 問題行動（家出・盗み・非行など）の結果，窮地に追い込まれて心ならずも。
- 友人関係や恋愛関係のもつれ。
- 高校生や大学生に見られる「生き方」に悩んで。

　以上のことからも，大人にとって，子どもの自殺は，その動機やきっかけがみえにくく，原因も特定されにくいといえる。一方，「うつ病，薬物乱用，衝動性は思春期患者の自殺の三徴」（高橋，1992）とあるように，自殺する子どもの特徴に心の病や自閉スペクトラムの視点は欠くことができないであろう。また，学業に関することでも死に追いやられることもある（p.14参照）。90点でも親に叱られると恐れる子どもや，成績を友だちと比べたり苦手さを受け入れられずに苦しむ子どもたちも少なくないと思われる。
　自殺する子どもの特徴のわかりにくさや衝動性の高さを考えると，教師はハイリスクな生徒を共通理解し，共感的理解の上に立った日常の関わりを進めるために，自殺予防の観点から思春期特有の心理について認識を深めることが求められる。

2. 思春期の心理的特徴と自殺

a．自殺の背景となる思春期特有の心理

　大人への入り口に立つ思春期の子どもたちは，高校進学などの進路決定を迫られ，これからの生き方を自分自身で決めていかなければならず，親からの自立をめぐる葛藤が大きなテーマとなる。榎本（1996）は，自殺の背景となる青少年の心理的特徴として，次の4点をあげている。
- 理想の自己と現実の自己
- 生き方や社会のあり方への疑問
- 自立に伴う不安

- 孤独と向き合うとき

　ここでは，榎本の論に拠りながら，思春期の子どもの自殺の心理的背景について，検討していきたい。

1) なりたい自分と現実の自分とのギャップ

　悩みは，なりたい自分と現実の自分とのギャップだといわれている。特に思春期は，身体的発達，性的成熟，社会的役割の獲得，価値観・人生観の確立などを通して大人になっていく時期であり，理想像を思い描く傾向が強まりさまざまな心理的葛藤がおこる。理想と現実の落差や自己・他者・社会の矛盾を受け入れ難く，情緒不安定になりやすい。その結果，自己嫌悪に陥ったり，社会的不適応をきたすことが少なくない。次節の自尊感情のところで詳しく述べるが，実際，多くの調査が思春期になると一層ありのままの自分を受け入れられなくなることを示している。

　ただ，このような自己嫌悪は，そこに非現実的な歪みがない限りは成長へのバネにもなり得るものである。問題は，理想的自己が非現実的な高さに引き上げられたり，現実の自己が不当に低く評価されたりする場合である。自分の生きる姿勢が定まらない時，地に足がつかない不安定さに陥り，周囲の人がみな大きく安定して堂々と見えてしまい，焦りから，さらなる自信喪失と情緒の不安定をもたらすケースも多く見られる。

2) 生き方や社会のあり方への疑問

　また，思春期は，自分ばかりでなく他人や社会に対して厳しい目を向けるところに特徴がある。矛盾の多い大人の社会をみて，その不純と汚れに対する嫌悪が湧きあがってくる。このような思いが，決して妥協は許さない，といったあまりにも頑なな理想主義的姿勢によって貫かれた場合，人間不信や現実社会の全否定という極端なかたちをとり，孤立傾向を強めることになる。

　大人の社会はいいかげんなところで動いているところがあるが，「いい加減」は，「適度によい加減」といった面も含まれる。弱点を抱えた人間が妥協しながら生きているというのが現実の社会であろう。他人に対しても，弱点を含めてありのままの姿を認め，温かく受け入れること，社会との間に適度な折り合いをつけていくことも思春期の課題の一つである。

3) 自立に伴う不安

　さらに，思春期の特徴として，親をはじめとする大人によってつくられてきた

過去の自己を否定し，もう大人から干渉されたくないという意識を強く持つようになることがあげられる。児童期の開放的な自己は，思春期の訪れとともに，閉鎖的なかたちをとるようになり，自分の道を自分で切り開いていかねばならないことに伴う不安や孤独は増大していく。誰かにわかってほしい，支えてほしいという思いが切実になるが，不安ゆえに自己評価が揺らぎ，他人に自分の心をのぞかれることに非常に敏感になり，素直に心を開くことがなかなかできなくなる。思春期には，孤独にさいなまれ，理解者を求めていながら，他者が容易に近づけないような態度をとることも少なくない。

4）孤独と向き合う

　思春期は孤独と向き合うときでもある。自分の人生は自分で背負っていくしかない。無自覚に家族に包まれて生きてきた段階から，こうした個別性を自覚して生きる段階への移行は，時に孤独地獄の深淵を垣間見せることになる。思春期は友人関係に重きをおき，仲間の間で秘密を持ったりしながら，さまざまな人間関係を経験するときである。その中で，対人関係の苦手な子どもは，発達過程として家庭から距離を置きつつ友だち関係に重心を移すのが一般的であるが，両方との関係をうまく結ぶことができずに，葛藤の中で孤立感を一層増すことになりかねない。

　思春期の心理状態は，理想的な自己を追求し，自立をめぐる孤独な戦いを強いられるところにその特徴があるが，そのなかで生まれる不安に耐えきれなくなったときに，自殺の危険が生じるとみることができる。

b．思春期危機と自殺

1）自尊感情や自己肯定感と自殺

　自尊感情とは，self esteemの訳語で自信とか自己肯定感と訳されることもある。自分は大切な存在であるという自己評価であり，自分のことが好き，私は大丈夫，私は私のままでいいんだと，良い面だけでなく，弱点や欠点も含めてありのままの自分を「これが自分なのだ」と受け入れられることと言われている。

　「不安や悩みがあるとき，どんな行動を取るか」というアンケートで，自己肯定感の高い中学生が「死にたい気分になる」を選択している割合は6.9%であるが，自己肯定感の低い（自分が好きでないと否定的イメージを持つ）中学生は39.3%にも及ぶと報告されている（深谷，2001）。

　それでは，日本の子どもたちの自尊感情はどうなのであろうか。

　2008年に東京都教育委員会が公立の小中学生，都立高校生を対象に行った調査では「自分のことは好きだ」の問いに対して，「思わない」「どちらかというと

思わない」と自分を好意的にとらえていない子どもたちは，小学生1年生で16%，学年が上がるにつれて徐々に増え，6年生では41%にのぼり，中高生は5～6割に登ると報告されている。また，内閣府の「低年齢少年の生活と意識に関する調査」（2007）でも，小学生で「自分にまったく自信がない」が17.6%で「あまり自信がない」を合わせると52.5%にのぼり，中学生では「自分にまったく自信がない」は25.1%，「あまり自信がない」を合わせると71%にも及ぶ。学年があがるにつれ自尊感情や自己肯定感が低くなっていくことがわかる。一方，海外との比較調査をみると，「中学生・高校生の生活と意識調査」では，日本の子どもは，「自分をダメな人間だと思う」に対して，「とても思う」「まあまあ思う」を合わせると約6割に達するが，韓国では4割，中国，アメリカはともに1割強である（日本青少年研究所，2009）。このように日本の子どもの自尊感情は，謙虚さ・控えめを良しとする日本の文化がまだ根強いことを割り引いても，海外に比べて遙かに低いことが明白である。

　子どもの自尊感情を高めることは，将来危機に直面したときに，自己を信頼していのちの危機をしのぐ力になるのではないかと思われる。

2）友人関係と自殺

　思春期にはいってからの友だち関係のもつ重要性はあらためて言うまでもない。思春期にはいると，子どもたちの横のつながりはどんどん濃くなり，今まで信頼していた大人に認めてもらうこと以上に，友だちに認めてもらうことに関心が向く。一緒に行動するクラスメートや部活の友だちなど同じグループの仲間に認めてもらうことで，自分という存在を実感し，「私はOK」という安心感を抱くようになる。仲間から受け入れられた体験があるか否かがきわめて重要な問題となる。思春期は，なりたい自分，仲間から受け入れられる自分を必死で追い求めながら，ありのままの自分との折り合いをつけていく学びの時期といえる。乳幼児期・学童期に身近な大人から受け入れられた体験を基盤に，仲間にありのままの自分を受け入れてもらえた体験を重ねることによって，「私はOK」という大きな自信を得ることができるようになる。そのような子どもは，誰かに自分が受け入れてもらえないと感じたときがおとずれても，きっと私をわかってくれる人はいるに違いないと，安心感の中で悩みながら成長できるのではないだろうか。こうした体験の積み重ねにより，他者からの評価に振り回されない安定した自己が育まれ，自尊感情が維持されるものと考えることができる。

　しかし，乳幼児期に虐待を受けるなどして，家族から基本的信頼感を培う機会のなかった子どもたちは，その後，友だち関係をどうつくっていけばよいのか，

わからないままに窮地に入ってしまう子どもも少なくない。「自殺予防は絆から」とも言われるが，家族とも友だちとも繋がりにくい子どもたちは自殺の危険が高いと言わざるを得ない。

3）攻撃性と自殺

　反社会的問題行動を示す若者の心の中に，自殺願望が潜んでいることがあるということに着目する必要がある。危機に陥ったときのストレス対処行動として，攻撃性を外に向けるか内に向けるかは，背中合わせの事象である。たとえば，2004年2月に寝屋川の教師殺傷事件を起こした17歳の少年は「先生を刺し自殺しようと思った」「生きる意欲なくし犯行」「実際彼の問題は，人間関係を上手に作れないことだろう」（2004.3.2産経新聞）などと報道されている。このような報道を目にすることは少なくない。ここでも発達の課題が見え隠れし，二次障害を防ぐ関係性の構築が重要な課題であると思われる。

　重大少年事件に関する家庭裁判所調査官研修所の研究報告（2001）においても，単独で殺人を犯した10人の少年のうち7人までが，犯行以前に自殺を試みたり，周囲の人に死にたいと相談していたことが指摘されている。

　松本（2009a）も，ミラーの「犯罪をおかした人の多くが幼少期にさまざまな虐待を受けながらも，その怒りと記憶を抑圧封印し，心に鎧を被せており，そのようにして自分の痛みに無感覚になった結果，他人の痛みも感じることができなくなり，成人後に自傷行為や薬物乱用，あるいは暴力行為を繰り返すようになる」という考え方を紹介し，これらのプロセスから，「被害と加害の分水嶺における特徴的なサインが，自傷行為や，『消えたい』『いなくなりたい』という抗議の自殺念慮の訴えではないか」と，自傷行為や希死念慮の訴えを身近な大人がどのように捉えるかということの重大性を強調している。

　このように，他者への攻撃性の裏側に，自己の存在を抹殺しようとする自殺衝動が潜むことを考えると，自殺の危機を未然に防ぐように介入することは，単に自殺防止にとどまらない意義を持つものと考えることができる（阪中，2003）。

　思春期は，自己・他者・社会の矛盾が受け入れ難く，情緒不安定になったり，自己嫌悪に陥ったり，社会的不適応に陥りがちな時期である。したがって，思春期の自殺は，自分自身の心と折り合いがうまくつかない最大の危機状態での「自己への殺人」としてとらえることもできよう。

4）子どもの心の病と自殺

　自ら命を絶ってしまう前に，95％以上の人が何らかの精神障害の診断に該当

する状態だったことが，WHO（2001）から報告され（高橋，2014），おなじWHOの「教師と学校関係者のための手引き」（2000）では，10代の青少年の自殺の前兆は，抑うつ症状と反社会的行動の併存し，最終的に命を絶った青少年（4分の3）は，うつ病の症状，多くはうつ病であったと述べられている。子どもであっても心の病の視点は必要である。

日本でも，子どものうつ病について調査がなされ，中学生で4.1%の有病率の報告がある（傳田，2008）。一方，青木は，思春期の心の病の兆しは，成長に伴う自然な悩みとよく似ている。そうでないのに病気だと決めつけることも，ほうっておいて病気を悪化させることも，ともに避けなければならない（2009）と指摘している。子どものうつ状態の対応の第一は，子どもの悩みに大人が真剣に耳を傾け，一対一の信頼関係を築くこと，第二に，安心できる環境で休養を試みることで，多くは改善していくという。ただ，環境要因がはっきりせず，些細な契機によって，深刻なうつ状態が引き起こされているような場合，積極的な薬物療法が必要になることを忘れてはならない（2012）と述べている。

その他，10代になると，拒食症，統合失調症などの好発年齢にもなり，激しい思春期の揺れと見極めも難しいといわれている。教員も心の不調の正しい理解とともに，できることできないことを見極めながら専門家と連携し，子どもたちを見守ることが重要と考える。

3. 自殺に追いつめられた子どもの心理

自殺はある日突然何の前触れもなく起こるというよりも，長い時間かかって徐々に危険な心理状態に陥っていくのが一般的である。子どもが自殺に追いつめられたときの心理状態の特徴について，高橋（2008）を参考にしながら，まとめてみた。

1）強い孤立感

「孤立」は自殺を理解するキーワードである。乳幼児期から基本的信頼感を持つことができないような生育歴が根底にあったり，相談しても叱責されることのみが心に残っていたりする場合，「誰も自分のことを助けてくれるはずがない」「居場所がない」「皆に迷惑をかけるだけだ」としか思えなくなる心理状態に陥っていく。そうなると，現実には多くの救いの手が差し伸べられているにもかかわらず，頑なに自分の殻に閉じこもってしまう。友だちとの関係が何よりも大切に思える思春期にあっては，いじめ等で学校に居場所を感じられなくなった場合

も，強い孤立感を感じることになる。

2）無価値感
　「私なんかいない方がいい」「生きていても仕方がない」といった考えがぬぐいされなくなることがある。その典型的な例が，幼い頃から虐待を受けてきた子どもたちである。愛される存在としての自分を認められた経験がないため，生きている意味など何もないという感覚にとらわれてしまう。周囲の人々をあえて刺激し，挑発することで，自分を見捨てるように無意識のうちに振る舞うこともある。

3）強い怒り
　自分の置かれているつらい状況をうまく受け入れることができず，やり場のない気持ちを他者への怒りとして表す場合も少なくない。何らかのきっかけで，その怒りが自分自身に向けられたとき，自殺の危険は高まる。

4）苦しみが永遠に続くという思いこみ
　自分が今抱えている苦しみはどんなに努力しても解決せず，永遠に続くという思いこみにとらわれて絶望的な感情に陥る。周りからの支援も役に立たないと思い，受け入れることができなくなる。

5）心理的視野狭窄
　自殺以外の解決方法がまったく思い浮かばなくなり，「死ねば楽になる」「唯一の解決方法は死ぬこと」と，必ずあるはずの解決策が見当たらなくなってしまう。

　上記のような心理状態に陥ったときに，衝動性が高まったり，「死ぬことだけは自分でできる」などの万能の幻想を抱くようになったりすると，自殺の危険は増幅される。
　自殺に追いつめられた子どもの心理をたどると，それまでの生活史において，小さな危機的状況がさまざまな形で存在していたはずである。その小さな危機的状況をどのような援助資源を用いて克服するかが，自殺の危機に介入する鍵になる。したがって，自殺の背景にある心理を視野におき，自殺を思うまで悩んでいる児童・生徒を学校で温かく見守りながら，他の児童・生徒と，あるいは教師との絆の回復を図ることは，自殺予防において必要とされることの一つである。しかし，その際，生徒の内面の深層にまで入り込まざるを得なくなることも予想されるので，精神医学や心理学の専門家と連携することが重要である。

第2章
日本と海外の学校における自殺予防教育の概観

第1節 ── 日本の学校における自殺予防の出発点と課題

　第1章では，子どもの自殺の実態や深刻な状況，背景について述べてきたが，ここでは，30年以上前に出され，日本における子どもの自殺予防に関する取り組みの出発点となった「子どもの自殺予防のための手引き書」（1981，総理府）を取り上げ，その時点での国の動向と課題について考えるとともに，その後の施策の方向性についてもふれたい。

1．日本の学校における自殺予防の取り組みの出発点

　まず，県レベルをみわたすと，学校における自殺予防に先鞭をつけたものとして，愛知県教育委員会が1974年「精神健康指導の手引き第一集 自殺問題を中心にして」を全教師に配布している。

　1977年には，（「徒労に帰した」と記されているが）日本自殺予防学会（の前身）と日本いのちの電話連盟が共同で『自殺予防のための施策に関する要望書』を作成し，菊池吉弥氏，稲村博氏，斎藤友紀雄氏が手分けして関係各省庁を回っている（張，2007）。

　この1977年は，中高校生の自殺者が345人を数え，その後，1978年には371人，1979年には444人という深刻な数字を示している。1979年の年明けには「青少年の自殺が多発している」と報道され各界の関心を集めているなか，9月には埼玉県で中学生のいじめによる自殺が起こり，はじめて「いじめ自殺」という言葉がマスコミで流布されるようになった（埼玉県教育局指導課では，1978年に「児童生徒の自殺の実態とその防止のために」と題する指導資料を出している）。

　このような子どもの自殺者数の増加に対し，総理府青少年対策本部は「関係省

庁連絡会議」を開催し，1979年2月には「青少年の自殺問題に関する懇話会」を発足させ，「自殺防止対策の要点」として，次の5項目を取りまとめ，都道府県等に通知している。

- 自殺の原因，動機をできるだけ究明し，その結果を事後の対策に資する。
- 学校や家庭で，生命の尊さ，生きることの意味についてよく教えるとともに，青少年自らがたくましく生き抜く知恵と力を身につけさせる。
- 学校の生徒指導や行政機関，団体等が行う少年相談，教育相談，児童相談等の充実に努め，問題青少年の早期発見と保護を図る。
- 青少年の団体加入促進活動や健全な家庭生活の普及活動を通じて，青少年の独りぼっちをなくし，親子の心の交流と対話を促す。
- マスコミ関係業界に対し，生命の尊厳を軽視するような題材の取扱いや，自殺の引き金となるような報道等をできるだけ控えるよう協力を求める。

総理府の動きを受け，文部省（当時）も同時期に児童生徒の自殺防止対策として，上記通知を各都道府県等の教育委員会におろしている。

同年6月には，「青少年の自殺に関する研究調査」の報告書が出され，「自殺の予防・防止のために」の項では，次の点に留意することが強調されている。

- 早期発見
- 生徒の立場に立っての理解
- 日常の営みの大切さ

「早期発見」の項では，今でも通じる予告兆候をあげ，「特に自殺既遂者の75％が未遂の経験があると言われているので未遂生徒に対しては慎重な配慮が必要である」と記している。また，「日常の営みの大切さ」では，生命尊重や「生徒同士が相談し合えるような温かい人間関係や学級づくりに力を注ぐことが大切である」と指摘しているが，学校現場でどのように取り組めばよいのかという具体策は示されていない。

「自殺を理解するためには，直接動機だけに目を奪われるべきでなく，自殺の準備状態に注目すべき。今後，ロサンゼルスの自殺予防センターが行っているように自殺研究班（suicide team）の結成と活躍が期待される」と，述べられているが，その後，研究班からの提言はなされていない。国の自殺研究のために「自殺予防総合対策センター」がつくられたのは，自殺対策基本法が公布され自殺予防大綱ができた2006年である。

また，1979年10月には，「子供の自殺防止対策について（提言）」がなされた。
子どもの自殺予防について，「今日ほど子どもの自殺の問題が注目されている

時代はわが国のこれまでの歴史にもなかったことである。……中学生，小学生までもが自殺に追いこまれるということは，その原因がなにであるにせよ容易ならざることであり，それはわれわれ大人の責任である。これを放置することは許されない。……元来，青少年の非行と自殺とはその根を同じくしており，その対策も共通な面を持っている。……教員養成課程でカウンセリング等の単位の取得，生徒指導，教育相談の充実，一人一人のきめ細かい観察，変化が急激なときには速やかな適切な対処，学校内の生徒指導体制組織と校外の精神衛生に関する専門機関との連絡を密にする努力が必要」などと指摘している。この提言の指摘は現在にも通じるものである。

これらの調査報告や提言を受けて総理府から1981年に出されたのが，「子どもの自殺防止のための手引書」である。

2.「子どもの自殺防止のための手引書」(総理府, 1981) の刊行

「子どもの自殺防止のための手引書」は，国として初めて自殺予防に取り組んだ手引き書で，20歳未満の子ども（小学生・中学生・高校生・大学生）に関する自殺防止の具体例，親や教師の心構え等の内容をまとめたものである。第1章「自殺の心理メカニズム」から第7章「健全な方向に導くための方法」まで，291頁にわたって自殺予防について述べられている。第7章の学校における指導においては，心の絆療法の考え方に拠りながら，児童生徒を「健全な方向に導くための方法」として，次の5つの項目について詳細な記述がみられる。

①生徒理解の充実
②生徒指導の計画づくり
③生徒指導の組織（カウンセリングの組織）の確立
④特別活動・部活動の奨励
⑤学級担任教師と生徒との人間関係

③では，教職員の役割分担の明確化，カウンセラーの配属，教師とカウンセラーの協力など，対応に際しての方向が具体的に述べられている。⑤においては，「自殺を思考する者は，担任教師よりも養護教諭を訪れることが多い。自分の考えを直接ぶつけるのでなく，身体の調子がおかしいといった形で教師に接触を図る」と指摘し，「学校におけるカウンセラー制度の導入と充実が今すぐ望まれる」と提案している。

自殺を図る子どもの心理としては「内向的な者が多く，友人が少なく友人関係で悩む者が多い」と指摘した上で，それでも相談するのは友人であり，友人が自

殺防止のキーパーソンであることを示唆している。

　また，「心理的離乳より，親の保護・教育・援助機能の困難さの間隙を埋める者は，『意味ある大人』（信頼している・尊敬している大人）であるが，その役割は，わが国では教師に賦与されている」として，自殺防止における教師の果たす役割の重要性を指摘している。その点について，「子どもが本当に困ったら，大人に相談に来るような信頼関係を日常的に築いておくこと」，また，「『教師対生徒』という関係から『人間対人間』という関係へ」の転換の重要性に言及している。「子どもだけでは，友人の危険な状態に対応できないこと（たとえば，自分も巻き込まれ『同情の心中』に陥ってしまう）があり得るので，電話相談や専門機関を教えておく」ことにもふれている。

3. 出発点における課題とその後の取り組み

　現在でも自殺予防において重要とされていることがほぼ網羅的に述べられていることは特筆に値する。しかしここで指摘されたことが学校現場でどこまで具体化されたのかという点について疑問を抱かざるを得ない。数年後の1986年には，中学生のいじめ自殺報道やアイドルタレントの自殺報道により，中高校生の自殺率が前年度より54％も上昇するという事態が生じた。その後も，いじめに関連した自殺が発生すると，一挙に子どもの自殺への注目が高まり，報道が過熱して，自殺の連鎖が起こっている。子どもが自ら命を絶たないために，学校において，誰が，いつ，どのような取り組みを行ったらよいのかという具体が，学校や教育委員会に見えるような形で示されるまでには至らなかった。

　以上のことから次の6点がこの手引き書が内包する課題であろう。

- 危機介入や自殺後の事後指導（2次，3次予防）については詳しく具体的に書かれているが，日常の取り組みに関しては心構えを示すにとどまり，自殺予防教育（1次予防）を実践するための具体的視点が見えにくい。
- 発達段階ごとの対応は書かれているが，発達課題をやり残したままの生徒たちに，どのように関わっていけばよいのかという視点こそが必要である。
- 自殺を思いとどまらせる方法として，一対一で心の絆をつくる方法が取り上げられ，最大の力になると述べられている。しかし，現実の学校では一人の担任が40人もの生徒を抱えているため，集団を対象とする具体的な指導方法も必要だと考える。
- 友人の自殺徴候の発見や自殺を思いとどまらせることの視点は重要であ

るが，生徒が行動するための援助方法・具体策についての記述が不可欠である。
- 教師が子どもとの間に信頼関係を築く重要性を指摘しているが，信頼関係を築くことが困難な児童生徒に教師がどのように関わっていけばよいのかという具体的対応策が求められる。
- 事例が多く載せられているが，そこから現場に生かす具体策を読み取り実践につなげていくためには，時間をかけた教師への研修が必要なのではないか。

筆者が上記の課題をふまえ，学校現場における自殺予防教育の展開をめざして，具体的なプログラムの開発・実施に着手したのが1998年から2000年にかけてである。2000年までに刊行された主な自殺予防プログラムや手引き書，授業実践などについての概観を行い，上記の課題に応えるプログラムが，提案されているかどうか，検討を試みた。

① 「精神健康指導の手引き第一集 自殺問題を中心にして」1974 愛知県教育委員会
② 「児童生徒の自殺の実態とその防止のために」1978 埼玉県教育局指導課
③ 「精神健康の指導 登校拒否と自殺」1980 愛知県学校保健会
④ 「中・高校生の自殺予防」長岡利貞 1980 東山書房
⑤ 「筑波大学ガイダンス・マニュアル（自殺予防のために）」筑波大学こころの健康委員会編 1994
⑥ 「いじめと自殺の予防教育」橋本治 1998 明治図書
⑦ 「高校生と学ぶ死『死の授業』の1年間」熊田亘 1998 清水書院
⑧ 「青少年のための自殺予防マニュアル」高橋祥友 1999 金剛出版

本節では詳細を語ることはできないが，その検討の結果，①～⑧のほとんどのプログラムにおいて，自殺予防の3段階（p.99参照）すべてにわたって理論的方法の提示がなされていることが確認された。また，自殺の危険の高い生徒への個別対応についても，実践的対応策がある程度示されていることもわかった。しかし，生徒全体へのプリベンションとして実施されるべき生徒を対象とした一斉授業の形での自殺予防教育に関しては，⑦⑧以外はその具体的対応策がほとんど示されていないことが明らかになった（阪中，2000）。①から⑧の検討結果の一部は，資料編のa～fに記載してある。

また，自殺予防教育を実施する上での前提となる，教師への自殺や死の問題についての具体的な研修に関しても，⑧以外はほとんど考慮されていない。そのた

め，アメリカの学校において実施されている自殺予防プログラムについても検討を加え教師向け自殺予防プログラムの開発に力を注いだ。その結果，学校現場で実効性をもつプログラムとして，「中学校における自殺予防プログラムの開発的研究」（阪中，2000）をまとめることができた。なお，日本の学校における自殺予防教育の現在に至るまでの取り組みを概観するため，2000年以降の主な自殺予防プログラムと国の刊行物などのレビューも資料編g〜qに記載してある。

次節では，プログラム開発にあたって検討した1980年代のアメリカの学校における自殺予防プログラムの一部と，2010年に調査したアメリカ，及びオーストラリアにおける学校の自殺予防の取り組みについて紹介する。

なお，現時点での日本の学校における自殺予防教育の現状と今後の方向性については，第3章でふれることにする。

第2節 ── アメリカの学校における自殺予防教育

1. アメリカの自殺予防教育の出発点

a．学校のカリキュラムに組み込まれたプログラムをめぐる論議

自殺予防教育を学校の教育課程に組み込んで，教室でプログラムを実施すべきか否かということに関しては，1980年代のアメリカでも賛否両論があった。「自殺したいという感情が軽減されるのは自殺について学ぶ過程においてである」から，自殺予防教育を教育課程に組み込み，青年期に系統的に実施すべきだという意見がある一方，「自殺予防プログラム自体が自殺を引き起こす懸念もある」から，自殺についての意識啓発は，学校のカリキュラムとは別のところで行われた方がいいとする意見も少なくなかった（Poland, 1989）という。

1980年代にカリフォルニアで，学校のカリキュラムのなかに自殺予防教育を組み入れる主唱者の一人であったロス（Ross, C.）は，「死の事実は，若者にとって熱心に探求される人生の事実であり，教育にとって不可欠のものと考えるべきである」と述べ，さらに，自殺率の増大によって，若者は，自らの手で死んでいった同世代の誰かを知っているという事実を重く見て，学校における自殺予防教育の必要性を強調している（Ross, 1985）。

筆者も，自殺についての正確な情報を生徒に伝え，自殺は防止できるという認識をもたせるためには，学校の授業を通じて自殺予防教育を実施することが最善の方法であると考え，プログラム開発を進めてきた。

その際，学校のカリキュラムに自殺予防教育を組み込む前提としては，実施主体となる教師を対象とした研修が不可欠である。ポーランド（前掲）は自殺予防教育を学校で実施するためには，「自分（心理学の専門家）が教室に行ってプログラムを実践するのでなく，コンサルタントとして教師を助け自殺予防のための知識を伝えることが自分の目標である」と，教師研修の重要性を指摘している。

さらに，教師研修を通じて教師が身につけるべき具体的目標として，次の8点を指摘している。

- 自殺の事例についての正確な情報を提供できるようにすること。
- 自殺が状況的な要因から生じるものであることを強調すること。
- 自殺に対する多くの誤解をぬぐい去ること。
- 自殺のサインについて伝えること。
- 自殺を防ぐ関わりは可能であり，大人に知らせることも必要であるという知識を得させることで，生徒に自信と勇気をもたせること。
- 自殺以外の他の選択肢があることを強調すること。
- 学校内部や地域社会で利用可能な援助資源に生徒を精通させること。
- 問題解決能力やストレス対処スキルを高めること。

教室で自殺予防教育が有効に行われるためには，以上のような観点を含んだ教師に対する意識啓発が前提条件となる。したがって，学校のカリキュラムに自殺予防教育を組み込んでいくためには，生徒を対象とした予防プログラムを実施する以前に，教師を対象としたプログラム研修の積み上げがなくてはならない。その点から，学校に基盤をおく自殺予防プログラムを開発するためのモデルとしては，生徒を対象とするだけでなく教師を対象としたプログラムを備えた包括的なプログラムであること，具体性をもった実践的プログラムであることが要請されるであろう。

アメリカでは，このように自殺予防教育の在り方についての議論が行われた結果，「慎重に計画されたカリキュラムは若者の自殺を減らすことができる」という考えに依拠して，健康教育の中で自殺予防教育が実施されるようになった。日本でも，2010年から文部科学省の「子どもの自殺予防に関する調査研究協力者会議」では，学校における自殺予防教育が重点課題として議論が展開されている。

b．1980年代の生徒向けプログラムの特徴

1980年代のアメリカの学校における生徒を対象とした自殺予防プログラムの代表的なものとしては，

　　①Lifelines（1985年にUnderwood, Jakubik, Kalafatによって開発）

②Suicide Prevention Curriculum for Adolescents（1988年にJ. Smithによって開発）
③California Suicide Prevention Program（1984年から始まったカリフォルニア州の公立学校における自殺予防プログラム）
④The Samaritans Program（1986にサマリタンズが発行した教師向けのマニュアル）

がある。

それぞれの内容については触れることはしない（詳細については，阪中，2000を参照のこと）が，4つのプログラムに共通して見られるのは，次のような視点である。

- 教師研修の重要性。
- 自殺予防に関する正確な知識を伝えることの重要性。
- 聞くことの大切さと性急なアドバイスが不適切であること。
- 信頼できる大人や地域の援助資源に助けを求めることの必要性。

1980年代に開発されたプログラムが，アメリカの学校において継続的に実施されたことが，図2-1に見られるように，青少年の自殺率の低減に一定の役割を果たしたのではないかと考えることができる。

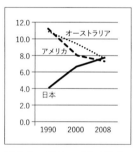

図2-1 日本，アメリカ，オーストラリア（15歳から19歳）の自殺率の経年変化」の比較
（OECD Family database 2012より作成）

2．最近のアメリカの自殺予防教育

　最近の米国の自殺率は，わが国の現在の自殺率の1/2以下である。1980年代に若年層の自殺率の上昇傾向が見られたときには，カリフォルニアのプログラムをはじめさまざまな取り組みが行われ，1990年代には自殺率上昇に歯止めがかかったが，現在でも，学校に基盤をおく子どもを対象とした自殺予防プログラムの開発が続けられている。

　子どものいのちを守り育てていくのは社会の仕事と共通理解され，子どもの精神保健は生涯にわたり大切な問題として重要視されているため，さまざまなNPO等によって自殺予防プログラムが作成されている。アメリカでは，日本の文科省や教育委員会のような公的な機関が研修会を実施するというよりも，学区

や学校の自主性が尊重され，その教育方針を州が積極的に支援するという体制がとられている。

米国の中でも青少年を対象とした自殺予防教育が進んでいることが知られている州の中から，マサチューセッツ州とメイン州の自殺予防教育を2010年11月15日〜19日に，調査する機会を得た。「SOS（Signs of Suicide）」プログラムは，マサチューセッツ州のNPO「スクリーニング・フォー・メンタルヘルス（SFMH）」によって開発され，「ライフライン（Lifelins）」はメイン州の青少年自殺予防計画の中で使われているプログラムである。教師向けプログラムを実際に受講したり，関係者にも直接話を聞くことができた。また，「SOS」を実際に活用している高校の視察も行った。

詳細は，「平成22年度児童生徒の自殺予防に関する調査研究協力者会議，審議のまとめ」の「米国における子どもに対する自殺予防教育の現況調査について」（文科省，2011）に記載され，ホームページから見ることができる。

次に，「SOS」，及び「ライフライン」による最新の中高校生を対象としたプログラムの内容について紹介したい。

a．マサチューセッツ州の自殺予防プログラム「SOS」
1）プログラムの概観

SFMHは「SOSプログラムが，自殺企図を削減しながら，自殺の危険性やうつ病に対処する科学的根拠に基づいた学校ベースの自殺予防プログラムである」と自負している。「自己申告による調査であるが，自殺企図を40％減らすことができた（BMC Public Health, 2007）。また，2000年以降全国的に何千もの学校によって使われ，自分自身や友人を心配する生徒の援助希望を増やすことに成功した」と報告している。

また，自殺によって亡くなった子どもたちの90％は，少なくとも1つの大きな精神障害にかかっていたことが確認されているという。ハイリスクな子どもたちは，落ち込み，怒り，不安，絶望に陥ったり，自分が役に立たない存在と苦悩したり，苛立つ状況を変えることや問題の解決を見つけることができなくなると，社会的ストレッサー（男女の関係や友人とのトラブルなど自殺に値しないような状況）でも，自殺の要因となってしまうことがある，と指摘している。

プログラムの具体的内容として，（1）ディスカッションガイドを通じて，自殺はストレスに対する正常な反応ではなく，むしろ多くの場合，未治療のうつ状態の結果であり，予防可能なものであることを理解させること，また，（2）自分自身や友人の自殺の兆候や友人や両親との感情的な問題を信頼できる大人に話

すことを具体的にあげている。

　中学生が自分自身の悩みに向き合ったり友だちのゲートキーパーになることを念頭に，授業後の24時間以内に次に述べるACTを使う機会がどれくらいあったか尋ねている。その結果，5％が自分自身や友だちのためにACTを使ったとして，子どもたちにとって，とても役に立つ方法（スキル）であると報告している。

　さらに，大人とのポジティブな関係はこれからの人生において，自殺だけでなく，いじめや校内暴力を防ぐ最も重要な防御因子として「困ったときに，信頼できる大人につながる・つなげること」を勧めている。

2）SOSプログラムの実際

　生徒たちの相談相手の多くが友だちであるという現状を踏まえ，中学生・高校生用のそれぞれのSOSプログラム指導用冊子の表紙には，次のように書かれている。

> Acknowledge──Listen to your friend, don't ignore threats（気づく：よく聴いて，危険性を過小評価しないで）
> Care──Let your friend know you care（かかわる：友だちに心配していることを伝えて）
> Tell──Tell a trusted adult that you are worried about your friend（つなぐ：友だちについて心配していることを信頼できる大人に話して）

日本においても，このACTの意味するところをしっかり伝えることは，自殺予防教育の核となるものであると思われる。

　生徒への授業導入の言葉として「このプログラムは，全国の学校で実施されています。今日の目標は，あなた方自身や友だち，家族のうつや自殺のサインに気づけるようになることです」と率直に目的を伝えている。生徒たちにうつや自殺の予防学習をすることをタブー視していない。

〈レッスン1（授業1）〉

(1) ビデオを視聴させながら，自殺予防の研修を積んだ教職員や専門家が，うつ状態のサイン，および自殺の危険信号を理解させるように話し合いを進める。（40分）
　　　ビデオのタイトル名　「ドラマ：友人に拒絶されていることを話し合う姉妹」
　　　　　　　　　　　　　「ドラマ：いじめ問題を話す友人」
　　　　　　　　　　　　　「質問：悲しみとうつ状態の違いは何ですか？」
　　　　　　　　　　　　　「質問：自傷している友だちを知ったらすべきことは何ですか？」など

表2-1 「フォローアップ・カード」(相談希望カード)

プログラムを受けて……

□ 自分自身や友人について，誰かに話をする必要があります。
□ 自分自身や友だちについて誰かに話をする必要はありません。

(自分の) 名前 _____

(話したい) 先生 _____

あなたが誰かと話をしたいなら，【例24時間以内】に連絡されます。
もしすぐに誰かと話をする必要がある場合は，今すぐ声をかけてください。

---

(2) 教師は，表2-1に示す「フォローアップ・カード」(相談希望カード)を配布し，生徒が記入後，回収する。

　「相談希望カード」を用いて，救いを求める生徒を実施担当者や教師がピックアップ(拾い上げ)する。より詳しくアセスメントするための質問紙も用意されている。プログラムをやりっ放しにするのではなく，きちんとフォローアップできるように工夫がなされている。

(3) 生徒に，「SOS：自殺のサイン」の中学生用ニュースレターや，「ACT」のステッカーを配布し，ニュースレターを読んでくることやクロスワード(パズル)を宿題にだす。

　ニュースレターには，学んだ授業の内容が興味を持って復習できるように，2つ折りのA3裏表にまとめてある。たとえば，抑うつの欄では「うつ状態とは，気が滅入り，ゆううつがひどい状態で，よくある浮き沈みではない。ものごとが手に負えない感じになったり，成績が悪くなったり，アルコールや薬物の乱用，失踪，無価値感や無力感，自殺さえ思い浮かぶ。しかし，うつ状態は治る。最初の大切な予防のステップは，こころの危機のサインを知ること」という記述からはじまり，抑うつが強まったときに発せられる言葉(「私はもうダメ」「誰も私のことなど好きでない」)や具体的な様子(記憶したり集中できないなど)が詳しく書かれている。

　表2-2は，中学生用ニュースレターの項目をあげたものである。

表2-2

SOS　自殺のサイン

- ACTを身につけよう！
- 自傷行為にもACT　事実を知ろう！
- すぐに，いじめを止めよう！
- 飲酒の害　事実を知ろう
- うつ状態のサインを知ろう
- ストレスって何？
    ストレスに立ち向かう5つのステップ
        1. 助けを求めて
        2. 落ち着いて
        3. 自分をそんなに責めないで
        4. 問題解決に向かおう
        5. 前向きに
    大切な意思決定スキル
        未来を考えてベストな意思決定を，
        逃げて　嫌だと言って
    必ず危機から抜け出せる
- 相談窓口
    アンの場合：「私はとても悲しくて……」回答例
    ダンの場合：「私の友だちが死にたいと言います……」回答例
- ネットでいじめられたら，助けを求めて！
- あなたのための電話相談

〈レッスン2（授業2）〉

　レッスン2は，レッスン1のビデオや話し合いの内容やニュースレターの宿題についての質問に答えた後，「連想ゲーム」を行う（30分）。

　各チームが，6問ずつ設定されている100点から500点の各ワークシートから1枚を選び，連想ゲームが進む。一見何の関係のないような3つの言葉から共通に持っているものを1チーム数人で連想し，その言葉を正解（斜め文字）すれば得点になる。ゲームをすることによって，うつや自殺のサインや援助希求を理解し，定着させることを目指している。

　各シートに書かれている6つの設問の中から一問ずつを次に示す。

　　100点シート：幸せ・怒り・恥ずかしさ　⇒　*気分や感情*

200点シート：私は役立たず・希望がない・助けを求められない
　　　　　　⇒　*自殺の危険が高まったときの感情*
300点シート：コインの収集・特別な絵・好きなDVD
　　　　　　⇒　*とっておきの宝物*
400点シート：親友・両親・ミツバチと花　⇒　*大切な関係*
500点シート：ACT・楽器を演奏する・サッカーでシュートを決める
　　　　　　⇒　*練習が必要なスキル*

〈レッスン3（授業3）〉

　レッスン3は，うつや自殺のサインを知り，それらへの対応策を定着させるためのゲームである（30分）。ワークシート8枚には，それぞれのタイトル（「自殺の危険なサイン」，「うつのサイン」，「いじめ」，「ビデオの内容からいじめられている少年の話」，「妹の話」，「スクールカウンセラーへのインタビュー」，「助けを求める」，「うつ状態や自殺に関連する言葉」）と，そのタイトルについての説明文が10個ほど記されている。

　無作為に選んだワークシートのタイトルから書かれた説明文の内容をいくつ答える（星マーク獲得）ことができるかを競い合う。多くの星マークを獲得したチームが優勝となる。

　タイトル「助けを求める」「うつ状態や自殺につながる言葉」のワークシートを示す。

「助けを求める」ワークシート

1. 気がかりなことがあったり困ったり怒りを感じたら，助けが必要。
2. 学校内で助けてもらえる大人を知っている。
3. 問題を抱えたら家族は助けてくれる。
4. いつも友だちが助けてくれる。
5. 落ち込んだ（うつ状態）の友だちのことを大人につなげることは重要。
6. あなたが落ち込んでいたら，決して秘密にしないで
7. 問題を抱えたらカウンセラーが助けてくれる。
8. 時には，気分を快復させるために薬を飲む。
9. うつ状態は自分でだけでは解決できないことを知るべき。
10. いじめのメールが届いたら，信頼できる大人に話す。
11. ACTは友だちを助ける。

> 「うつ状態や自殺につながる言葉」ワークシート
>
> 1. 私は役立たず。
> 2. 私を一人にして放っておいて,誰にも言わないで。
> 3. 大好きなCDをあなたが持っていて,私には必要がないの。
> 4. 人生が嫌,死にたい。
> 5. 学校って,意味がない。
> 6. 私の人生,これ以上よくなるわけがない。
> 7. まちがったことばかりしてしまう。
> 8. みんなが私がいない方がいいと思っている。
> 9. 誰も私のこと心配してくれない。
> 10. いつもおなかが痛くて,病気だと思う。

　これらのゲームのワークシートからも,SOSプログラムはうつ状態及び自殺のサインの正しい理解と援助希求の促進が展開されていることがわかる。

b. メイン州の自殺予防プログラム「ライフライン」
1) メイン州の自殺予防教育の視察から

　メイン州のプログラムの目的は,生徒の生涯にわたるメンタルヘルスの基礎をつくるために,早い段階で心の問題に気づき,援助希求行動を改善するところにある。教職員と生徒に,救いを求めている生徒への適切な対応を身につけさせ,自殺にまつわることは秘密にしてはならないと認識させ,思いやりのあふれたすばらしい学校にすることをめざしている。つまり,①問題認識(心の健康理解)と,②援助希求行動の改善に重点を置いている。このプログラムが開発されてから30年以上たち,メイン州は自殺予防教育に15年間の実績があるという。生徒を対象とした自殺予防カリキュラムを実施する前に,ハイリスクの生徒への対応など教師の抱く不安に応え,十分に議論して合意を形成することが必要であると強調している。他の州でも使われ,政府からも助成を受けているとのことであった。

　自殺予防教育の実施に関する基本的な考え方として,子どもに自殺予防について話しても自殺の危険を増すことはない。子どもはすでにさまざまな情報源から誤った知識を得ているので,むしろ,自殺について率直に子どもと話し合い,正確で適切な知識を与えることは,問題解決への第一歩になると考えられている。

　なお,自殺予防教育の実施法については全米でも活発に議論されてきた。たとえば,自殺予防教育を実施する前にスクリーニングを行い,ハイリスクの生徒を

最初に同定し，ハイリスク群の生徒と，特に問題のない健康な生徒を別々に自殺予防教育を実施すべきであるという意見がある。しかし，この両群を別々にフォローアップするのは，費用対効果の面からは現実的ではなく，健康教育の一環として全生徒を対象とすべきであるというのがメイン州の関係者の意見であった。

ライフラインプログラムは，1980年代の自殺予防教育のモデルとして取り上げたプログラムのひとつである（p.39参照）。今のバージョンとは少し異なるところもあるが，充実した教職員研修など，現在のプログラムにも多くのことが引き継がれている。

2) ライフライン（Lifelines）の実際

授業は，45分の4コマ（90分の2コマ）で構成され，ロールプレイを取り入れ，話し合いなど相互交流を重視して実施される。実施者は，保健や教育相談担当者を想定している。中学2，3年生を対象に開発されたが，今は高校生にも実施されている。

SOSプログラムと重なるところが多いため，「ライフライン」については，授業の流れの要約のみを紹介する。

〈セッション1（授業1）〉：友だちが困るのはどんなとき？
授業の要約
(1) 解説　　：若者の自殺は人生と関係の深い重大な問題であることを学ぶ。自殺の基本的事実や原因について知る。友だちが問題を持っていたり死を思っていることを，最初に気づくかもしれないことについて話しあう。
(2) 質問　　：自殺を思う友だちを助ける一番重要な方法は？
（手を挙げさせ，「大人につなぐこと」と答えが得られるまで問う。さまざまな答えが出てきても，大人につなげる重要性を強調する。
(3) 終わりに：次の授業では，自殺の危険なサインと助けを必要とする友だちへの具体的な援助方法について話し合う。

〈セッション2（授業2）〉：どうしたら友だちを助けられるのか？
授業の要約
(1) 解説　　：自殺についてのサインや行動を知ることで，どのように行動できるかを話し合う。(F-Feelings感情　A-Actions行動　C-Changes変化　T-Threats恐れ　S-Situations状況）の言葉の意味する5

つの要因FACTSをキーワードとして知っておくことは，自殺の危険の高いサインを見極める1つの方法。たとえば，薬物をやっていたり，銃を持っていたりする気がかりな友だちがいたら，自殺について直接聞くことはとっても重要なこと。友だちを大人につなげるためにどのように説得するかも重要で，実際に行動できるよう，DVDを視聴したり話し合ったりする。
(2) 終わりに：次の授業では，3つの関わり方のステップ，つまり，心配していること，自殺について尋ねること，助けを求めるように勧めることについてもっと深く学ぶ。

〈セッション3（授業3）〉：どこで助けを求めることができるのか？
(1) 説明　　：友だちが死を思ったとき，お互い助け合うことのできる友だちになるにはどうしたらよいかをDVDを視聴して学ぶ。DVDを視聴してより効果的な援助の方法（助けを求めている友だちの特徴を知ったり，学校の中で助けを求めることのできる人や手順を明らかにする）を学ぶ。
(2) 質問　　：救いを求める人の重要なサインは何か？（手を挙げさせ，端的に応えさせる。たとえば，絶望している，混乱している，誰にも好かれていないなど）
(3) 終わりに：次の授業では，死を思い救いを求める友だちを，どのように助けるのかということについて，体験的に学ぶ。

〈セッション4（授業4）〉：どうすれば学んだことを使うことができるのか？
(1) 解説　　：この授業では，自殺に関わることは秘密にしてはならないなど，ロールプレイを通じて困っている友だちへの関わり方を身につける。
「セッション1から4の授業における自殺予防の学びは，これからの人生で活用できる情報に他ならない。考えを深める興味深い話し合いをたくさん行ってきたが，いくつかの覚えておくべき重要なポイント（情報）が小さなカードに印刷されている。すぐに見ることのできるように財布などにいれる」
(2) 小さなカードを配布する。

第一部　[理論編]自殺予防の基礎知識

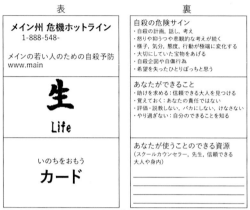

※英文を日本語になおして示したが,「生」の字は,
　カードに印刷されたそのものである。

小さなカード

(3) 解説　：助けが必要になったときのために，名前や電話番号書きとめる。持っている携帯電話にこれらの電話番号を入れる。

「ライフライン」の自殺予防情報や授業で話しあった自殺の危険なサインをカードで思い出すことができる。もっと重要なことは自分自身が心配なときも，死を思う友だちのことが心配なときにも信頼できる大人につなげること。

どこでどのような援助を求められるのかをリストにしたカードを作ることで自分自身にも友だちにも，援助希求性が高まり，さらに，できることとできないことを明確にする。

　　3つのポイントを覚えておく
　　● 心配していることを友だちに伝える。
　　● 自殺を思っているかどうか尋ねる。
　　● 信頼できる大人に助けを求める。

3) 学校のスタッフを対象にしたプログラムの概要

カリキュラムを実施する学校のスタッフに対して，それぞれの役割にそったさまざまな研修が用意されている。また，一度だけでは十分ではないとして定期的に各種の研修を実施している。親や地域の精神科医療機関にも，学校での自殺予防教育の内容について周知徹底するようにも配慮されている。これらの研修は，

ハイリスクの生徒を発見した際に適切に紹介するシステムにつながっている。
　次は，研修の具体例である。

- ゲートキーパー研修：教師等を対象とした青少年の自殺予防に関する基礎研修（1日）。
- カリキュラム担当者の研修：同僚や地域の人に対して60〜90分間の自殺予防教育を担当する人のための研修（3.5時間）。
- 予防プログラムを実施する教師のための研修：実際に生徒を対象としてカリキュラムをどのように実施するか教師を対象とした研修（1日）。
- 自殺予防指針立案のためのワークショップ：学校や地域で自殺予防指針をあらかじめ策定しておくための研修。
- 移行期に備える教員研修：高校を卒業後の移行期におけるメンタルヘルスの危機に備えるための研修。
- 臨床家のための自殺リスクの評価のための研修：ハイリスクな生徒をどう発見し，適切な治療に導入するかを研修する（1日）。

4）2つのプログラムを通して

　SOSプログラムやライフラインプログラムの概観から，1980年代の代表的なプログラム（p.39参照）に共通する4つの視点がすべて受け継がれていることがわかる。特に，「信頼できる大人につなぐ」ことがより重要視されている点に特徴がみられ，80年代のプログラムの中心はストレスモデルにおかれているが，この2つのプログラムにおいてはうつ病モデルが加味されてきたと考えることができる

c．アメリカの自殺予防学会の方向性

　米国自殺学会（以下，AASと略記）は2010年に青少年の自殺の防止のためのナショナルセンターを立ち上げ，「子どもの自殺者をださない」ことを重点目標にし，これまでの自殺予防教育を見直して，次のような取り組みを進めようとしている。

- 自殺予防に焦点化していなくても，若者を支援している組織と協力することによって，自殺の危険の高い若者の自殺や自殺企図の数を減らす。
- 若者のレジリエンスを促進したり，若者が自暴自棄にならないための第一次支援を強化する。
- 医療機関をはじめとする若者支援の機関の間で，エビデンスに基づく自殺予防の取り組みの開発と実践を促進する。

このような重点目標が掲げられた根底には，自殺の危険の高い個人の同定やリファーや対応が強調される最近の風潮に不満を表明し，「ゲートキーパーのトレーニングや危機ラインや緊急時のサービスは，"崖の縁"の自殺予防に他ならない。我々のなすべきことは，むしろ上流での救出作戦である」とし，「崖っぷちに到達しないように若者のライフコースの道筋そのものへアプローチすることが重要である。たとえば，肥満を減らすためのプログラムは，エビデンスに基づいて学校でのジャンクフードの購入機会を減らしたり，ストレスマネージメントや運動プログラムを提供している。このように，自殺予防においてもエビデンスに基づいて，高校のあらゆる学級でもできる社会的な統合や差別のない援助的なグループづくりを促進するようなプログラムが，長期的にみると若者の自殺念慮や自殺企図を遅らせたり防ぐことになる」（Effie Malley, 2011）という問題意識にみることができる。

最近のAASのホームページ（2014）では，「全国の若者自殺予防センターについて」として，次のように解説されている。

「AASの全国の若者の自殺予防センターは，自殺を予防できると確信している。たとえば，多くの若者は自殺を考えていたら警告サインを出している。介入することで，自殺の危険の高い若者の命を救うことができる。また，友だちが個々に手をさしのべたり心配していることを伝えることによって，自殺の思いを遠のかせることができるかもしれない。しっかりとした地域コミュニティ，安心感のある学校や支えとなる家族は，若者が健康に成長するのを助ける。心の病や薬物乱用でもがいている若者にとって，効果的なサービスを提供することができれば自殺の危険は低減される」

そのために，ナショナルセンターは，次のような具体的な取り組み例を示している。

- 見逃さないようにするために，インターネットのウェブサイトを通じて，自殺の危険を知らせるサインについての周知をはかること。
- 若者を支援する組織と連携して，自殺予防のための優れた取り組みを開発，実施するように努めること。
- いじめの被害者や養護施設で育った子ども，同性愛や性同一性障害など自殺行動の割合が高いと思われるグループに焦点化したアプローチを行うこと。
- 上流での自殺予防活動の取り組み（第一次支援），すなわち，自殺の危険因子を抑制したり対処したりすること，及び，すべての若者の心の健康やレジリエンス（精神回復力）を促進することをめざした活動を展開

する方略を開発すること。
- 草の根からの自殺予防の取り組みを進める仲間として，若者を巻き込んだり勇気づけること。

  早期発見，効果的な支援者，社会的に不利にある若者への救済活動，早期予防など，自殺予防のための若者支援はすべて，命を救うことに貢献する‼

　このように，最近のアメリカの自殺予防においては，すべての児童生徒を対象にその個性化や社会適応を促進する指導援助，つまり，学校心理学でいうところの第一次支援（日本の生徒指導や教育相談における開発的機能）の重要性が一段と指摘されるようになった。水際での自殺を予防するだけでなく，今までみてきたような自殺予防に特化したプログラムとともに，子どもの成長過程に応じて自殺に対する保護要因を強化するような取り組みを，学校教育のみならず，学校外においてもさまざまな取り組みを展開することの必要性が示唆されていると考えることができる。

　実際，ロサンゼルスを例にとれば，いじめ，暴力・自殺を防止するためのプログラム（Safe School Project）が実施され，すべての児童生徒がメンタルヘルスやその他の支援サービスを利用することが可能になっている。ロサンゼルス群精神保健局は，自殺などの予防に向けた広報活動を積極的に行い，社会的不利にある児童生徒および保護者への普及啓発を進めている。学校区，地域の関係機関，および，大学等からなる学際的なメンタルヘルスの統合チームが学校現場のスタッフと連携・協働を図りながら，学校全体の児童生徒のサポート，危機管理，問題の早期発見・早期介入を核とする精神保健サービスを一層進める方向性が示されている（新井ら，2014）。

　日本においては，教師向けの自殺予防研修は，学校と関係機関との連携・協働のもとに，少しずつ取り組まれるようになってきた。しかし，児童生徒を対象とする自殺予防教育は，教師個々の力量に任され，学校としてほとんど取り組まれてこなかったといえる。水際の自殺予防をいかに取り組むのか，また，さまざまな第一次支援に，自殺予防の視点を生かしながら上流の取り組みをどうするのかなど，これら一つひとつの課題が十分に検討されることが求められている。

第3節── オーストラリアの学校における自殺予防教育

1. 国レベルで取り組む自殺予防教育

　オーストラリアでは，中高生を対象に自殺を防ぐための『マインドマターズ』という取り組みを国を挙げて進めている。日本の都道府県教育委員会にあたるNSW（ニューサウスウエールズ州）の教育局のホームページでも，「マインドマターズを実施することで，学校全体で心の健康を高め，自殺予防に迫ることができる」と紹介（2012）している。
　その取り組みの経緯と内容について，概観する。
　オーストラリア政府は1995年から青少年自殺防止計画を立て，1999年6月までに事業費総額3,100万ドルの青少年自殺防止対策事業を展開した。当時政府は，青少年（15〜20歳）の自殺率が諸外国と比べても，また，他の年代に比較しても高いことに強い危機感をいだいたからであった。青少年の63％が自殺又は自殺未遂をした青少年を身近に知っているなどの調査結果もあり，連邦及び州政府が共同して青少年自殺防止対策審議会を設置し，具体化に向けての取り組みを行った。自殺の危機に直面している青少年や自殺のリスクが高い青少年への対応や支援の強化をはじめとし，未遂直後の治療から退院後の生活の支援まで長期的なフォローアップを含むメンタルヘルスサービスを中核とする自殺予防対策事業が開始された。
　このような流れの中で，連邦政府の委託を受けたオーストラリア家族研究協会が，学校における自殺防止プログラムのガイドラインを作成し，各学校に配布する取り組みを進め，プログラムを試験的に実施した（自治体国際化協会，1999）。自殺予防教育を各州と連携しながら，精神保健の視点から国家レベルで展開したところに大きな特徴がある。
　オーストラリアは1973年までの白豪主義から，現在は「多文化主義」へと移行したが，まだまだ差別意識が残っているとも言われている。アボリジニなど先住民の若者や就職の機会の少ない非都市部の若者の自殺率の高さが明らかとなり，不況期の影響を大きく受けて失業率の高まることと自殺とが連動していると考えられた。これらの社会問題を深刻に捉え，国を挙げての取り組みを進めた点が高く評価できる。
　2000年には政府と保健省が，学校精神保健増進プロジェクトの取り組みを始めた。まず中高校生向けの『マインドマターズ』（MindMatters：心にとって大

切なもの），次いで小学校でも，『キッズマター』（KidsMatter：子どもにとって大切なもの）が示された。

オーストラリアの教育研究全国調査（2010）によれば，オーストラリアのセカンドスクール（中高一貫校）の98％が『マインドマターズ』について知っており，65％が重要な教材と考え，38％は心の健康を高め，自殺予防と早期介入のため使用していると報告されている（前掲NSW教育局）。

このように1995年から青少年自殺防止対策事業が始められ，2000年からは学校教育の中で『マインドマターズ』のプログラムが展開され，その後も改訂が重ねられてい

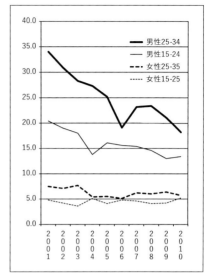

図2-2　オーストラリアの自殺率

る。2001年～2010年までの自殺率（図2-2）の変化をみると，15歳から24歳までの男性自殺率は20.4から13.4に，24歳から35歳は，34.0から18.2と大幅に減少している（オーストラリア統計局（2010）より作成）。オーストラリアが国を挙げて自殺予防教育を進めたことも，青少年の自殺の減少に一定の効果をもたらしたといえるのではないだろうか。

2. 自殺予防教育のための『マインドマターズ』

日本では，子どもの自殺には，いじめが大きく関わっているのではないかと考え，いじめ撲滅と自殺予防とが渾然として捉えられがちであるが，オーストラリアでは，自殺の原因探求に基づき，明確な自殺予防の指針が打ち出されている。『マインドマターズ』では，いじめだけでなく，レジリエンス，精神疾患への理解，喪失と悲しみなど，さまざまなテーマをあつかった5冊の授業用テキストと3冊の総論テキストが用意されている。それらを使って，中高校の教科（国語・保健・社会・宗教など）において，教員誰もが実施できるように，研修のための専門のセンターがつくられている。『マインドマターズ』が多くの学校で採用され，効果を上げるうえで大きな役割を果たしている。

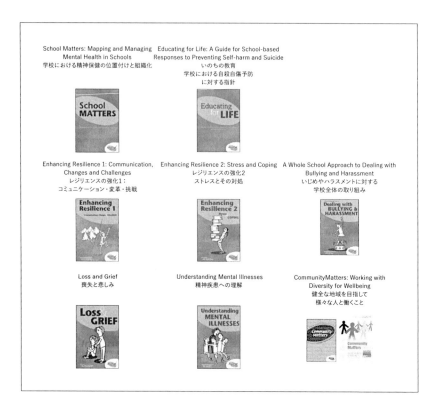

　また,教科のなかで心の健康に関するプログラムを実施するだけでは,なかなか効果があがらないという反省から,心の健康を学校全体の取り組みとして位置づけ,地域の関係機関との連携を基盤に進めていくという方向性がとられるようになった。

　針間博彦らが「こころの科学」(2009)で,『マインドマターズ』を連載で紹介している。原文MindMatters(2005)と「こころの科学」の連載とを参考にしながら,自殺予防教育の視点から『マインドマターズ』について検討を加えたい。

a. 3冊の総論テキストと自殺予防

　次の3冊が,学校全体で心の健康に取り組むための枠組みを示し,計画を立てるための総論テキストである。

　　　『スクールマターズ』(学校にとって大切なこと)
　　　『エデュケーション フォア ライフ』(いのちの教育:学校における自殺自

傷予防の手引き）

　　『コミュニティー マターズ』（地域にとって大切なこと）

1）総論テキスト『スクールマターズ』（学校にとって大切なこと）

　このテキストには，学校における心の健康を高めるための理論的枠組みと全体像，進め方が示してある。

　第2章では，学校における心の健康の促進のための3要素として
- 「カリキュラムの内容 教えることと学ぶこと」（心の危機を乗り越えるためのスキル・資源・心の病に関する正しい情報の提供と対処法の獲得）
- 「校風」（学校環境の整備・改善）
- 「地域との協調関係」（援助の必要な生徒への効果的なサポートをはじめ若者支援の地域づくり）

があげられている。他の総論テキストや各授業用テキストにも，この3要素をわかりやすくまとめたものが，繰り返し図示されている。

　第5章のタイトルは「自殺予防における学校の役割」であり，全体像の中で自殺予防が明確に位置づけられている。

2）総論テキスト，『エデュケーション フォア ライフ』（いのちの教育：学校における自殺自傷予防の手引き）

　このテキストは，教師向けの自殺予防プログラムといえる。自殺防止の3段階（p.98参照）が具体的に示されている。第1章では，「自殺予防における学校の役割」が『スクールマターズ』よりも，さらに詳しく述べられている。子どもたちが学校とよいつながりの持てる安心で支え合える学習環境のもとで，レジリエンスや自尊感情を培うための学びを明確に位置づけている。苦しんでいる子どもたちを支援するプログラム，学校における組織づくり，地域との連携・協調の3点が不可欠としている。

　自殺の危険因子やサインに関する知識があればハイリスクの生徒への対応も可能になるとして，職員全員が自傷行為や希死念慮について真剣に捉えることの必要性を強調している。また，気がかりなことがあれば，カウンセラーに伝えて専門機関との連携を進めるなどの手順を明確に示している。すべての教員にカウンセラーになることを求めているのではない。トレーニングを受けた職員，カウンセラー，そうでない教職員が，それぞれが担う責任は異なることを明確に示し，カウンセリングを行う教職員は，専門家にスーパーバイズを受ける必要があることを指摘している。また，管理職や養護教諭，生徒指導主事，教育相談担当など

は，危機対応や事後対応に関する追加研修が必要であるとし，組織として危機にある子どもへの対応を進めるための留意点が細部にわたって提示されている。

　日本では，子どもの自殺が起こると，学校の落ち度だけがセンセーショナルに問われることが少なくないが，学校はコミュニティの一部であるので，学校と地域との連携が不可欠であり，学校だけに自殺予防の責任を負わせてはならないと指摘している。

　第2章は，「青少年の自殺に関する情報」である。自殺の定義からオーストラリアの自殺にまつわる現状，リスク要因や保護要因などをあげ，自殺者の原因として60〜90％に精神医学的疾患が認められる状況を示し，自殺予防において精神的な治療を受けることの重要性なども指摘している。

　第3章は，「心の健康促進と学校の方針」である。学校は危機への適切な対応策を講じるべきで，自殺予防に関する最新の知識とすぐれた実践に基づく方針があることによって法的にも守られるとし，その方針の作成と見直しを，職員・生徒・保護者が協議して行うとしている。

　第4章は，「危機対応」である。危機の際の対応計画，危機対応チーム，事後対応の手順を図式化し，できるだけ早期に学校を通常の状態に戻すためのガイドラインがわかりやすく具体的に示されている。

　第5章は，「カリキュラムにおける自殺問題への取り組み」である。自殺問題を授業の中で取り組む場合，すべての教師が知っておくべき留意点がきちんと示されている。第1章と重複しているところもあるが，以下に留意点の全文を示す。

- ●自殺問題を授業の中で取り組む場合，すべての教師が知っておくべきこと
  - どんなものであれ，ほのめかし，希死念慮，自傷行為などの危機を感じたとき，重大に受けとめ，学校だけでかかえず，（専門機関と）連携しなければならない。
  - 命の危機の場合は，秘密を守らなくてもいいが，プライバシーは尊重されるべきである。
  - 生徒が命の危機をほのめかした場合，知る必要があると思われる人にだけは伝えるべきである理由を生徒に説明し，適切な人に伝える。
  - すべての生徒は，彼ら自身や友人や家族のために，どのような人にどうすれば援助希求できるのか知っておく必要がある。
  - 担任は，継続的につながりを持つが，治療やカウンセリングはしない。
  - 多くの生徒が潜在的に興味をもっている自殺の問題は，希死念慮で苦しんでいる生徒を苦しめ，脆弱な生徒たちにとっては自殺が現実的な選択となってしまうかもしれないので，十分に注意する。

ハイリスクな生徒は生き辛さについて誰にも告げていない可能性があることを知っておく。
- 自殺は被暗示性があるため，自殺に焦点をあてた授業をできるだけ行わないようにする。
自殺の研究，クラス討論，創作，詩，脚本，演劇などを，中心トピックとして（自殺に焦点化して）扱わないように指示する。

次に，さまざまな状況で実施される授業を想定して，助言が記されている。
はじめに取り上げられているのは，保健や特別活動などのカリキュラムの一環として取り組む場合である。辛いときのコーピング（対処方法），援助希求，悲しみへの対処，精神疾患への理解といった問題解決や心の健康や生活の満足につながる，より広いテーマでとりあげることを提案している。《教師が取り組むべきこと》として記されているページの全文を示す。

● **教師が取り組むべきこと**
- 積極的な（ポジティブ）な姿勢，対処方法や心の健康促進をめざす。
- 援助希求行動を促進すること。利用可能なサポートサービスの種類について生徒に伝え，これらにアクセスする方法を伝える。
- 自殺は抑うつとの関連で発生する傾向があることを生徒に説明し，うつ病は治療可能であることを伝える。
- 自殺の方法についての知識とその致死性については知識を増やさない。
- 小説や映画などで，自殺問題が生じた場合には，ロマンチックな悲劇や英雄として自殺の描写していることに疑問を投げかける。
- 個人またはグループを疎外しないようにする。
一部の人々の生活の苦しい現実を，辱めたり責めたり矮小化しない。
- 一部の生徒が，この授業で辛い思いするかもしれないことを知っておく。自分のことや誰かが心配であったり，何か問題を抱えていると感じた場合は，教師（または別の信頼できる大人）と話をするように勧める。
- 少しでも心配な出来事や行動があれば，福祉スタッフに通知する。
- 自殺に関する学級討議が行われている場合には，福祉スタッフに知らせる。
- クラスから阻害されている生徒を把握し，配慮する。

※福祉スタッフとあるが，日本の実情を考えると教育相談係，養護教諭，スクールカウンセラー，スクールソーシャルワーカー等が該当する。

教師が取り組むべきこととして,「自殺と抑うつとの関連」などの内容が記されている。しかし,「自殺は被暗示性があるため,自殺に焦点をあてた授業をできるだけ行わないようにする」とあり,その例として「自殺の研究」などがあげられている。自殺を深掘りすることは避けなければならないと考えるが,「自殺に焦点をあてた授業」とは具体的にいかなる授業を意味するのかは難しい問題である。日本においても,授業で自殺や自殺予防の言葉を出すこと自体を恐れる教師や保護者も少なくない。自殺防止という視点から,どのような面に焦点化し何を子どもたちに伝えるかが課題である。

子どもたちはすでに多くの自殺に関する間違った情報に接し,とりわけハイリスクな子どもほど誤解に満ちた情報を持っているという現実に目を向けるべきである。日本でも「寝た子を起こす」のではないかという心配もあるが,この情報社会の中で,子どもたちはすでにしっかり起きているのである。また,アメリカの自殺予防教育の中でもとりあげたように,自殺予防の正しい知識を与えることの重要性を忘れてはならない。「自殺」を通して,「生」を考える授業が求められている。

第6章は,ピアプログラムに関して,友だちに自傷行為やうつ病や自殺の可能性のある場合,教師やカウンセラーなど信頼できる大人に必ず伝え,サポートを得ることの重要性を述べ,友だちへの支援としてカウンセリングなどはできないことを明記している。

第7章は,「ハイリスクな生徒の早期発見」である。「ほのめかし,希死念慮,自傷行為などの危機がわかったときは重大に受け止め,学校だけで抱えず専門機関と連携しなければならない」「早期発見は困難なことが多く,教職員はハイリスクな生徒への懸念も過剰反応ではなく過小反応することが少なくない。すべての教職員が研修を受け,うつ病のことや自殺のサインなどを受けとめる感度を高めることが大切である」と繰り返し指摘している。

第8章は,希死念慮,自傷行為への対応である。生徒の気がかりなことを過小評価せず,専門家に繋ぎ,教師,専門家の役割を明確化することの重要性が再度記載されている。自殺を予測することは専門家にとっても困難なため,自殺の危険の高いと思われるすべての生徒を支援し,必要ならば援助機関に紹介すること,秘密にしてほしいと言われても,知る必要のある人にだけ伝える理由を生徒に説明したり,誰に何を伝えるべきか,いかなる紹介と支援が望ましいかを話し合うなど,リファーやフォローアップの留意点についても具体的に書かれている。また,ハイリスクな生徒への関わりは,その生徒だけでなく他の生徒へも支援を与えることになるとし,自殺の連鎖などを予防できるとしている。

付録として，カウンセラー用の「自殺リスクのある生徒の評価」「自殺リスクのある生徒の対応」のツールが巻末に挙げられている。

3）総論テキスト『コミュニティマターズ』（地域にとって大切なこと）
　このテキストは，多文化主義に基づき，地域，専門機関との連携の大切さを重視し，自殺の問題も個人の問題として捉えるのではなく，オーストラリア社会，コミュニティの視点から受け止めている。友だちと違っていると感じたり，とりわけ社会的な理由で取り残されたと感じている生徒が，居場所と幸せを感じられるような取り組みとともに，心の健康を促進し援助の必要な生徒に効果的なサポートができるように支援する体制づくりの必要性を，学校だけでなく地域の課題として提言している。

b．5冊の授業用テキストと自殺予防教育
　授業用テキスト（教材を含む指導書）は次の5冊である。
　　『レジリエンス（折れない心）の強化1』コミュニケーション・変化・
　　　チャレンジ
　　『レジリエンス（折れない心）の強化2』ストレスとその対処
　　『いじめや嫌がらせへの対処』学校全体の取り組み
　　『精神疾患への理解』
　　『別れと悲しみ』
　〈レジリエンス〉〈いじめ〉〈心の病〉〈喪失体験〉という4つの視点は，日本の自殺予防教育の方向性に大いに示唆を与えるものと思われる。
　5冊の授業テキストのうち，日本の学校においてほとんど取り組まれていないのが，〈心の病〉〈喪失体験〉である。ここでは詳しくふれることができないが，どちらも生き辛さにつながる可能性を含んでいる。『マインドマターズ』のめざすところは，心の病をタブー視せず，知識を得て理解を深めることによって，自他の心の危機に気づき，心の不調が続いたときの対処法を身につけさせることである。また，偏見を減らすことによって，援助希求行動が促進されると考えられ，喪失に伴う嘆きや悲しみの感情についても，学年ごとに繰り返し学ぶ機会が設けられている。
　『レジリエンスの強化』は，オーストラリアの自殺予防教育の中核として位置づけられているので，次の項で詳しく紹介する。

c. レジリエンスを核にした自殺予防教育の展開

　レジリエンスは，1900年代，物理学の分野でストレス（外力による歪み）に対する言葉として，「外力による歪みを跳ね返す力」として使われていた。その後，虐待など，発達や精神保健上のリスクが高い逆境に置かれていたにもかかわらず良好な発達や社会適応をした子どもたちがいることが注目された。そのような子どもたちの心理的特性を指し示す際に用いられるようになった概念がレジリエンスである（加藤ら2009）。

　『エデュケーション フォア ライフ』では，「自殺の危険の高い生徒に関わることはもちろん必要であるが，授業においてレジリエンスを高める自殺予防プログラム実施は効果的」であるいう。レジリエンスを高めるための不可欠なものとして，「学校とのよい関係」や「自尊感情」を取り上げている。学級等でもうまく人間関係を結ぶ子どももいればできない子どももいて，学校は人間関係を築く場にも，阻害する場にもなり得るため，特に家族との絆が希薄な子どもたちの心の健康を守るために，「学校での良好な人間関係」が必要であるという。

　さらに，レジリエンスのマーカーともいわれる自尊感情を高めるために大切なこととして，

- 成功体験と成就感を絶えず与えること
- 効力感を与えること
- 他の人から成功や成就感を認められ褒められること

という3点を挙げている。学校は，学業テストやスポーツテストの点数だけでない広い意味での成功と達成感を推進するうえで重要な役目を持っていることが強調されている。

　レジリエンスを高めるための要因として掲げられている表を，（表2-2）に示す。

　日本でも，レジリエンスという概念は注目を浴びている。石毛ら（2006）は中学生を対象とした調査から，レジリエンスの構成要素として，ⓐ意欲的活動性（自分を振り返り，困難にも取り組もうとする態度），ⓑ内面共有性（辛いときに気持ちを聞いてもらったり相談できる態度），ⓒ楽観性（なにごとにも良い方に考える傾向）をあげている。また，小塩らの大学生を対象とした調査（2009）においては，ⓓ新奇性追求（新たな出来事に興味や関心を持ちチャレンジしていこうとする傾向），ⓔ感情調整（自分の感情をうまくコントロールできる力），ⓕ肯定的な未来志向（明るい前向きな未来を予想し努力する態度）があげられている。これら（ⓐ～ⓕ）は，表2-2の要因と重なるところが極めて多い。

　また，石毛ら（2006）は，個人の努力で高めることができるのは「意欲的活動性」「内面共有性」であり，「意欲的活動性」の発達は自己決定していこうとす

表2-2 レジリエンスを高めるための要因

個人的要因	環境的要因
● つながる力	● 大人（親など）との温かくて前向きな関係
● 問題解決能力，対処能力	● 高いけれど実現可能な親や学校の期待
● 楽観的気質	● 責任感のある家庭
● 状況に対する現実的認識能力	● 楽しい家庭行事
● ユーモア	● 家庭の養育と見守り
● 生きる目的や使命感	● あたたかく支え合う学校環境
● 知性	● 前向きにとらえられる規則と相互の思いやり
● 自己効力感	● 関わり合うさまざまな機会
● 共感する力	● 物心両面における援助機関との連携
● 自己モニタリング	● 家族への開かれた支援
● 失敗から学ぶ力	
● 趣味，創造的な興味，才能	
● 宗教，スピリチュアル	

る経験と周りとの協調的な関係を通して促進され，「内面共有性」は，男子では周囲との調和していこうとする特性，女子では人との温かな関わりを求めて周りと関わろうとする特性によって発達が促されるという調査結果を示している。また，則定（2008）は，中学生では親友に対する「心理的居場所感（心のよりどころとなる関係性，および，安心感があり，ありのままの自分を受容される場があること）」がレジリエンスを高めると報告している。レジリエンスに関して，日本のさまざまな調査研究と『マインドマターズ』がめざすものとが一致するところが多い。中高校生にとって自己決定を促し，葛藤や悩みを分かち合える友だち関係を築き，未来に希望や目標を持てるような学びを行うことが，自殺予防教育の基盤となるものと思われる。

　授業用テキスト『レジリエンス（折れない心）の強化1』においては，楽観的・ポジティブ・ユーモアなどを大切にし，生徒と教員の教員の双方向のやりとりや参加型を重んじた授業の例が紹介されている。具体的な授業として，新入生を対象にした〈パートナー探しゲーム〉では，生徒同士のコミュニケーションとチームワークや学校へのつながりを高めることがめざされている。また，国語科では，自分が何をどのように感じているかを表現できるようになるために，文学や詩を通じて他者の感情を学び，言葉による感情表現につなげている。

　中学3年から高校3年を対象とした『レジリエンス（折れない心）の強化2』

のテキストには、「ストレスと対処」という副題がついている。保健等で実施することが考えられ2部構成である。1部でストレスについて学び、援助希求なども含まれる。2部では「ストレス撃退法（stressbuster）」として、1時間で実施できる体験型のさまざまな授業展開例が紹介されている。

　日本においても、ストレスマネジメントをはじめ、同じような内容の授業や体験活動に取り組んでいる例がみられる。筆者のかつての勤務校でも学年目標を「お互いを認め合い高め合える仲間づくり」とし、自尊感情を高めることをめざしてきた。また、自殺予防のキーワードとして、「絆」の重要性が、稲村（1981）や高橋（2006）によって指摘されてきた。それらはすべてレジリエンスと重なるものである。

　これまで日本で取り組まれてきた授業や体験活動を、自殺予防教育の視点からあらためて意味づけし直し、相互の関連性を明らかにして総合的に捉え直すことが、自殺予防教育の具体化に向けて重要な作業であると思われる。

d. 自殺予防教育をすすめるための必要な条件整備
1) 心の健康に関する学校や生徒の現状把握のチェックリスト

　総論テキスト『スクールマターズ』の第7章には、学校向けのツール（役に立つ道具）として、心の健康を高める実践に関するチェックシートが、14頁にわたって示されている。「心の健康を高める」取り組みは、校長をはじめ、教職員、保護者や生徒自身にアンケートを実施し現状を把握するところから始まり、取り組み後の満足度を尋ねるチェックシートも用意されている。

　次にあげるチェックシートの一部は自殺予防に関して、保護者や教師を対象に学校の現状を問うものである。

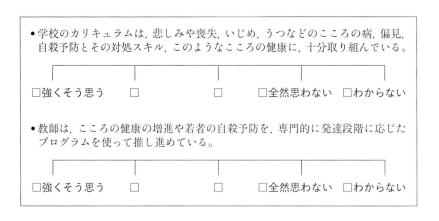

自殺予防を視野に入れた授業が求められていることがここからもわかる。自殺予防教育の積み上げは，シートを活用して子どもたちに学ばせるべきことを保護者とともに教師自らがチェックし，客観的に現状を振り返り，今後の方向性を検討することにより，可能になるものと思われる。『いじめや嫌がらせへの対処』のテキストの中にも，いじめを減らすための学校用チェックシートがあり，生徒に対する〈いじめ調査票〉もつくられている。

日本でもいじめに関する調査が，2013年のいじめ防止対策推進法制定以降，全学校に課せられるようになった。1982年から文科省が毎年度各学校に調査報告を義務付けている「児童生徒の問題行動等生徒指導上の諸問題に関する調査」においても実態把握がめざされ，調査に応えること自体が，記録者自身（学校）の問題行動への取り組みを振り返る機会ともなっている。学校教育法施行規則も2007年の改正では，「学校の教育活動その他の学校運営の状況について，自ら評価を行い，その結果を公表するものとする」「評価を行うに当たっては，学校は，その実情に応じ，適切な項目を設定して行うものとする」と，学校評価と公表が義務づけられている。今あるものを活用しながら，自殺に繋がる問題行動への対応においても，教師と保護者，生徒自身の声を聞くことは，取り組みの継続と改善を促進するうえで不可欠であると思われる。

2）教師の自殺予防の力量の向上

総論テキスト『スクールマターズ』の《ツール8：教員研修と自殺予防》では，教師のレベルに応じて学ぶべき自殺予防の具体的内容と方法が簡潔に一枚にまとめられている。『エデュケーション フォア ライフ』の第1章と重なる部分が多いが，大切と思われる事項はこのように何回も8冊のテキストの中で提示されている。

日本でもすべての教職員に自殺予防の正しい知識と理解を拡げるうえで，大いに参考になると思われるので，次に《ツール8》の全文を示す。

● ツール8：教師研修と自殺予防
（自殺予防研修でさらなるアドバイスが必要なときは『エデュケーション フォア ライフ』を参照すること）

すべての教職員のための入門レベルの研修
- 安全で支え合える学校環境を作ることが大切であることを強調する。
- 生徒と地域の人（コミュニティのメンバー），保護者との間には，所属感と繋がりが重要であることを強調する。
- 自殺のリスクが高い人々であっても，誰からも排除されたり差別されない。ハイリスクな人たちにも敬意を払い，対等なコミュニケーションを大切にしていることを示す。参加や良質な関係，敬意やインクルージョン（統合教育）について話し合う。
- 心の健康を高める学校をあげての取り組みの一部に，自殺予防を位置づける。
- 教職員に，若者の希死念慮や自殺企図，精神疾患の正しい理解を提供する。
- 教職員に，学校の方針や危機事例の対応計画に精通させる。
- 教職員に，学校での立場に応じた責任のレベルや役割について確認させる。
- 教職員に，関係機関との連携や期待できる関わりについて，詳しく説明する。
- 州や地域において法律が要求する「心のケアの義務」，特に守秘義務について明確にしておく。
- 自殺の危険やリファーの手順について，教職員の知識を高める。
- うつを示す行動や自殺のリスクのある生徒に，教職員が気づくことができるようにする（『エデュケーション フォア ライフ』第7章を参考）。
- 生徒が心を開いて打ち明けたら，どのように対応するか，また，専門家にリファーするにはどうしたらよいのか，実践的な示唆を教職員に与える。
- 教職員はカウンセラーになることを期待されているのではないし，役割と責任について過度のストレスを経験する必要がないことを明確に示す。

学校のリーダー，生徒指導，教育相談担当者等のための追加の研修
- 危機対応の指針の作成と再検討を行うこと。
- 危機対応と事後対応（ポストベンション）の手順について，内容の精選と検討を行うこと。
- 教師向け自殺予防プログラムである『エデュケーション フォア ライフ』に，高いレベルで精通すること。

- 州や地域で示されている指針や手順に，高いレベルで精通すること。

研修には，学校の「心の健康を高める取り組み」における重要なパートナーを巻き込む。例えば
- 自殺予防に関心を持っている保護者や地域の人たち
- 学校評議員会のメンバー
- 地域の支援者
- 医療機関のスタッフ

研修は，次のようでなければならない
- 心の健康の促進や若者の自殺予防に関して信頼できる知識や研究をベースにもつこと。
- 『エデュケーションフォライフ』や『スクールマターズ』に精通し，経験豊富な研修を受けた教職員によって提供されること。
- 関連した援助機関や州や地域の教育委員会の要請に従っていること。トレーニングパッケージの詳細については『マインドマターズ』のウェブサイト（www.curriculum.edu.au/mindmatters）を参照のこと。

3) 管理職に求められる役割

　『マインドマターズ』の小学生版が，『キッズマター』である。『キッズマター』の取り組みで高く評価されているUpper Mt. Grabatt State Schoolという公立の小学校を2010年に視察する機会を得た。

　全校集会が，野外センターのような大きな屋根のある場所で実施されていた。高学年の子どもたちがベンチに座ると，自分の座るマットを持った低学年が所狭しとその中央の広場に座っていく。前方には舞台があり，その壁には「幸福と肯定的な関係・学校で成功するための5つの鍵」（①うまくやっていく力：ルールと寛容な心，②組み立て力：目標を立てる，③信頼：自分を受け入れ危機に立ち向かう，④継続，⑤折れないこころ）の5つのキーワードが鮮やかにペインティングしてあった。

　はじめに，高学年の子どもたちによるリーダーキャンプの報告があった。その時々に校長先生がコメントを付け加える。困ったときにどう対処するかという課題についてロールプレイなどを織り交ぜながら，「君はどの鍵を使ったのかな？」などと質問をし，「5つの鍵」が体験の中でどのような意味を持ったのか，全校児童が理解できるように集会は進められた。『レジリエンス』のテキストで，キャンプやリーダー研修で活用できる授業の具体例が示されているが，小学校の集会でも子どもたちの発達段階に応じてレジリエンスを高める実践がなされてい

ることが確認できた。

集会では「今週の優秀賞」の表彰も行われた。副校長からそれぞれのクラスから「がんばっていた子」が紹介され，舞台にあがっていく。たとえば，「困っている人を助けた」とか，「韓国より転校してきたばかりで英語もわからないのに，泣かずに1週間よく登校した」などというものであった。肌の色も違い，服装もターバンを巻いた小さな女の子がいたりと，国際色満載であった。友だちに親切にした子，勉強をよく頑張った子など，次々に具体的ながんばったことが披露され，みんなから拍手を浴びる。副校長先生は笑顔で一人ひとりに握手し賞状が手渡される。最後に一人，それまでにも増して大きな拍手を浴びて名前が呼ばれると，今週の最優秀児童が前に出る。全員の紹介が終わると，順に横で保護者と記念撮影してから席に戻っていった。このような取り組みを毎週行っているという。子どもなりの達成感や頑張りをみんなに披露することを通じて，自尊感情をあげることがめざされている。辛いこと大変なことがあっても，へこたれずに乗り越えたことや，友だちと助け合ったことを，全校児童で賞賛する機会を定期的に設けている点に感銘を受けた。「違うことこそバンザイ！」と，多様性を認め合う雰囲気を学校全体で作りだそうとする意図が強く感じられた。

集会終了後，校長から

- 今朝の朝礼のように，キッズマターの精神をわかりやすい言葉で繰り返し伝えていくということで浸透を図っている。
- 校長が実際にやってみせることが大切。朝礼での私の話は，子どもたちに言っているだけでなく，先生たちへのメッセージと理解してほしい。

という説明があった。校長のリーダーシップと行動力が，学校全体の取り組みの基盤を支えているように思われた。

学校におけるさまざまな取り組みを可能にするには，教師一人ひとりの取り組みに対する前向きな気持ちが必要であると同時に，管理職のリーダーシップが発揮され，教職員に理解され協働できているかどうかが，大きなポイントになる。

自殺問題がタブー視される傾向の強い日本においても，学校長自ら「自殺予防教育の推進が重要」と理解し，その姿勢を教職員にも児童生徒にも機会をとらえて伝えることは大きな力になるものと思われる。

『エデュケーション フォア ライフ』の最初には，《校長は，自分の学校で自殺予防にどのように取り組むのか？》というページがある。ボトムアップが理想ではあるが，管理職のリーダーシップとめざす方向性がはっきりと示されることが，自殺予防教育の推進力になっていると考えられる。その全文は以下の通りである。

> ●校長は，自分の学校で自殺予防にどのように取り組むか？
> - 備えを忘れない。
> - 『エデュケーション フォア ライフ』の要約を読んでおく。
> - この手引きを全部読んでおく。
> - 既存の保健委員会や危機対応チームに関わる。
> - それぞれのチームに，この手引きや『スクールマターズ』を用いて，問題がどこにあるかをよく理解させる。
> - 専門性を高める活動に参加する。
> - 自殺予防に関連する既存の福祉政策や実際の取り組み，さらに危機対応計画についても調べておく。
> - すべての教職員が心の健康に関する認識を高めるため，専門性の向上を図る入門的な研修を実施する。
> - カリキュラム，健康と地域との連携，学校の行事を調べておく。
> - 求められるよい実践や支援を維持するとともに，より高めるための計画を立てる。
>
> 他の誰がこの手引きを読む必要があるのか？
> - スクールリーダー，生徒指導，保健部，教育相談部などの担当者，危機対応チームのメンバーは，このテキストのすべての章に精通しておく必要がある。
> - すべての教職員は，導入レベルの研修を受けることができるようにしなければならない。また，以下の情報や助言をしっかり読み，情報や助言をよく理解しておかなければならない。
>   第1章：自殺予防における学校の役割
>   第2章：若者の自殺に関する情報
>   第5章：カリキュラムにおける自殺問題への取り組み
>   第7章：ハイリスクの生徒の早期発見

このように，校長はもとより学校内のすべての教職員が，子どもの自殺を防ぐために何をなすべきかが，いつでもどこでも見ることのできる形で具体的に示されていることにより，自殺予防の意識が多くの管理職にいきわたっているものと思われる。

第3章
日本の学校における自殺予防教育の必要性と方向性

　第1章「自殺の実態」や第2章「学校における自殺予防の現状」において，自殺予防教育の必要性についてふれてきたが，この章では，自殺に関する誤解の現状と交通安全教育との比較検討を通じて，あらためて考えてみたい。また，自殺予防における援助希求の重要性や教師の自殺予防教育に対する意識の分析をふまえて，これからの自殺予防教育の方向性について提示したい。

第1節 ── 自殺予防に関する知識の啓発の必要性

1. 自殺に関する誤った理解

a. 子どもの自殺の原因はいじめか？
1）いじめを背景とした子どもの自殺の実態

　文部科学省（以下文科省）は2006年，自殺原因の報告内容の変更だけでなく，1999年以降に自殺した児童生徒のうち，いじめを受けていた事実が確認された14例について再調査しその内容を公表した（表3-1）。いじめが自殺の主な原因である事案は3例，自殺の一因とする事案は6例あったことが確認された。このように，教員，学校や教育委員会にとって都合の悪いことでも事実に向き合い，物言わなくなった子どもたちの声に耳を傾け，自らの至らなかったところや過ちを認め，改善していく姿勢が自殺予防において最も重要である。ただ，日本では心理学的剖検がなされていないということもあり，どれだけ真実に迫れているのかという問題はのこると思われる。

　最近の6年間の生徒の自殺に関する調査結果（警察庁や文科省）をみると，いじめが関係している自殺事案は，ともに2%前後と報告されている（第1章「子どもの自殺の実態」pp.14-15参照）。一方，2006年度から2012年度のいじめ認知

表3-1　文部科学省いじめ再調査

1999年度以降に自殺した児童・生徒のうち，いじめを受けていた事実が確認された14件について，内容を公表

1999年10月	堺市の高1女子	○
2000年 5 月	宇都宮市の中3男子	×
2000年 7 月	埼玉県川口市の中1男子	×
2000年10月	千葉県市原市の中3女子	△
2001年 6 月	兵庫県宝塚市の小4男子	△
2002年 8 月	高1男子	×
2002年11月	大阪府泉大津市の中2男子	△
2004年 6 月	埼玉県蕨市の中2女子	△
2004年 9 月	神奈川県相模原市の中2男子	×
2004年10月	福岡県朝倉郡の高2男子	×
2005年 4 月	山口県下関市の中3女子	△
2005年 9 月	北海道滝川市の小6女子	○
2006年 8 月	愛媛県今治市の中1男子	○
2006年10月	福岡県筑前町の中2男子	△

○：自殺の主な原因
△：自殺の一因
×：いじめが自殺の理由とは考えられない
(2007年2月2日　読売新聞)

率をみると，中学生は高校生の4～5倍になる。しかし，自殺率は，いじめの件数が少ない高校生の方がずっと高いことがわかる（図3-1）。これらのことからも，いじめの撲滅だけでなく，「それまで山積している数々の問題を深く探っていく姿勢がなければ，自殺に追い込まれた心理の解明も，その予防もできない」（文科省，2007）という指摘に耳を傾けることが重要である。

2）自殺予防から考えるいじめ防止

　大人の社会であっても子どもの社会であっても，人間関係のあるところ，いじめは残念ながらどこでも起こりえるものである。2006年に子どもの自殺が社会問題となり，さまざまな調査や通達がなされたにもかかわらず，2012年度には再び，大津市の中2男子自殺事案で学校や教育委員会の隠蔽体質がきびしく問われた。文科省はいじめの緊急調査を実施した。4月から9月までに国公私立の小中高校などが把握したいじめの件数が約14万件に上り，2011年度1年間（約7万件）の2倍以上となったことが報告されている。「冷やかしやからかい，悪口

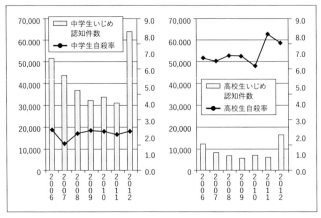

図3-1　中高校生のいじめの認知件数と自殺率の変化

や脅し文句,嫌なことを言われる」の割合が66.8%（2011年度65.9%）と最も多いが,「学校現場でいじめへの問題意識が高まった結果」と考えられると調査結果を公表している（2012年11月22日）。その5日後には,「『いじめの問題に関する児童生徒の実態把握並びに教育委員会及び学校の取り組み状況に係る緊急調査』を踏まえた取り組みの徹底について（通知）」が出され,いじめの存在を否定するのではなく,いじめを早期に認知し,認知したいじめを解消するための適切な対応の重要性が示されている。

i)「ささいに見える行為」の及ぼす甚大な被害

　「いじめ」とは,文科省の問題行動の調査基準によれば,「子どもが一定の人間関係のある者から,心理的・物理的攻撃を受けたことにより,精神的な苦痛を感じているもの」で,「いじめか否かの判断は,いじめられた子どもの立場に立って行う」となっている。国立教育政策研究所『いじめの理解 Leaf 7』（初版発行2012年）は,「いじめ」を理解するうえで,「代表的な行為は,からかいやいじわる,いたずらや嫌がらせ,陰口や無視などで,事件化した事案のように激しい暴行や傷害を伴うものは例外的です。個々の行為だけを見れば,好ましくはないものの,"ささいなこと",日常的によくあるトラブル,という点が特徴です。しかし,そうしたささいに見える行為をしつこく繰り返されたり,複数の者から繰り返されたりすることで,いらだち・困惑・不安感・屈辱感・孤立感・恐怖感等がつのり,時に死を選ぶほどに被害者が追い込まれることから,いじめを

問題視していく必要があるのです。ささいに見える行為の累積がもたらす甚大な精神的被害という"目に見えにくい"攻撃行動に適切に対応するには，行為自体が"目に見えやすい"「暴力」とはしっかりと区別して考えていく必要があります」と指摘している。「ささいに見える行為」でも，積み重なれば受け手に甚大な打撃を与える場合があるということを深く認識し，教員間で改めて共通理解する必要がある。

ⅱ)「見ようとしないと見えない」いじめ

　筑前町教育委員会では，2006年10月に発生した自殺事案に対して，11月7日には調査委員会を発足させた。その中間報告（12月12日），最終報告（12月29日）によれば，いじめに対する認識が甘く，適切な対応がとれなかった学校に対して，その責任を指弾している。「教師が生徒の悩みや『いじめ』を把握するためには，よく接触し，『見ようとして見なければ，見えない』という難しさがある。しかも中学校の教師の場合，教科担任制であり，個々の生徒に接触する時間は非常に限られている。また，見なければならない生徒の数も多い」と学校現場の大変さに理解を示しながら，「しかし，それでもなお，教師としては『見る』努力が求められる」と教師の生徒への関わりの基本姿勢について提言を行っている。

　このように，今まで，報告書や通達などで，いじめは「見ようとしなければ見えない」ことが指摘され，その認識の重要性が繰り返されているにもかかわらず，学校現場では「ささいに見える行為」を見過ごし，居場所をなくし孤立感を抱いている子どもたちに十分に寄りそってこれなかった現実があるのではないだろうか。そのため，大津の事案がきっかけとなり，「いじめ防止対策推進法」が施行される（2013年）に至ったと考えることができる。

　「昔からいじめがあって，そんな小さなことに目くじらを立てないで，いじめたりいじめられたりして子どもは大きくなっていくのだ」という意見を聞くこともある。そのような意識から，教員も児童生徒も「これくらいのことはよくある」という思い込みにより，明らかにいじめと考えられる事態を放置してきたことは否定できない。

　また，教師が熱心さのあまり，クラスの規律や管理を強める指導にのみ終始すると，正義の意識から，その指導にのれない子どもに対して制裁を加えるといういじめが起こることもある。教師の言動や姿勢が，いじめを助長したり，いじめを見えなくすることにも留意する必要がある。

　1986年発行の警察白書によると，【（イ）いじめが原因とみられる自殺】の項では，「昭和60（1985）年は少年の自殺が戦後最低を記録したが，いじめが原因

で9人が自殺し，前年に比べ2人増加した。これらの事案の中には，いじめられているのを知りながら，教師等少年の周囲の者が適切な措置をとらなかったケースもみられる」という記載がある。しかし，翌年（1986）2月には，いじめによる自殺と大きく報道された中学生S君の事案（p.7参照）が起こっている。翌年発行の警察白書をみると，【（イ）自殺】とタイトル名が変わり，有名な女性タレントの自殺（p.7参照）にふれ数行の実態記述があるのみで，このS君の自殺事案に関して一行も書かれていない。いじめの認定や，そのかかわりの是非の検証の難しさが影響しているものと思われる。

　その後も中高生の自殺に関わって学校の不適切な対応が社会問題化（いじめ）したことが何回か起こったが，有効な手を打つことができず，大津事案の後，「いじめ防止対策推進法」が制定され，学校はもちろんのこと社会全体で人権問題に取り組むよう迫られていることを，心にとめておくべきであろう。

　しかし，自殺防止という観点からは，いじめに誘引された自殺だけに目を向けても本質的な解決には至らないであろう（第1章「中高生の自殺の原因」参照）。自殺は，自殺に陥りやすい準備状態が存在し，そこに何らかのきっかけ（直接契機）がはたらくことによって決行されることがほとんどだと言われている。自殺原因を正確に把握するためにも，自殺を予防するためにも，きっかけと同時にその背後の問題をあわせて考えていくことが大切である。いじめと同様に自殺の徴候は見ようとしないと見えない。突然の自殺はほとんどなく複合的な要因から生じるという認識をもつことが必要である。

　2012年度の上半期にいじめがあったと報告された約14万人の子どもたちのほとんどが自ら命を絶たずにすんだのはどうしてなのか。子どもたちを死に至らしめたいじめ（警察庁の報告では，2010〜2013年にいじめが原因・動機と推定された小中高校生の自殺はそれぞれ5名以下）の全容を明らかにするのは勿論であるが，同時に，いじめ以外の危険因子も視野に入れながら，300前後になるケースについても，自殺の真相解明を進めることが求められるであろう。その点においても，心理学的剖検が進まない日本のなかで，文部科学省が2011年から実施している背景調査のもつ意味は大きい。

b. 自殺は自らの意思による選択か？

　子どもであっても心の病の視点が必要であることを第1章「子どもの自殺の背景」（p.29参照）で述べてきたが，自殺予防の第一人者である高橋（2008）は，「自殺の選択を考えている人の大部分がなんらかの精神障害に罹患しているのだ

が，多くは現代の精神医学で治療可能である。治療によって残された人生を意味のあるものにすることは可能である」「適切な治療を受けていた人になると，1〜2割に過ぎない」と指摘している。また「自殺をまるで自由意思に基づく死であるかのごとくとらえる風潮があるが，実は精神障害や社会的な問題によって，それしか解決法がないという状態に追いつめられた末の『強制された死』なのである」と主張している。

　自殺をその人の正常な自己決定ではなく，「強いられた死」だと認識するところから自殺予防がはじまるといえるであろう。

2．交通安全教育との比較

　学校においては，児童生徒の命を守る教育として，交通安全教育や薬物乱用防止教育などが実施されている。交通安全教育と自殺予防教育との比較を通じて，自殺予防教育の必要性について考えてみたい。過去20年間の交通事故死者数は，図3-2に示したように減少し，年間交通事故死者数は2013年で，4,373人となっている。一方，自殺者数は，2012年には15年ぶりに3万人を下回ったが，それでも交通事故死者数に比べると，その数は6.2倍に上る（30日以内交通事故死者数との比較でも5.3倍）。交通事故死者が1万人を越した当時は交通戦争などと呼ばれていたが，その後，自動車の安全性改良，道路整備，交通法規の厳正化な

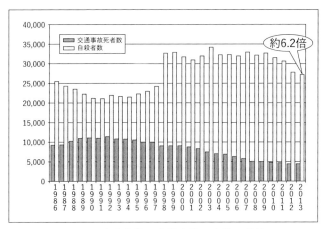

図3-2　自殺者数と交通事故死者数の比較
（警察庁：警察白書より引用）

ど，国を挙げて対策が練られてきた。

警察白書をみると「(1) きめ細かな交通安全教育の推進」（1987年）のような具体策が毎年述べられている。しかし，自殺に関する対応策はほとんど見当たらない。

学校に目を向けると，交通安全教育は幼稚園から高校に至るまで，交通機関から身を守る諸活動が実施されている。しかし，学校における自殺予防教育はまったくといってよいほど行われていない。そのような違いが生まれる背景には何があるのであろうか。

確かに，学校の取り組みにおいても，交通安全教育は技術的な指導を行う面が大半であり，内容もマニュアル化しやすい。一方，自殺予防教育は，生徒一人ひとりの内面に働きかけるものになるであろうし，根底にある死や自殺に対する捉え方がいろいろであるため，共通理解を図ることが難しい側面がある。また，自殺が交通事故死の6倍にのぼるといっても，突然命を奪われる交通事故死と自ら死をえらんだと捉えられがちな自殺と単純に比較することに，心理的抵抗が生じる一面もある。自殺がタブー視されている一般的傾向のなかでは，学校全体の取り組みとして実施に踏み切ることは容易なことでない現状があると思われる。

交通安全教育が，人の命に直結するものとして学校の中に定着しているにもかかわらず，その何倍もの死亡が数えられる自殺に関する予防教育がほとんど行われていないという事実は，学校教育における大きな問題だといえるのではないだろうか。

第2節──相談行動と友人支援の重要性

1. 友人支援の未熟さ

子どもであっても自殺に至る以前には何らかのサインが発せられ，悩んだときの相談相手として，ほとんどが「友人」を選んでいる（高橋，1999）といわれている。

2011年の大津市の事案では，亡くなる前月，友だちと「俺，死にたいわ」「死ぬなよ」などという応答の繰り返しがあったとの証言が報道されている（毎日新聞，2013.1.29）。

2005年小学6年の女子が教室で自ら命を絶とうとし意識不明になり翌年亡くなった滝川市の事案でも，報道や裁判所の和解文書から，自殺の4日前に自殺を

ほのめかす手紙を友だちの一人に渡したが,「秘密にしてね」と書かれていたため担任をはじめ誰にも相談しなかったことが伝えられている。2006年,筑前町の中2男子が自殺した事案も,以前から「死ぬ」ともらしていたがほとんどの級友は取り合わず,自殺当日の6限終了後「いつ死ぬとや」「本気ならそれぐらいはいだろう」と同級生数人にトイレでズボンを下げられそうになり,その夜の8時に遺体が発見されたと報道されている。

筑前町教育委員会が設置した調査委員会の報告書では,自殺を防げなかった要因として,同級生が「死にたい」という言葉を「冗談」としてしかとらえなかった事実をあげている。また,自殺した生徒の「自殺をほのめかす言動に対し『そんなこと,やめたがいいよ』と思いとどまらせようとした生徒がいたにもかかわらず,それらが教師や親には伝わっていなかった」と指摘している。

友だちのいのちの危機に気づいて,信頼できる大人に伝え,保護者や教師が子どもの心の内に何があるかを知り得ていたならば,自殺を防ぐことができたかもしれない。しかし,友だちの危機を知り得た際に必ず信頼できる大人につなぐことの重要性について学ぶ機会が,今の学校にはないと言わざるを得ない。

子どもたちは困ったときや生きるエネルギーを失ってしまったとき,その苦しみとどう向き合っているのであろうか。また,身近で死をほのめかしたり苦悩している人がいたときに,どのように接しているのだろか,中学生や大学生の調査を通じて考えてみたい。

2. 中学生の相談行動と友人支援に関する調査

a. 困ったときの相談相手

A中学校の「生活アンケート」(表1-4)では,中学生が,教師に相談できるかという質問に対し,「その通りだ」と答えた者は,7.5%(1999〜2008年の10年間の平均)に過ぎない。しかも,教師に相談できないと答えた生徒の割合は,どちらかと言えば相談できないを含むと,平均で男女とも7割前後となる。相談相手として教師を選ぶ生徒が少ないという事実は,思春期に入り自立が促進され,独り立ちしようとしたり,権威に頼ることを潔しとしないあらわれととらえることもできる。しかし,身近

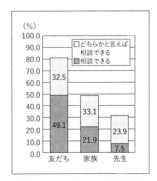

図3-3 中学生の相談行動
(1999〜2008年)
近畿圏A中学校

第三者的な大人の代表である教師が，中学生が悩みを抱えたときに力になってやれないとしたら残念でならない。教師が生徒の相談相手になれるような関わりの態度やスキルを身につけることが望まれる。

次に，家族に対する相談であるが，中学1年生の頃は6割の生徒が何らかの形で家族に相談し，1・2年は男女差があまりない。しかし，学年が進むにつれ相談できる割合は減少し，3年生になると，「家族に相談できない」と「どちらかと言えば相談できない」を加えると，男子で70％近くに，女子でも50％近くに達する。中学生は，親からの自立をめざすと同時に思春期特有の大人への不信が，学年が上がるにつれ相談できなくなることの背景にあると考えられる。

最後に，友人に対して相談できるか否かの割合であるが，女子では6割，男子は約4割が相談でき，男女で差がみられる。しかし，「どちらかと言えば何でも話し合える友だちがいる」と答えた生徒を加えると，全体的には，8割から9割の生徒が，友だちなら何でも話せると答えていることになる。アメリカや他の調査結果と同様に，困ったときの援助者として，友だちがキーパーソンになることを裏付ける結果といえるであろう。

b．中学生の相談に関する意識と自殺親和性

A中学校の「生活アンケート」から，自殺親和性と相談可能性についても検討を加えたい。ここでいう自殺親和性とは，大塚（1998）の自殺親和性尺度の自殺に対する親和性の15項目の中から抽出因子の高得点の質問項目「死にたいと思ったことがある」「私なんかいないほうがいい」「わけもなく悲しいと思うことがある」「自分はひとりぼっちだと寂しく感じる」の4項目の得点を合計したもので，困難に出会ったとき自殺へと向かいがちな傾向を示している。相談可能性は，友だち，家族，教師にそれぞれ相談できるか否かを尋ねたものである。

友だちに相談できるか否かは，男子生徒にとって自殺親和性にほとんど影響しなかったが，女子では，友だちに相談できる中学生は，相談できない生徒に比べ自殺親和性が低く，自殺に向かいにくいことがわかった。男子の場合は，女子に比べ，友人関係の密着度合いが強くないことが背景にあるように思われる。日常悩みを打ち明け合う

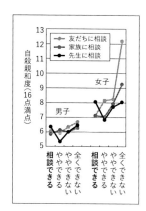

図3-4　相談可能性と自殺親和性
（近畿圏A中学）

ようなつき合い方をしていないため，相談することが悩みを低くするという効果を女子のように身をもって体験していないのではないだろうか．自殺既遂が男性に多いこととも，悩みを抱えた場合に誰にも相談せず一人で抱えてしまいがちな傾向とも重なっている．

家族との関係も同様であった．しかし，教師に対しては，相談できる生徒も自殺親和性が高く，特に女子では，相談できる生徒の方が自殺親和性が高い傾向があることがわかった．女子の場合は，ほとんどの生徒が友だちにならば相談できると思われる状況のなかで，自分だけが教師にしか相談できないという事実は，人間関係の希薄さや孤独を意味するものと受けとめられ，自殺親和性を高めているのではないかと考えられる．また，相談することが，悩みの解決に繋がることを経験的に知っているにもかかわらず友だちに相談できない状況にあることが，悩みそのものにプラスして自殺親和性を一層増すのではないかと思われる．

教師に相談する生徒は，相談する友人をもっていないか，あるいは，友だちに話すのを躊躇するぐらいの深刻な問題を抱えている可能性があることを知っておく必要がある．中学生の段階は成長差が激しいため，周りの友人が幼く見えて頼ることをためらったり，友人には相談できないような内容を抱えたときに教師に相談を持ちかけてくるとも考えられる．教師は，相談に来る生徒が，支えてもらえる身近な友人がいないことも含んで，自殺の危険度が高い可能性を認識しながら接する必要がある．そのときの対応のあり方を知っておくことは，生徒支援の点からきわめて重要である．

c. 友人から「死にたい」と打ち明けられたときの支え方（中学生）

200X + 8年度，A中学2年生を対象に「だれかに『死にたい』と打ち明けられたことがありますか？」と尋ねたところ，「ある」と答えた生徒が20％もいた．そのなかで，話を聞いたり相談にのった生徒は16％，説得・励ましを行ったのは32％，無視したり「死ねるんやったら死ねば」と言ったなど非援助的な対応も32％であった．

また，2013年度，近畿圏のB中学3年生を対象に同様に尋ねたところ，「ある」と答えた生徒が13％であった．そのなかで，話を聞いたり相談にのった生徒は15％，説得・励ましを行ったのは69％，「ばいばーいって言った．結局死なない」「ほっといた」など非援助的な対応が16％であった．

この2つの調査から，1割から2割の生徒が，友だちから「死にたい」と打ち明けられたことがあり，その中で聞くという姿勢が含まれる対応を行った生徒は15％前後しかいないことがわかった．友だちの死の訴えに「ひたすらダメだと

言った」との記述など，なぐさめたり励ましたり叱ったりすることがマイナスにはたらくこともあることに気づいていない生徒が少なくないことが推察される。また，大人に援助を求める生徒はA中学校では3％，B中学校では皆無であった。「ほんまに死にたいやつは，人に言わへん」などという誤解もあることがわかった。その他，未記入の生徒も少なからずいた。

　これらの中学生の調査結果からも，子どもの自殺を防ぐには，子ども一人ひとりが命の危機を乗り越える力を備えるとともに，子ども同士がお互いの危機を察知し適切に対応できる具体的な方法を身につけることができるかどうかが大きな課題である。

3. 大学生の友人支援に関する意識

　次に，将来教師を目指す大学生を対象に，中学生の頃を思い出させて同じような調査をした。

a. 大学生の相談に関する意識と自殺親和性

　大学生も同様に，友人・家族・教師のだれかに対し，相談ができたと答えた者は，自殺親和性が一様に低い。相談できなかった割合が大きくなるにつれ，自殺親和性は高くなっていく。とりわけ，友人に相談できなかったと回想している大学生は数は少ないが，自殺親和性がきわめて高かった。友人が大切になってくる中学の頃に相談できる仲間がいなかったことにより，落ち込みからの脱出をむずかしくさせ，周囲からの孤立感が増し一層辛くなるものと思われる。しかし，だれか相談できる人が側にいると，自殺親和性は低くなる。自分が落ち込んだとき他者に相談することが落ち込みからの脱出に重要であることを認識させることは，青少年の自殺予防にとって不可欠であると思われる。

b. 友人から「死にたい」と打ち明けられたときの支え方（大学生）

　自殺の危険の高い友人に対する援助方法に関する質問（自由記述）「もし，あなたが友だちから『死にたい』と打ち明けられたら，どのように支えようと思いますか。思いつくことをあげてください」
　という問いに対して，支え方を7パターンに分類し，円グラフで示した（図3-5）。次は，主な具体的回答例である。

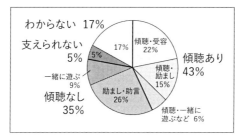

図3-5 友人から「死にたい」と打ち明けられたときの支え方
大学生の自殺に対する意識調査（教職課程のC大学生1, 2年生, 184人対象, 阪中調査, 1999年）

①【傾聴(聴く)・受容】22%
- 説教じみたことは言わないでとにかく話を聞いてあげる。
- 聞き出すような話の聞き方をせず，話してくれるまで，ゆっくり時間をかけて話す。
- 本当に死にたかったら，相談なんかせずに一人で死ぬと思う，相談してくるということはどこかに「助けてほしい」という気持ちがあるということだから，話をしたいなら聞くし，そうでないなら，側にいる。

②【傾聴(聴く) ➡ 励まし・助言】15%
- 話を聞き，死ぬ気持ちがあれば何でもできると言う。
- 友だちの辛い話を聞いて，死ななくても人生は何とかなるものだ，生きていると得をすることがあるかも知れないが，死んでしまっては，その可能性が0%になってしまうと説得してあげたい。

③【傾聴(聴く) ➡ 言語以外の関わり】6%
- 話を聞いて一緒に遊び回る。
- 話を気のすむまで聞いて，そのあとで一緒に楽しいことをする。
- とにかく話を黙って聞いて，何とかその生きたくない原因を取り除く。

④【励ます・助言】26%
- 死んで悩みを解決する人は弱虫だ。
- 命の大切さを教えてあげる。
- 死んでも何も解決しないこと，死ぬことは，逃げていること。
- 死ぬくらいの勇気があるなら，死んだつもりでもう1回生まれかわったくら

いの考え方で生きる勇気にして欲しいと言う。
- たとえば「あなたが死んだら家族も私も悲しむ人がいることを忘れないで，辛いことから逃げたっていいと思う，私はいつでも味方だ」言葉かけや側にいることぐらい。

⑤【言語以外の関わり】9％
- もし，ひとりぼっちでそう思っているなら，自分がその友だちと一緒にいてあげる。
- 飯を食えと言う。
- おいしいものを一杯食べさせてから，ぐっすり眠らせる。
- 電話したりして，暗くならないようにしてあげる。
- 生きがいを見つける手伝いをする。

⑥【支えられない】5％
- その人の人生だから，その人のしたいようにすべきだ「死ねば」と突き放すかも。
- 最初はどうにかしてあげようと苦心するが，「死にたい」理由がその子自身の問題であれば，本人が気づく以外解決できないので手放す。
- とどめをさす，死にたいやつは死ね。
- 死ねばいいやん，俺はその分楽しい人生を送るよ。
- 支えたりしない，人というのは思うより弱いもので，また高尚なものである。少し引きとめて，死にたい理由を聞き，そして語り合えば，そのうち，死ぬ勇気が瞬間にでたものなら，また生きていけることを知るだろう，もし本当に死にたいと思うなら，なぜ止めるのか，僕はその人に痛みのない死を提供したいと心から思う。

⑦【わからない・無回答】17％
- その状況になってみないとわからない。
- その状況にもよると思うけど，どんなふうに言えばいいのか，行動すればいいのかなんて，わからない。

上記の1の傾聴受容の具体的回答例をみても，「説教じみたことは言わないでとにかく話を聞いてあげる」「必死に話を聞いて，解決策を考える」など，まず，傾聴を考える大学生は全体の約40％でしかない。「友だちの話をよく聞いてあげ

ることぐらいしか思いつかない」という記述もみられたが,「ぐらいしか」ではなく,それが「何より大切」と理解するための学びが必要であると思われる。

また,「聴く」ことは聴くが,それに続けて,励ましや助言を与える,あるいは,一緒に遊ぶなど何らかの具体的行動ではたらきかけていくと答えたものが,傾聴の姿勢をもっているもののうち約半数を占めている。「説得してあげたい」「人生の楽しさを教える」など,上目線ともいえる対応が目立つが,絶望的な気持ちを共感的に理解してから,助言や励ましを行っているつもりの学生が多いと思われる。しかし,「死にたいほど辛い」と訴えた本人にとっては,安易な解決策に感じたり,励まされることがかえって感情をわかってもらえていないと感じることも予想される。また,一緒に遊ぶなどの支え方も,話をそらすことになる恐れが強く,本当の解決にはつながらない。

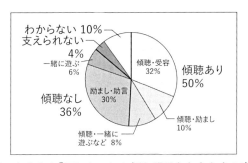

図3-6　友人から「死にたい」と打ち明けられたときの支え方
大学生の自殺に対する意識調査（教職課程のC大学生3年生,98人対象,新井調査,2010年）

新井（2011）が同様の調査をした結果と比較すると,まず「聴く」という言葉が入っている割合は9％増えるが,それでも半分にしか満たない。自殺対策基本法が制定され,自殺問題が以前に比べて取り上げられる機会が増えた現在でも,教師を目指す大学生たちが,友だちの危機をどのように支えるのか十分に理解しているとは言い難い。

ロサンゼルス自殺予防センターの創立者でもあり,元米国自殺学会会長シュナイドマン（Shneidman, 1985）は「狼狽の極にあって,死ぬより他はないと思いこんでいる人に向かって,道徳説教や対面解釈,あるいは勧告,その他何にせよ,死を防ごうとする直接的な方法は可能でもなければ,効率的でもない」「最も効果のある方法は,気持ちの動揺のレベルを下げること。怒りと緊張と苦痛を

やわらげよ，そうすれば，死にたいという気持ちも同時に静まるであろう」と述べている。

　また，高橋（1999）も，自殺の危険の高い人の支え方に関して，「すぐに解決法を示す方が，簡単に思えるかもしれないが，それでは悩みを打ち明けた人の解決にならない場合が多い」と指摘している。

　河合隼雄（1999）は，橋本洋子との対談で，他者の話を聞いて「『なぐさめたらそこでおわってしまう』。そのまま受けとめるようにすると，相手はもう一度自分の中にフィードバックできる。なぐさめたりすると，実は，話を終わらせてしまい，もうそれ以上，『言いなさんな』という信号みたいなものを送っている」ことになる。話を聞いて相手の言うことを受けとめるということは，聞く側が聞いたまま抱えていなければならず，確かに大変だが，「相手にしたら，すごく違う」と述べている。

　友人の話を聞いてそのまま受け入れることの大切さを知っているのと知らないのとでは，「死にたい」という訴えに接したときの対応の仕方がまったく違ってくると思われる。なぐさめたり，励ましたりすることがマイナスにはたらくこともあると知っておくことは，自殺予防にとって極めて重要なことである。

　また，この2つの調査から傾聴する姿勢をもたずに，励ましや助言を与えることが，深刻な悩みをもった友人を支えることになると考えている大学生が約3分の1もいることがわかった。相手の悩みに真剣に耳を傾け，共感的に受容していくことが，死にたいと訴える人に対して，第一にすべきことだという認識が，将来教師を目指している大学生においても十分に定着していないということである。

　励ましや助言よりも，真剣に聴き，感情を理解し，分かち合うことの重要性を認識することが，生徒にも教師にも必要であると思われる。「聴く」ことの重要性を，自殺予防教育を通して生徒たちに認識させること，および，研修などを通じて，真剣に耳を傾けることの意味を教師自身が自覚することが自殺予防において大きな課題であると考える。

　次に，自殺の危険のある友人の支え方で最も問題と思われるのは，支え方の自由記述の中に「信頼できる人に助けを求める」という視点が，大学生も皆無であったことである。

c．友人の支え方と自殺親和性との関係

　次に，前述の大学生の7パターン①～⑦の支え方を，以下のように3類型にまとめた。

- 傾聴的支持群（傾聴する姿勢を含む支え方の大学生）（①②③）

- 非傾聴的支持群（傾聴する姿勢を含まない支え方の大学生）（④⑤）
- 非支持・無回答群（支えられないとする，及びわからない，無回答の大学生）（⑥⑦）

　分析の結果，友人に「死にたい」と打ち明けられたときに，まず聞く姿勢をとることで支えようとする傾聴的支持群の大学生は，聞くことが念頭になく励ましや助言をすることで支えようとする大学生より，自殺親和性が低い。つまり，友人を支えようとするときに，相手の悩みに真剣に耳を傾け，他者の言葉を丁寧に聴くことの大切さを知っている学生ほど，自殺の危険の程度が低いことがわかった。

　また，支えられない・わからないと答えた学生や無回答の学生は，3群の中で相対的に自殺親和性が高い。支え方，もしくは支えられ方を知らない学生は，落ち込んだときの適切な脱出策を知らないと考えられる。つまり，自殺の危険の高い学生ほど，傾聴の重要性に気づいていないということになる（阪中，2000）。

4．小学生の相談行動

　小学生（5，6年）の調査によると，「学校に行くのがつらくなったり行きにくくなったりしたとき」相談相手に親を選ぶのは，全体では48.4%であるにもかかわらず，実際に苦しんだことのある児童を抽出すると，相談相手は，親17.1%，友人27%，誰にも相談しないが55%という数字が示されている（茨城県教育センター，2001）。苦しみを受け取ってもらう経験がなかったのか，その子どもの持っている特性・個性なのか，さまざまな背景が考えられる。調査項目「授業の内容がわからないとき」では，誰にも相談しないのは，全体では9.3%であるが，同じく苦しんだことのある児童を抽出すると，その割合は66.5%にも達する。

　悩み苦しんだことのある児童ほど相談できないという調査結果からも，すべての子どもたちに援助希求能力を育むことは，生涯にわたって生きる力につながる。

　これらの小・中・大学生の調査から，学校において相談の意味や効果について体験的に学ぶことは，相談する側に立つにせよ，相談される側に立つにせよ，自殺予防に密接につながるのである。そのためには，身近な大人である親や教師が，援助希求される対象となるべく信頼関係を築くことが求められる。

　ただ，さまざまな要因から，どうしても身近な大人に相談しにくい子どもや，少し距離のあった方が相談しやすい子どももいる。援助機関の果たす役割は小さくない。

5. 自殺防止のための援助施設に関する認知

　大学生を対象にした，先述の調査の際に，自殺防止のための援助施設についても尋ねたところ，まったく知らなかったと答えた者が，14%であった。また，死にたいと相談を受けて，どこを勧めたらよいかわからないが43%，どこも勧めたくないが16%であった。両者を合計すると，約6割になる（表3-2）。

　また，2010年に教職課程のC大学3年生（98人対象）で同様のアンケートを新井（2011）が実施したところ，表3-3のような結果であった。

　10年を経ても，援助施設をまったく知らなかったと答えた学生の割合も，どこを勧めたらよいかわからないと答えた学生の割合も，ほとんど減少していないことがわかった。

　大学生になっても，自殺防止のための相談援助機関の存在を知る機会をもたず，相談援助機関の有用性についての理解が乏しいという調査結果は，日本の自殺防止教育の実態をよく表していると思われる。

　以上のことから，身近な友だち（自ら）が死を思うほど苦しんでいるときにどのように支え（助けを求め）ていけばよいのかということを，具体的に学ぶ機会を今の学校教育は持ち合わせていないと言わざるを得ない。

表3-2　自殺防止のための援助施設に関する認知度(1999)　　　　（人）

	知っていた相談機関	勧めたいところ
1. いのちの電話	42	17
2. 児童相談所（こどもセンター）	116	22
3. 大学の保健センター	10	10
4. 精神科	76	25
5. 教育センター相談室	22	13
6. ヤングテレホンコーナー	21	11
7. その他（具体的に　　　　）	1	
8. まったく知らなかった	26 (14%)	
9. 勧めたいがどこがいいかわからない		79 (43%)
10. どこも勧めたくない（理由　　　　）		30 (16%)

（複数回答可）

表3-3　自殺防止のための援助施設に関する認知度（2010）　　（人）

	知っていた相談機関	勧めたいところ
1. いのちの電話	42	42
2. 児童相談所（こどもセンター）	58	18
3. 大学の保健センター	10	8
4. 精神科	26	20
5. 教育センター相談室	4	1
6. ヤングテレホンコーナー	4	11
7. その他（具体的に　　　　）	0	0
8. まったく知らなかった	18（18％）	
9. 勧めたいがどこがいいかわからない		48（49％）
10. どこも勧めたくない（理由　　　）		5（5％）

第3節——自殺予防教育に対する教師の意識と実施上の課題

　ここでは，学校に自殺予防教育を導入するときに，その担い手となる（可能性が高い）教師たちの自殺予防教育に対する意識について検討を加え，自殺予防教育を実施するうえでの方向性と課題を探りたい。

　2005年，国を挙げて自殺予防に取り組むために実施された総務省「自殺予防に関する調査結果報告書」の「児童生徒に対する自殺予防」をひもとくと，「調査した16都道府県，2政令指定都市及び17市町村の教育委員会の学校における自殺予防対策に関する意見を聴取したところ，総じて，児童生徒に対して『自殺』という表現を用いるなど自殺を直接取り上げて教育することについては懐疑的であるが，少数ながら自殺予防に関する教育の必要があるとするところもある」と記されている。一方で，有識者意識調査結果においては，66.5％（176人中117人）が「自殺予防につながる心の健康についての教育や自殺を身近な問題として，その対応方法等についての教育を実施すべき」と答えている，と報告されている。

　この教育委員会と有識者の認識の差を埋めることが，これからの自殺予防教育を進めていくうえで重要である。

第一部　[理論編]自殺予防の基礎知識

1. 生徒向けプログラムに対する評価

a. 生徒向けプログラム実施に関する必要度の経年変化

筆者が教師向け自殺予防プログラムの実施後に行った「生徒向け自殺予防プログラムの必要性」に関する意識調査（1999から2012年）の結果から，その必要度がどのように変化しているのか追ってみたい。

1) 1999年

教師向け自殺予防プログラムを実施した後，教師向け自殺予防プログラムが「必要」と答えたのは83％（「どちらかと言えば必要」を含めると97％）であったが，生徒向けプログラムは，「必要だ」が57％，（「どちらかと言えば必要だ」を加えると83％）であった。教師向けに比べ，生徒向けには，実施に対する懸念が強いことがわかる。ただ一方で，半数以上が「必要」と答えているにもかかわらず，学校現場での広がりがほとんどみられなかったことは，一考を要すると思われる。

2) 2007～2008年

1999年以降も可能な範囲で，生徒向け自殺予防プログラムの必要性を尋ねた。図3-7は，2007年10月から2008年3月に行った教師向けプログラム実施後に，尋ねた結果である。平均すると，「必要」が74％，「どちらかといえば必要」を合わせると96％になった。徐々に生徒向けプログラムが必要と考える割合は高くなっている。

その中の一つである③の中学校での教員研修後には，次のような感想が寄せられた。

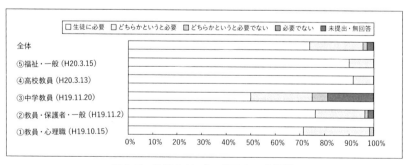

図3-7　生徒向けプログラムの必要性

- 生徒に対しての自殺予防教育は「必要ない」と思っていました。今日のお話の中で友だちに相談する割合が多いということを知り，生徒が「人の話を聞く力」を持っていることが大切なのだと知りました。それは自殺予防という大きなもののためだけでなく，人間が気持ちを安定させるために必要なスキルかと思いました。
- 非常に重い問題で扱うことにためらいがちで，また，必要性を感じないまま過ごしていました。しかし，命を大事にするということは，特別なことではなく毎日毎日の生徒との関わりの積み重ねだと思いました。

このように自殺予防教育に対する理解が深まった一方で，実際に生徒向け自殺予防プログラムを実施する必要性については，「必要」と答えた教員は50％しかなく，「どちらかと言えば必要」を含めても75％にしか達しなかった。自らが実施主体になることを考えると躊躇してしまうという気持ちを示す数字であろう。自殺予防教育を進めるうえで，何が阻害要因であるのかを明らかにするとともに，死や自殺に対する教員自身の考えや態度を問い直すことの必要性をあらためて感じさせられる結果となった。

3）2009年

F県の研修において，研修前後に生徒向けプログラムが必要か否かを尋ねたところ，「必要」と答えたのは，事前調査では79％，事後では89％となった。「どちらかと言えば必要」を加えると，前後とも100％であった。研修会参加者が，養護教諭中心で，もともと自殺予防教育への関心が高いことから予想される結果でもあったが，教師向けプログラムを受講することによって，生徒向けプログラムの必要性への認識が高まることもあらためて確認できた。感想は次の通りである。

- 死を受け入れることは大切だと思う。生命を謙虚にまっとうするためにも，家庭地域で死を学ぶ場が狭くなっているので，学校でプログラムを持つことは必要なのでは。
- 昨年，自殺してしまった子がいます。残された兄弟の悲しみはたとえようもないものでした。今日の研修で学んだような自殺予防プログラムを授業に取り入れていたら，彼の人生はまだ続いていたかもしれません。そう思うと，勇気を出して学校で取り組んでいくことが必要だと思いました。
- 死を考えさせることで，限りある生命を大切に生きていくということは，教師として教えていきたいと思う。しかし，「自殺」という言葉を出して指導していく自信が私にはない。「死」の概念が私にとって確立

していない。これをきっかけに考えてみたい。

4) 2011年

G市臨床心理士会のスクールカウンセラー（以下，SC）を対象に自殺予防教育の研修会に講師として招聘された。研修では，参加者が生徒役になり，筆者が模擬授業を行うとともに，参加者の2人が担任とSC役になり，共同で自殺予防教育の模擬授業を行うといった内容も盛り込まれていた。

研修後の振り返りで，自殺予防教育が「必要」と答えたのは66％にすぎず，「どちらかと言えば必要」を加えると98％，無記名が2％であった。予想に比してSCの自殺予防教育の必要性の認識は高くなかった。感想は次の通りである。

- 「いのちを大切に」というスタンスなのに，「自殺をしてはいけない」という方向性が明確に示されないことに違和感を覚えた。いろいろな配慮があることが理解できるが，「自殺はいいこと，悪いこと？」と問われたときに，どう大人が応えるのか見えにくかった。
- 必要だと思いますが，導入できるかの見極めなど，できる学級とできそうにない学級があるのではと思い，「どちらかと言えば必要」にしました。
- とても必要だと思うが，そのためにしておいた方がいいことがいろいろあると思ったので，「どちらかと言えば必要」にした。地盤がためというか……。

こころの問題を扱うSCにおいても，授業で自殺を取り扱うことに戸惑いを感じていることがわかる。やはり，自殺や死のとらえ方はさまざまな中で，「いのちを大切に」という価値観の伝達ではなく，「自殺は強いられた死」であるという認識をどのように拡げていくかが課題だと思われる。そのうえで，死への衝動をどのように生きたいと思える方向にシフトできるかが重要である。あらためて，ハイリスクな生徒に周りの者は何ができるのか，何が必要なのかを，子どもたちと一緒に授業者自身の問題としても考えることの重要性と難しさが浮かび上がった。

また，SCの戸惑いの背景には，生徒たちの前に立ち教室で授業をすることに不安があるように思われる。SCはカウンセリングルームでの個人面談が主な仕事であるため，集団の前に立つことに違和感を持つ人が少なくないのではと思われる。同様のことが養護教諭にも当てはまる。集団を相手にする教員と個に関わることの多いSC・養護教諭との連携・協働が不可欠であろう。

5) 2012年

Y県での生徒指導担当者を対象とした研修会後，その教育委員会の指導主事から，「(研修)参加者の96%が自殺予防教育を必要（やや必要を加えると100%）だと答えており，アンケートには，『気づく，寄りそう，受けとめる，つなげることは，自殺予防教育だけでなく，すべての生徒指導に共通することであると再認識できた』との感想が寄せられております。自殺を究極の危機と考え，未然に防止する取り組みを継続することが，日常の危機を救うことになるとの示唆は，生徒指導全般に共通した視点であり，今後の行政指導に生かしていけるものだと考えております」との意見が寄せられた。

このように，教師向け自殺予防プログラムを実施後の振り返りをみると，最近になればなるほど，生徒向け自殺予防プログラムの必要性への認識が高まっている。しかし，調査対象である研修会が，自殺予防教育に関心のある学校や教育委員会，臨床心理士会，精神保健センター等により主催され，参加者の多くの関心が高いことを考えると，一般的な教員の必要性の認識はこれよりも低いことが予想される。

生徒対象のプログラムの実施に向けて，これまで以上に教師向けプログラムの実施をつみ重ねていくことが必要である。

b. 生徒向けプログラムの実施時期

振り返りの中で，生徒向けプログラムが必要，及びどちらかといえば必要と答えた人に実施時期について尋ねた結果（2008：関西・中国・東北，2009：九州，2012：関東）を集約すると，グラフ（図3-8）のようになった。その研修会参加者は，教員（小・中・高校，大学），臨床心理士，相談員，大学生，大学院生，一般の方など多岐にわたる。教員の内訳は，小中高の教諭が24%，養護教諭は17%であった。プログラムの開始時期として，「小学校から」が7割以上，自殺という言葉を出しての予防教育の実施時期についても，「小学生の高学年から」という割合が4割を占めている。予想以上に，早い段階での実施に前向きであることがわかる。中高校生を対象とした自殺予防教育を中心としながら

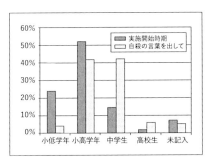

図3-8　自殺予防教育の実施時期
開始時期：N = 335
自殺予防という言葉を出して：N = 218

も，小学生を対象とした自殺予防教育についても考える必要がある。

2. 自殺予防教育実施に向けての課題

a. 意識調査の結果

ここまでは教員以外の職種も含め，自主的な研修参加者を対象とした「自殺予防教育の必要性と実施時期」に関する意識について検討を加えた。ここでは，教育委員会主催の職指定（たとえば生徒指導主事）の研修会に参加した教員の自殺予防教育に対する意識を探り，学校に導入する上での課題について検討を行う。

研修前に自殺予防教育の必要性について尋ねたところ（表3-4）のような結果を得た（新井，古谷，阪中，2010）。小中高の教員とも，「大いに必要」は2割台にとどまり，「やや必要」を合わせても，小学校教員では65%，中学校では64%，高校でも79%であった。必要性を認識している割合がそれほど高くなかったところに，学校で自殺予防教育を進めるうえでの課題の大きさを感じる。

多くの教員の間では，児童・生徒の自殺は極めてまれなことであり，緊急性のある問題としてとりあげるのは余りにも神経質すぎるのではないかという雰囲気が強い。しかし，実際には，上地の調査（2002）でも，今回の調査でも，中学・高校の教員の約5分の1が，生徒の自殺に遭遇している。それにもかかわらず，このような数字にとどまる背景の一つとして，在校生に自殺事案が起こっても，職員室で語られることが少なかったからではないだろうか。ある校内研修終了後に，管理職二人が身近な生徒が自殺した経験を話してくれたが，今まで職員室では語ったことはないとのことであった。また，事例検討会の場でも，事例生徒が自死遺児であることを伝えると，「そんなこと言っていいんですか！」と厳

表3-4　自殺予防教育の必要性

	小学校 275人	中学校 160人	高等学校 76人
大いに必要	55 (20%)	40 (25%)	21 (28%)
やや必要	123 (45%)	63 (39%)	39 (51%)
どちらともいえない	77 (28%)	47 (29%)	10 (13%)
あまり必要でない	20 (7%)	8 (5%)	6 (8%)
まったく必要でない	0 (0%)	2 (1%)	0 (0%)

（%は小数点以下四捨五入）

表3-5　自殺予防教育の阻害要因

	小学校 259人	中学校 155人	高等学校 75人
実施に困難なし	40	18	10
実施に困難あり	219 (81％)	133 (86％)	65 (86％)
「寝た子を起こす」ことにつながる	29	29	15
知識や経験を持つ教員が少ない	168	85	48
指導に関して教員の共通認識を持つことが難しい	97	51	35
カリキュラムや指導案がない	114	60	25
指導する自信がない	51	20	18
死別体験のある子どもへの配慮が難しい	103	73	33
大人になれば自然と理解できることであるので学校で実施する必要はない	1	2	1
先に優先する取り組みがある	43	21	9
多忙のため時間がない	46	26	15
自分自身が死や自殺について考えたくない	5	4	2
子どもに死や自殺について考えさせたくない	12	6	2
その他	11	8	2

しい口調で非難をされた経験もある。自殺の問題について，教員間でも語れない，語りにくい現状，自殺をタブー視する雰囲気があり，そのことが，自殺予防教育の必要性にどこかで目をつぶらせているのではないだろうか。

　次に，自殺予防教育の実施の可能性を尋ねると，「困難あり」と答えた割合が84％にも達した。自殺予防教育の「必要性（大いに必要・やや必要）」については，7割前後が認めているにもかかわらずである。先述の2005年，総務省から出された「自殺予防に関する調査結果報告書」（p.85）にあったように，都道府県市町村教育委員会が自殺を直接取り上げて教育することに懐疑的になっている現状を考えても，教員の意識の中に潜む実施への阻害要因を一つひとつ検討し，克服していくことが，自殺予防教育の具体化のために不可欠の作業であると思われる。

　実施困難の理由としては，今まで考えられていた「寝た子を起こす」や，「多忙のため時間がない」や「死や自殺について考えたくないし，考えさせたくない」は予想したよりも少なかった。子どもたちと毎日接している教員は，子どもたちが決して「寝てなんかいない」と認識している。「自殺の危険の高い生徒は

ど，ネットを見ている」という調査結果（生と死を考える会，2005）もあり，自殺の危険や誤解に満ちているサイトにアクセスしたり，ゲームやテレビなどから自殺に関して間違った情報を得ている子どもは少なくないと肌で感じているのではないだろうか。また，現在多くの教員は多忙を極めているが，それでも子どものために必要なことであれば，何とか時間を割いてでも取り組みたい思いを抱いていることの現れだといえよう。

阻害要因として，「知識や経験を持つ教員が少ない」が最も多く，次に「カリキュラムや指導案がない」，「死別体験のある子どもへの配慮が難しい」，「指導に関して教員の共通認識を持つことが難しい」があげられた。

b．意識調査から導き出された課題
1）教師研修の充実
　阻害要因の第一が「知識や経験を持つ教員が少ない」であった。実際，これまでに実施した研修においても，自殺は「突然生じる」と思っている教員が半分近くいたり，「自傷行為には巻き込まれないよう距離を保つべき」と対応を誤解している教員も少なくなかった。

　2009年には文部科学省が，「教師が知っておきたい子どもの自殺予防」の冊子を配布し，研修を実施し始め，各自治体の教育委員会レベルの研修も増えつつある。それ以外でも，精神保健福祉センターやいのちの電話などが主催している研修会が見受けられるようになってきた。しかし，日本では，米国のように，専門性の高いNPO等でプログラム開発や研修が行われているケースはほとんどみられない。また，オーストラリアのように専門の研修センターがある訳でもない。

　学校で自殺予防教育を実施するとなれば，管理職や生徒指導主事，教育相談担当者，保健主事，養護教諭，学年代表等の姿勢が大きく影響する。なかでも，学校長の意向が大きく影響することは言うまでもない。したがって米国や豪州のように，それぞれの立場に応じた自殺予防教育の必要性に関する意識啓発が求められる。その上で，自殺予防教育の担い手となる教員が，実際の取り組みについて具体的に授業がイメージできる研修（プログラムや授業方法，教材等を体験的に学ぶ）が，教育委員会等によって計画的に実施されることが望まれる。

　それらと並行して，校内研修を管理職が主導し，研修を積んだ教員や外部講師やSCなどの専門家も活用しながら実施することが求められる。校内で自殺の危険の高い生徒に関する事例検討会を実施したり，自殺予防に関する正しい知識と理解を促すための研修会を開いたりすることが，学校全体の自殺予防教育実施へ向けての合意形成にも繋がっていく。

また，自殺の危険について教員が高いアンテナを持っておくことが，自殺にまで至らない児童生徒の種々の問題を早期に発見し対応することにも重なるため，生徒指導，教育相談に関する研修の一部に組み込むなどして，全教員が何らかの形で受講可能となる体制の検討が必要である。教員研修の充実を図ることが，自殺予防教育の具体化を促進するうえで不可欠の前提であると考えている。

2）適切な内容をもった教材開発

第二の阻害要因は，「カリキュラムや指導案がない」であった。日本の教員は，教科指導から生徒指導，給食掃除まで多くの業務を担っているため，各自で新たに自殺予防教育の教材を開発することの難しさが背景にあると思われる。

しかし，近年，自殺予防教育を実施している学校もみられるようになってきた。さいたま市のように市を挙げて心の健康という観点から取り組んでいるところもあれば，絵本作家や自死遺族をゲストティーチャに迎えて授業を行っているところや保健体育の教科の中で取り組んでいるところなど，その実践はさまざまである。

中には自殺を断罪したり，ことさら生の尊厳を強調するばかりの内容のものもある。米国では，自殺を貶めることも反対に自殺を美化することも，現実に自殺の危機にある生徒を疎外してしまい，危機をさらに高まることになりかねないと指摘されている。「命を大切に！」といった一方的な価値の押しつけになってしまうと，自殺の危険の高い児童・生徒にとって，自分の気持ちをわかってもらえない辛い時間になってしまったり，孤立感を深めてしまったりすることにもなりかねない。心の健康理解も含めた問題認識能力と危機に際しての援助希求行動の改善に重点を置いた自殺予防プログラムが求められる。

アメリカでは，健康教育の担当教員やSCをはじめとして心理面のスタッフが，自殺予防プログラム実施の中心となっている。日本においては，SCの配置が十分とはいえない状況から考えても，実施にあたっては，教員の果たす役割がアメリカに比べてはるかに大きいものになると思われる。特に普段からハイリスクの児童生徒に関わっている養護教諭の役割を明確にしながら，教員が取り組もうと思える教材を作っていくことが課題である。

そのためには，自殺予防に関して研修を重ねた教員が，同僚と共に教材化について話し合う機会を持ち，学びあうことを通じて自殺予防を具体化するための体制を構築していくことが求められる。体験的な要素をできるだけ取り入れて実施することが必要と考えているが，そのためには教員の授業づくりの経験が不可欠となるからである。自殺予防に特化したプログラムの開発とともに，各教科・領

域の中で自殺に関連した分野を抽出し，自殺予防の視点から指導案を見直すことも必要である。すでに行われている傾聴，自己理解，他者理解，感情学習，ストレスマネジメントなどの心理教育，「生と死を考える授業」をはじめ，「いのちについて考える」ことについても，自殺予防教育の視点を意識しながら，既存の授業の枠内で実施していく方法を模索することが必要であろう。

また，医療や心理の専門家と協力しながら試みることは，現実的かつ効果的であると考えている。そうすることで，授業へと取り組みだけでなく危機に際しての教員間及び専門家との連携・協働の土台も築かれると思われる。

3) スクリーニングとフォローアップ

第三の「死別体験のある子どもへの配慮が難しい」という点については，自死遺児が，9万人いると推定（森ら，2008）される状況の中で，当然の懸念であると思われる。死別や死にまつわるさまざまな体験をしていたり，生き辛さを感じている自殺の危険の高い児童生徒がいることが予想され，自殺予防教育の効果検証が十分でないなかで強引に実施すると，心の揺れを増幅する危険性もある。スクリーニングとフォローアップを欠かすことはできない。

スクリーニングの実施時期はフォローアップの方法とも併せて検討する必要がある。米国のSOSプログラム（p.39〜参照）では，プログラムの一環として授業の後に「相談希望カード」を生徒全員に配布し，「自分自身や友人について，誰かに話をする必要があるかどうか」をチェックさせ，救いを求めてきた生徒には，うつ状態や自殺のリスクをアセスメントする用紙が用意されている。確実なフォローアップに繋いでいた。オーストラリアのマインドマターズの総論テキスト『エデュケーション フォア ライフ』では，カウンセラー用の「自殺リスクのある生徒の評価」というツールが載っている。

日本でも日頃からの行動観察とともに，教員間で十分な情報共有に努め，自殺だけでなく身近な人を亡くした児童生徒についても把握しておくことが重要である。「親しい他者との死別を経験することをきっかけとして，自分自身の死についても改めて思い知らされる。そのため，われわれは死という主題と無関係では居続けることはできない」（小此木，1979）という視点から，死別体験のある子どもへの配慮は，自殺予防教育を行う場合はいうまでもなく普段の教育活動においても，慎重でなければならない課題である。

定期的に実施されている生活アンケートなどに「死にたいと思ったことがある」などの項目がある場合は，スクリーニングの役目も果たすと思われる。その生活アンケートなどを参考にして，全生徒を対象とした教育相談週間（月間）を

実施するのも有効であろう。その他，すでに青少年を対象とした心の問題に対するさまざまなスクリーニング法が存在するため，どれが学校の現場で利用しやすく，ハイリスクの生徒を把握できるかについて検討する必要がある。

また，児童生徒のアセスメントだけでなく，学級のアセスメントも欠かすことはできない。いのちについて安心して自分の感じたこと考えたことを言い合える暖かな雰囲気が必要である。万一，そのような雰囲気が育っていなかったり，一部の児童生徒が排除されていることがわかった場合，学校全体の問題として担任を立てながら，心理教育を実施するなど，まずそのことに取り組む必要がある。

校内のフォローアップとしては，日頃から援助を求める行動を増やすという意味から，養護教諭や教育相談担当者，校内のメンタルヘルス専門家としてのSC等によって，第1次のフォローアップ面接を行うという形が現実的かつ有効であろう。そのために，SCの配置もさらに充実する必要がある。フォローアップ面接の結果，より専門的な治療的ケアが必要と判断された場合には，保護者に連絡を取って十分理解を求めることが必要となる。米国に較べるとメンタルヘルスの問題についての相談受診への抵抗が非常に強いわが国においては，手続きなどの具体的方法を含めて丁寧に検討しておく必要がある。各地域で日頃から精神保健の専門家とのネットワークを構築し，児童生徒を対象とした自殺予防教育の実施に当たっても地域の専門家と連携できることが望まれる。

児童精神科医や子どもに丁寧に対応してくれる心療内科医・精神科医が少ない市町村においては，都道府県レベルで医療スタッフをリストアップしておくことをはじめ，臨床心理士や教育相談で研修を積んだ教員などの人材を確保して支援体制の充実を図ることも必要となる。

4) 学校内外の合意形成

次に「指導に関して教員の共通認識を持つことが難しい」という問題である。「死」や「自殺」を語ることは，「縁起でもない」「不吉」なこと，また，自殺はまれなこと，個人の意志による問題というとらえ方もあり，他人の内面に踏み込みたくない，自分の内面にも踏み込まれたくないという感覚もある。話題にすること自体にとまどいを覚える人も少なくない。しかし，一方でもともと日本は自殺への親和性が高い文化をもち，武士の切腹にみられるように，責任の取り方の一つとして自殺が容認されがちな風土もある。

死は必ず誰もが直面する問題であるにもかかわらず，学校教育においては未来の人材を育てる場として，死と直結する自殺問題は教育になじまないと思われてきた。これまで小学校から系統だった命の教育や死の教育がほとんど行われてこ

なかったことも，自殺予防教育の具体化をめざすことが唐突な印象を与え，教員の多くに心理的抵抗を引き起こしている要因と考えられる。そのような状況のなかで，学校として自殺予防教育を実施しようとしても，必要性を感じず否定的な気持ちを抱いたり，深刻な相談をされたらどうしたらいいのだろうと不安を抱く教員がいる場合には，困難と危険が伴うであろう。

また，中学・高校においては教科指導は担当者の意向に任されていることが多いため，一部の教科やクラス担任が独自の自殺予防の取り組みを実施した場合，自殺の危険の高い生徒に心の揺れが生じたとしても，実施担当者以外は気づきにくかったり，相談相手が対応を学んでいない教員になったりするおそれも考えられる。したがって，児童生徒を対象とした自殺予防教育の必要性や意味について，教職員全体での共通理解を図ることが肝要である。

校内の合意形成がスムーズにいくかどうかは，管理職がその必要性を認識しているか否かに大きく左右される。管理職のリーダーシップのもと，教育相談，生徒指導，人権教育などの既存の部会か，または，いじめ防止対策推進法によって設置が義務づけられた「いじめ防止のための校内組織」を活用するなどして，組織として取り組むことが大切である。

なお，具体的な合意形成にあたっては，どのように年間の指導計画の中に自殺予防教育を位置づけるか，授業内容・授業担当者（担任，教科担任，養護教諭，SC，ゲストティーチャなど）の検討，また，スクリーニングとフォローアップ体制整備を組織としてどのように位置づけるか，などを話し合っておくことが重要である。

併せて，自死遺児やハイリスクな子どもを抱え，自殺予防の取り組みに不安を覚える保護者がいる可能性もある。事前に保護者に学習内容を伝えておくことはプログラムの効果を上げ，ハイリスクな子どもに対して，保護者とともに協働して関われるチャンスともなりえる。その際に「参加させたくない場合は，口頭か書面で連絡を」と伝えておくことで，実施後の問題を引き起こすことも避けられる。

フォローアップのために，地域の専門機関とも普段から連携を取り，プログラム実施後に児童生徒の揺れが生じた場合や問題が顕在化したときの備えが必要である。連携・協働できる専門機関とともに，事前に打ち合わせを綿密に行っておくことも大切である。

5）効果検証

阻害要因の5番目として，「指導する自信がない」と5人に1人が答えている。今まで述べてきた，1）から4）を積み上げていくことで，指導への不安が少し

ずつ取り除かれるのではないかと考えている。

　また，エビデンスのないところでいくら自殺予防教育の重要性を声高に訴えても，実施に向けての共通理解が得られず，指導への自信も生まれないであろう。自殺予防教育の具体化にあたっては，プログラムの実施効果の検証が不可欠である。自殺予防教育を実施することで児童生徒へどのような効果があるのかを知ることは，指導への意欲と自信につながる。

　そのためには，事前事後で，自由記述による振り返りや児童生徒の変容及び自殺の危険を測る尺度を用いた効果検証を行うことも必要となる。また，特別の尺度ではなくても，生活アンケートの「死にたいと思ったことがある」の項目などを活用して，効果検証を行うことも可能ではないかと思っている。

　米国のSOSプログラムにおいては，事前事後の援助希求行動（カウンセリングを求めてきた数）を，授業実施前の数カ月と実施後の数カ月を比較したり，授業実施群と実施しなかった対照群を比較したりするなどして，授業実施によって援助希求行動が増える効果があることが報告されている。

　また，マサチューセッツ州やメイン州における自殺未遂，自傷などの行動が，15年間に渡る自殺予防教育実施によって徐々に減じてきているというきわめて説得力のあるデータ（若者危険行動調査Youth Risk Behavior Survey）が示されている。国家レベルでのデータ収集体制が整っていないわが国においては，このような形での効果検証は難しい。しかし，自殺予防の効果検証に，全国の小学6年，中学3年に実施されている学力診断テストのフェースシートにある「学校生活で友だち関係など何か悩みを抱えたら，誰に相談することが多いですか。①先生，②友達，③家の人（兄弟姉妹を含みます），④保健室の先生，⑤スクールカウンセラー，⑥誰にも相談しない」など援助希求に関する項目を，活用することも一つの手立てであろう。

　以上の課題をふまえ，自殺予防教育の具体化をすすめることが望まれる。

第4節 ── 自殺予防教育の方向性

　本節においては，子どもの自殺の実態や海外の自殺予防教育の調査結果をふまえ，前節の課題や実践編第4・5章で示す試行を重ねてきた自殺予防プログラムの振り返りも検討材料としながら，これからの自殺予防教育の方向性について探っていく。

第一部　［理論編］自殺予防の基礎知識

1. 自殺予防教育の全体像——学校における自殺予防の3段階

　地域精神医学の理論を発展させたアメリカのキャプラン（Caplan, 1964）は，コミュニティ心理学の考え方から，精神障害を防ぐためには，第1次予防，第2次予防，第3次予防という概念に分けて予防精神医学を考える必要性を，主張している。その内容は次のようにまとめることができる。

　第1次予防として，「情報提供と教育」をあげ，子どもの発達相談などの心理社会的なサービスや情報提供，ストレス管理やリラクゼーション等の講座開催，教育などの重要性について指摘している。第2次予防としては，「効果的な治療と介入」をあげ，精神障害の早期発見，早期治療の必要性を，第3次予防としては，「社会復帰の促進」をあげ，慢性患者のための社会復帰訓練（家族，教師，警察官，企業関係者など地域の人たちの手によって推進する）の重要性を指摘している。精神疾患の予防についての記述であるが，自殺予防教育にも通じるところが多い。自殺の危機への対応においてシュナイドマンは，プリベンション・インターベンション・ポストベンションという3段階によって自殺予防が構成されるものとしてとらえている。

　学校における自殺予防教育は，キャプランのいう第1次予防である「情報提供と教育」や，シュナイドマンのいうプリベンション（予防活動）にふくまれる。また，彼らのいう3段階が相互に自殺を予防する取り組みとして連動していることも忘れてはならない（図3-9）。

　学校における自殺予防の3段階をもう少し詳しく示すと，（表3-6）のようにまとめられる。プリベンション（予防活動）は，すべての児童生徒を対象とした自殺予防プログラムと，生活アンケートや教育相談週間などの日常的な教育相談活動から構成される。インターベンションは，ハイリスクな児童生徒への対応，自殺企図をとめたり，自殺未遂直後の処置を行うなどの危機対応のことをさす。ポストベンションは，遺族や級友たちへのアフターケアなどの事後対応をさす。不幸にして防ぎきれなかった児童生徒の自殺に端を発した学校危機への対応や，新たな自殺を予防するためにも避けて通れないものである。なお，未遂後のケアはポストベンションには含めずにインターベンションに含まれる。

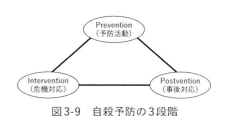

図3-9　自殺予防の3段階

表3-6 学校における自殺予防の3段階

段階		内容	対象者	学校の対応	具体的な取り組み例
予防活動 プリベンション prevention		教員研修	全ての教職員	研修会等の実施	・教師向け自殺予防プログラム（自殺予防の正しい知識） ・事例検討
		自殺予防教育 子どもの心の安定	全ての児童生徒	授業の実施（特設授業，及び教科・領域での学習）	・生と死の教育 ・心理教育（人間関係づくり，ストレスマネージメント，感情学習など） ・児童生徒向け自殺予防プログラム（援助希求，心の危機理解）
				日常的教育相談活動	・相談週間 ・アンケート など
		保護者の意識啓発	全ての保護者	研修会等の実施	・保護者向け自殺予防プログラム（自殺予防の正しい知識）
危機対応 インターベンション intervention		自殺の危険の早期発見 リスクの軽減	自殺の危険が高いと考えられる児童生徒	校内危機対応チームの設置（必要に応じて教育委員会への支援要請）	・緊急ケース会議（アセスメントと対応） ・本人の安全確保とケア
		自殺未遂後の対応	自殺未遂者と影響を受ける児童生徒	校内危機対応チームの設置（必要に応じて教育委員会への支援要請）	・緊急ケース会議（アセスメントと対応） ・本人および周囲の児童生徒の安全確保とケア
事後対応 ポストベンション postvention		自殺発生後の心のケア	遺族 影響を受ける児童生徒 教職員	校内危機対応チームの設置（教育委員会，関係機関との連携）	・ケア会議 ・遺族，周囲の児童生徒，教師へのケア ・保護者会 ・情報収集，記録，発信

参考：文部科学省「教師が知っておきたい子どもの自殺予防」

2.「未来を生き抜く力」を育む教育として

　自殺予防教育に取り組むことは，暗くて重いネガティブな問題と向き合うと同時に，苦しい時，生き辛い時に，いかに「生き抜く」かを考えることを通して，人生が意味深いものになったり，生きることを前向きにとらえることにつながるのではないだろうか。児童生徒が将来において，自分の自殺の危険を切り抜けたり，身近な人の力になれる手だてを身につけることは，「未来を生き抜く力」を育む教育に他ならない。

　第2章でみてきたように，アメリカでは子どもの命を守り育てていくのは社会の仕事と共通理解され，子どもの精神保健は生涯にわたり大切な問題として重要視されている。また，オーストラリアの『マインドマターズ』においても，自殺を予防することは心の健康を高めることであるというとらえ方が根本におかれている。心の健康を高めるうえで，自尊感情を高めレジリエンス（折れない心，危機から回復する力）を育む取り組みを展開している。その目指す方向は「未来を生き抜く力」につながるものといえるであろう。

　日本において，これからの自殺予防教育を考えるときに，教科教育と共に大切にされてきた人権教育やキャリア教育を，「未来を生き抜く力を育む」という視点からとらえ直すと，自殺予防教育に重なるところが少なくない。現在行われている教科や領域のさまざまな取り組みを「未来を生き抜く力を育む自殺予防教育」という視点から洗い直す作業が必要である。

3．児童生徒向け自殺予防プログラムのカリキュラムデザイン

　これまで実施してきた児童生徒向け自殺予防プログラムの全体像を，図3-10,及び図3-11に示した（プログラムの詳細は実践編を参照）。

　プログラムの構成要素としては，心の危機に備えるために，「援助希求」と「心の危機理解（早期の問題認識）」の促進を核にし，この2つを支える下地づくりとして，「生と死について考える」や「苦しみの中でいのちを支える柱」などの内容からなる「いのちについて考える」授業を位置づけた。また，自殺予防について直接にはふれなくても，すでに学校で取り組まれているキャリア教育や心理教育などもその基盤となる学びであると考えている。

　「下地づくりの授業」と「核となる授業」を連動して行うことは，効果が一層高まるとともに教師の自殺予防教育に対する抵抗感を減らすことにもつながるのではないだろうか。

第3章 日本の学校における自殺予防教育の必要性と方向性

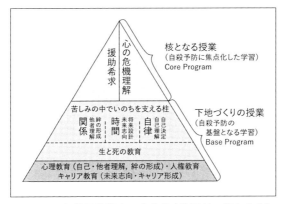

図3-10　自殺予防教育の全体像（教授者の視点から）

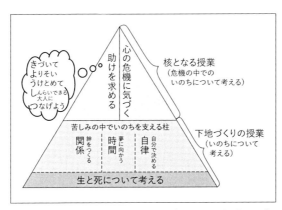

図3-11　自殺予防教育の全体像（学習者の視点から）

a．核となる授業（自殺予防に焦点化した学習）
1）援助希求の促進
　アメリカのSOSプログラムでは自殺予防教育のキーワードとしてACT（p.41参照）を定着させる取り組みが行われている。
　それにならって，援助希求のキーワードとして，「きようしつ」（き：気づいて，よ：よりそい，う：受けとめて，し：信頼できる大人に，つ：つなげよう）という言葉の定着を図ってきた。これまでみてきたように死を思うほど追いつめられた気持ちも同年代の友だちに伝えることが多いが，ハイリスクな子どもの中には，困ったことや悩みを友だちにさえ相談できない実態（p.76参照）もある。

101

生き辛さを感じている友だちによりそい受けとめる体験や，友だちのSOSを信頼できる大人に繋いだ体験をする機会があれば，自分がひどく落ち込んだりしたときも，その危機に「気づいて」，その生きづらい感情を伝えたり，折り合いのつかないものを話（放）したり，助けを求めたりすることが容易になると思われる。危機を自分で乗り越えることも大切であるが，相談できることも大事な力の一つである。

また，自分で乗り越えられるのか，自分たちだけで解決できるのか，信頼できる大人に繋げるべき問題なのかを，判断できる力を培うことも大切である。そのためには，中高生であっても，自殺の危険を示すサインを知っておくことが必要である。自殺という究極の危機への対応を学ぶことが，日常においてさまざまな問題を凌いだり乗り越えたりするうえで土台にもなると考えている。

2）心の危機理解（早期の問題認識）の促進

厚生労働省の「精神保健医療福祉の更なる改革に向けて」（2009）によると，「3万人を超える水準にある自殺の背景には，うつ病，統合失調症，依存症等の精神疾患が多く認められている」「我が国での調査結果では，国民の4人に1人（25％）が生涯でうつ病等の気分障害，不安障害及び物質関連障害のいずれかを経験している」という現状が報告されている。

一方，青木（2012）は思春期の心の病（p.29参照）でもふれたが，「うつ病は，普通に暮らしている人の人生の出来事に対する『落ち込み』も含むくらいの広いもの」になり，1980年代以降，『うつ』『うつ状態』『うつ病』をめぐって，用語の定義が混乱し，明確に区別できなくなった。その結果，「うつ病の治療の必要な人が，自分はうつ病であると正しく認識でき，うつ病治療の恩恵を受ける人が増えたというポジティブに考えることもできる」が，「自然回復の可能性の高いうつ状態や正常範囲の落ち込みなどがうつ病と診断され，薬物療法で治療される」と，「自然回復の道から遠のき，うつ病として完成していく道を進むように私には思えてならない」と懸念している。

子どもの自殺予防においても，心の不調や心の病に関する問題は避けて通ることはできない。子ども自身が心の病について正しい理解を深めることは，精神疾患への偏見をなくし，医療機関等への相談のハードルを下げるという観点からも，また，思春期危機を心の病へと仕立ててしまわないという観点からも，不可欠であると考える。

アメリカのSOSプログラムで示されていた「いのちの危機のサイン（うつ状態のサイン・自殺の危険信号）」は心の不調や心の病に直結する内容である。日

本においても保健体育の「心の健康」の単元は小中高校を通じてとりあげられている（p.179～参照）。最近の教科書には心の病の原因や症状についての説明はほとんどみられないが，予防策ともいえるさまざまな対応策が載せられているため，保健体育の担当教員と連携して教材研究を進めることで，少しでも心の不調や心の病に対する視点を含んだ自殺予防の授業を行うことが可能になるのではないだろうか。

b．下地づくりの授業（自殺予防の基盤となる学習）
1）生と死について考える

　自殺予防教育は，「生と死」の問題を避けて通れない。子どもたちの死生観は，発達段階の違いや個人差があり一定ではなく，中学生になってもすべての子どもが死の普遍性，絶対性，不可逆性を理解しているとは言いがたい（pp.19-20参照）。死へのハードルが低い子どもがいる可能性も踏まえながら，自殺予防教育を進める必要がある。子どもの身近にいる教員が，子どもとともに生や死を言葉にして話し合う機会を持つことが必要なのではないかと考え，自殺予防プログラムにおいて，「死」を通して「生」について子どもと共に考えてきた。心に負担を感じる場合もあると思われるが，死と真摯に向き合うことを避けて自殺予防教育に取り組むことは難しい。

2）苦しみの中でいのちを支える柱（「関係」「時間」「自律」）

　「生と死」について考えるとともに，悩み苦しんだときにいのちを支えるものをイメージできることをめざした。病気で終末期にある人たちが最後まで自分らしく生きる支えになったものは何かを考え，ホスピス医の小澤（2006）の言う3つの柱，関係・時間・自律を手がかりに，苦しみの中でもいのちを支える柱について考える取り組みを行った。

　1つの柱は「関係」である。絆が自殺予防のキーワードと言われ，自殺予防において，人間関係を築く力の重要性は言うまでもない。人権教育をはじめさまざまな分野で行われている絆づくり（人間関係づくり）の取り組みを，自殺予防教育の下地という観点から捉え直すことが求められる。さまざまな人との交流を通じて，お互いの違いを認めあうことができれば，他者理解が促進され多様なコミュニケーションも可能となる。学校にとどまらず，学校をソトに開いて多様な人との出会いを得る機会を設定することも，絆づくりとして自殺予防に繋がっていく。

　また，相談することは，「関係」（絆）に他ならない。悩みを聴いてもらうこと

で，心のうちが整理されたり，すっきりした体験や安心感が増す体験を持つことができたならば，3つ目の柱である自己決定を促すことにもつながる。

次の柱は，「時間」である。夢や希望，願いなどを思い描くことによって，未来も視野に収めた時間的展望をもつことが可能になる。1999年から取り組まれているキャリア教育に重なるものである。「小学校・中学校・高等学校キャリア教育推進の手引」（文科省，2006）において，身につけさせる力として，

　①人間関係形成能力（自他の理解能力とコミュニケーション能力）
　②情報活用能力（情報収集・探索能力と職業理解能力）
　③将来設計能力（役割把握・認識能力と計画実行能力）
　④意志決定能力（選択能力と課題解決能力）

があげられている。特に③では，①②をうけて今の自分を見つめながら，将来を設計する力を育成することを，④では自己決定を促し，課題や葛藤に対する問題解決能力を育成することがめざされている。

3つめの柱は「自律」で，自己決定を促すことである。ハイリスクな子どものなかには，自己決定できない子どもが少なからずいた。親の敷いたレールに乗れなくなったり，安心感を持つことができなかったりで，違和感があるにもかかわらず自分の思いやネガティブな感情を言葉に出すことができずに，折り合いがつかなくなった子どもたちであった。幼い頃から自分の人生の主人公として，日常生活の中で小さな自己決定を積み重ねることが必要である。その前提として自己理解も必要となってくる。学校教育の場では，心理教育としてのエゴグラム（人間関係の心理学理論に基づいて作られた性格診断テスト）の実施や感情学習など，グループワークを通じて自己理解を深めることが，自律へとつながると考えられる。

鈴木（2010）は「友だちか教員に相談する人」が「自分のことを知りたい」と思う割合（64.3%）に比べて，友だちにも教員にも相談しない人が「自分のことを知りたい」と思う割合は，25%にしか達しないと指摘している。「自己理解・自己受容の課題に力を入れることで，友だちに相談しなかった人が，相談するようになる可能性がある」と主張している。自己理解を促すことが援助希求的態度の育成にもつながると考えられる。

苦しみの中でいのちを支える3つの柱（「関係」「時間」「自律」）や援助希求は，相互に関係し合っていることがわかる。

現在行われている人権教育やキャリア教育などとも連動させながら，いのちについて考え，「援助希求」と「心の危機理解」を促進する自殺予防教育を展開することは，「未来を生き抜く力」を育むことに他ならない。

第二部
［実践編］
自殺予防プログラムと危機介入

第4章
教師を対象とした自殺予防プログラム

第1節 ── なぜ，教師を対象とした自殺予防プログラムから始めるのか

1．自殺予防における教師の役割

　高橋（1999）は，日本においては，生徒の変化に教師が最初に気づいて適切な援助をさしのべている例がきわめて多く，「自殺が起きている数をはるかに上回る数の生徒や家族を救っている例を精神科医として経験してきた」と述べている。アメリカと比べ，心理面のスタッフの配置がまだ不十分な日本において，教師は好むと好まざるとにかかわらず，悩んでいる生徒に深く関わらざるを得ない。しかし，現時点においても自殺という事態が生じた場合，学校は手探りで試行錯誤しながら対応を模索しているというのが実状ではないだろうか。高橋が言うように，これからも多くの教師が生徒の自殺の危機を救えることができたらと思わずにはいられない。そのためには，教師一人ひとりが自殺や死の問題について考える機会（研修）をもつことが何より重要である。

　自殺予防における教師の役割としては，まず第一に，学校生活全般にわたって生徒と関わっている教師が，生徒の「救いを求める叫び」を察知することである。勝俣（1991）は，「生きる力の危険因子ともいえる自殺危険因子に関する知見を持つことは，自殺予防においてだけでなく，『生き方の学習』にとっても，きわめて重要」であると述べている。確かに，教師が，生徒の救いを求める自殺を察知することができれば，苦しんでいる生徒の命を救うだけにとどまらず，その生徒本人や周りの生徒たちへの生き方指導のチャンスにもなり得る。

　第二の役割として求められるのは，自殺の危険の高い生徒に対し，具体的な援助を行うことである。自殺をめぐる問題は，複雑な事情がからみ深刻化しがちで

あるため，担任一人で取り組むことなど到底できないであろう。中学や高校においては教科担任制の特性を生かして，担任を支える方向で，チームによる支援が行われることが必要である。そうすることではじめて，生徒の自殺の危険を敏感に察知したり，きめ細かな援助により生徒を支えることが可能になる。

　第三には，学校内だけで対応するのではなく，教育研究所相談部・精神科・思春期外来，精神保健福祉センターなどの外部の専門機関と連携できるようにすることが不可欠であろう。そのためには，学校も家庭も専門的援助をスムーズに受けられるように，援助資源を拡げる努力を日常的に行うことが教師の役割として求められている。

　第四に，生徒に対し自殺予防教育を実施する担い手となる可能性も考えられるであろう。生徒たちが，将来直面するかもしれない危機に際して，自分自身の自殺の危険を切り抜ける力，身近な友人を助けるための手だてを見つけだす力を身につけることができるようなはたらきかけが，今後，教師に強く求められると予想されるであろう（阪中，2000）。

　実際，2011年には，文部科学省から，「米国における子どもに対する自殺予防教育の現地調査について」が出されるなど，自殺予防教育がマスコミにおいても取り上げられるようになってきている。

2. 教師の自殺理解を促進するプログラム

　これまで述べてきたように，「死にたい」と思ったことのある生徒の割合の高さや，悩んだときの相談相手としてほとんどが友人を選ぶという事実を考慮すれば，生徒を対象にした自殺予防プログラムを実施する必要があることは言うまでもない。

　しかし，教師自身が自殺に関する正確な知識や考え方を学ぶ機会はいまだ十分とはいえない。実際，自殺予防に関する研修会の感想などを見ても，多くの教師が日本の自殺者実数や自殺未遂と既遂の比率，自殺が青少年の死因の上位を占めることなどについても，十分な認識をもっていないことがうかがえる。したがって，生徒向けのプログラムを実施するための第一歩として，プログラムの実施主体ともなる教師自身が，自殺や死を考えることから始めなくてはならない。もし，教師自身が自殺に対する正確な知識や情報をもたずハイリスクな生徒への対応に不安があったり，死に関する自分の考えを明確にしていなければ，生徒を対象にした自殺予防プログラムの実施はきわめて危険である。

　第2章で述べたように，日本でも自殺防止に関する手引き書やマニュアルがみ

られ，個々の自殺の危険のある生徒への具体的対応策も示されていた。しかし，これらが，実際に学校現場での取り組みに活かされていたかというと疑問を抱かざるを得ない。

　教師が自殺の危機への対応を詳細に学ぶことができるような具体的プログラムの嚆矢は，高橋（1999）に求めることができる。日本で初めてと言ってよい教師を対象とした自殺予防プログラムの詳細が示されている。2008年には実践報告を含んだ改訂版（『新訂増補青少年のための自殺予防マニュアル』）が出版され，現在では，徐々に自殺予防の研修が行われつつある。

　自殺は個々のケースによって状況が異なるため，一律の教師研修ですべてをカバーすることはできないであろう。しかし，スタンダードとなる取り組みの概要やプログラム実施に向けての一定の手順などが示された研修教材に基づいて行われることにより，自殺予防に対する正しい認識が広がり，状況に応じた適切な対応が可能になるものと思われる。

第2節——教師向け自殺予防プログラムの概要と有効性

1．グループワークを中心に据えた教師向けプログラムの概要

a．全体の構成

　理論編で述べたように，1999年に米国のプログラム（p.39参考）をモデルとし，中学生および大学生の自殺に対する意識調査の結果をふまえ，できるだけ日本の学校現場の実状に即した教師向けのプログラム開発を試みた。

　そのプログラムの有効性を実証的に検討するために，近畿圏のA中学校，B病弱養護学校，C教育相談担当者会の3カ所で，小学校・中学校・高校の管理職および教諭，大学教員，指導主事等（計64名）の参加を得て，教師を対象にした自殺予防研修を行った。課題が生じなかったわけではないが（p.122参照），総合的な評価は概ね高く，その後もプログラムの流れを大きく変えることはなかった。ただ，実施時間や対象者，依頼されたテーマ等により，内容はその時々で少しずつ変更して実施し，現在に至っている。

　現在実施しているプログラムは，次節b．で検討する1999年版のプログラムの効果検証に影響を与えない範囲のものであると考えられるため，その概要の一部を改善したものを表4-1に示すことにする。

第二部　[実践編]自殺予防プログラムと危機介入

表4-1　「教員向け自殺予防プログラム」の実践内容(1999)

1. 自殺予防Q&A
2. インシデント・プロセス法による生徒の自殺に関する事例検討
　　　　　　　　　　　　　　　　　　　　　　（グループワーク①）60分
3. 子どもの自殺の実態とその背景　　　　　　　　　　　　　　25分
4. 子どもの自殺のサイン（気づく）
　　● 自殺の原因は？　　　　　　　　　　　　（グループワーク②）10分
　　● 子どもの抱えるストレスとその影響　　　　　　　　　　　5分
　　● 自殺の危険因子　　　　　　　　　　　　　　　　　　　　5分
　　● 自殺に追いつめられる心理　　　　　　　　　　　　　　　5分
　　● 直前のサイン　　　　　　　　　　　　　（グループワーク③）10分
5. 自殺の危険の高い子どもへの対応（よりそい，受けとめる）
　　● 適切な対応とは　　　　　　　　　　　　（グループワーク④）5分
　　● 聴き方　　　　　　　　　　　　　　　　（グループワーク⑤）20分
6. 校内外のネットワーク（信頼できる専門機関につなぐ）　　　　5分
7. 不幸にして自殺が起こったときの対応　　　　　　　　　　　15分
8. 日々の教育活動における自殺予防について　　　　　　　　　10分
　　質疑応答　振り返り　　　　　　　　　　　　　　　　　　　5分
　　　　　　　　　　　　　　　　　　①：KJ法を活用した参加型事例研究
　　　　　　　　　　　　　　　　　　　　　　　　　②：グループ協議
　　　　　　　　　　　　　　　　　　　　　　③④：ブレインストーミング
　　　　　　　　　　　　　　　　　　　　　　　　　⑤：ロールプレイ

b．グループワークを中心としたプログラム

　本プログラムにおいて，グループワークを中心に据えたのは，以下の3つの理由からである。

　　● 教師間の連携を強化するために，教師相互の親密さを増す。
　　● 自殺の危険の高い生徒との関わりの意欲を高めるため，教師自身の所属欲求や承認欲求を充たす。
　　● 自殺予防に関する問題解決能力を高める。

1）教師間の連携を強化する効果

　教師が，自殺の危険のある生徒と関わり，その危機を救うためには，チームで対応することが必要であり，その基盤として指導援助方法に関する教師間の共通

理解，連携が不可欠である。そのためには，より良い人間関係を形成し，教師間の親密さを高めることが第一に求められる。

同僚に対して親近感や好意を持つのは，次のような場合と言われている（日本レクリエーション協会，1995）。
- 自分と同僚に何か共通のもの，類似した点があると思った時。
- 接触する回数が多い時。
- いい雰囲気，楽しい雰囲気，特に飲食を共にする時。
- プラスのストローク（人間的なふれあい）をくれる人がいることで自己評価が高まった時。

したがって，教師間の親密さを増すプログラムとは，一方的に与えられる講義形式よりも，グループ体験を多く取り入れることが有効である。深い孤独感や絶望感にさいなまれている自殺の危険の高い生徒に関わるためには，教師がグループワークを通じて同僚との人間的なふれあいを増し，親密であることを実感することが重要である。その結果生じる良好な人間関係を土台として，指導援助方法に関する教師間の共通理解がうまれ，教師間の連携もより一層強固なものになっていくと思われる。

2）自殺問題に取り組む意欲を高める効果

自殺の危険の高い生徒との関わりは，知識や既成概念の伝達だけではなく，全人格で関わり，それぞれの教師が持っている潜在能力を最大限に発揮して，生徒と対応しなければならない。そのような対応を可能とするような教師の意欲を高め，維持するにはどうしたらよいのであろうか。

そのためには，教師自身がマズローの言う「欲求段階説」の所属欲求（疎外感を持たず同僚と共に連携しながら働いているという実感，集団帰属の欲求），承認の欲求（自分が同僚からも尊重され，教師としての力を認められている実感を求める認知欲求）が充たされることが必要である（Maslow, 1962）。教師が対応の難しい生徒を抱え，指導に行き詰まったとき，周りからの評価を気にして自分の対応を過小評価したり，意気消沈して自信を失うか，または，周囲の支援の無理解に怒ったり反発したりすることが少なくない。そうならないためには，自分や周囲への否定的な心理を，研修等を通じて少しでも肯定的な方向へと転換していくことが必要となる。教師相互が敬意を払い，お互いの存在を認め合い，関心や理解を示し合うことによってはじめて，安心感が得られ，共に働く意欲が高まるようになるのではないだろうか。

以上のことから，学校の職場集団において，教師の所属欲求・承認の欲求が満

たされる機会をつくることを意図して，お互いの意見を自由に出し，存在を認めあい，支えあえるようなグループワーク体験を教師向け自殺予防プログラムの中心に据えることにした。

　また，自殺のような重い問題は，個人を越え，集団で取り組む方が一人ひとりの心理的負担を軽くするとも考えた。温かな雰囲気の中で，受け身にならず積極的に参加しやすくすることが，自殺予防を前向きに捉えることを可能にし，参加した教師が自殺予防の問題に取り組む意欲を高めことができると考えた。

3) 教師の問題解決能力を高める効果

　プログラムに参加することを通じて，教師の生徒への対応が望ましい方向へと変容していくためには，どのような研修が効果的なのかを考え，まず，集団思考，集団討議を核とするインシデント・プロセス法（体験学習の形をとる全員参加の事例研究法。事例提供者に参加者が質問することにより事例に関する情報を得て，問題行動に対する指導法を個人レベルおよび集団レベルで考えていく）による事例研究を行った。

　プログラムに参加しても，メンバーの行動や態度に変容がなければ，研修の意味は薄れる。レヴィン（Lewin）は，集団のもつ力がメンバーの行動や態度に影響を及ぼすことを，人間の習慣の中でも最も変え難い食習慣を集団決定によって変えさせる実験により証明した。主婦たちを2つのグループに分け，一方のグループには，講義形式で説得を行い，もう一方は，短く講義をした後，数人のグループに分けて話し合い，最後に挙手による採決を行った。その結果，実際に食習慣を変えた者は，前者が3%であったのに対して，後者は32%にもなったという。その後，同様の実験がなされた結果，グループ討議とグループ決定が行動に効果的に影響することがわかってきたという。その理由として，次の4点をあげている。

- 討議の中で，いろいろな新しい意見が出され，視野が広がる。
- 討議の中で，内容が自分たちに実行可能なような形でまとまる。
- グループ決定によって，他のメンバーも実行しようとしていることがわかる。
- グループ決定に参加したことが，実行しようとする意欲を引き起こし，一種の拘束力，強制力をもつようになる。

　これらの知見から，グループで話し合い意見をまとめ，発表することは，自分以外の他のメンバーも同一歩調で取り組もうとしていることが実感され，参加者全員の共通理解が促進される可能性が高いことに注目した。グループで話し合う

時間をできるだけとり，グループの意見をまとめて発表する機会を多く設定した。

また，メンバーの持っている意見，たとえばアンケートをして，その結果を編集したらこうなりました，と言ってみるだけではダメだという指摘がある。つまり，ひとつの小さなチームでも，それを構成しているメンバーが抱いている，ささやかな願望やビジョンをよくつかんで，それをメンバーが自分たちの話し合いの中で組み立てた結果「そうすると，こういうことが考えられますよね」という形で投じられたとき，他のメンバーも「そうだ！」という実感をもち，実践的活動へ繋がっていくと言うのである。

自殺予防プログラムにおいて，自殺の危険のある生徒への関わり方を教師自身が主体的に学ぶためには，一方的に方向性が与えられるのではなく，グループワークを通じて自分たち自身の手で方向性を組み立てていくことが，より効果的であり不可欠であると考える。

以上の点から，グループワークを中心に据えて，実践計画を構成した。

2. 教師向けプログラムの有効性

1999年に実施したプログラムは，図4-1に示すように，83％が「必要である」と答えている。また，「どちらかと言えば必要だ」を加えると，97％に達することから，教師の意識啓発という点では成果があったと思われる。自殺予防ということでなじみが薄く，研修に対する心理的な抵抗もあったであろうが，自殺問題を身近なこととして受けとり，教師としてあらためて中学生の自殺の実態や背景にある心理について考えるきっかけになったことは確認できた。また，自殺の問題は，学校危機の最たるものの一つとして，対応には教師のチームワークや共通理解が必要であることが再認識され，研修への参加を通じて，教師間の共通理解や協働への意欲が促進されたといえる。

- 何が起こるかわからない今の中学校なので，ぜひ全県全国的に必要だ。
- 生徒が，家族や友達に相談できない場合は，教師が身近な存在であるので，必要だ。
- 予期せぬ事態として，どの学校にでも，その原因なるものが潜んでいると考えた方がよい。そして予期せぬ出来事に直面した時に適切に対処できるようなものは必要である。
- 校種に関係なく学校の危機管理として不可欠。校内教師の共通理解に有効である。
- このようなプログラムを通じて，普段から，教師同士のチームワークの

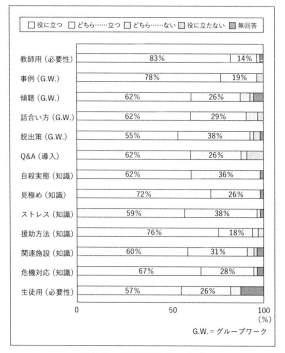

図4-1 振り返り表の内容

必要性がいっそう理解されるのではないかと思う。
- 内容が大きな問題で，深刻に捉えすぎてしまいがちだが，実際的な演習も多く取り入れられ，割と楽に研修ができた。
- これまで，「自殺」という言葉は，遠くのものにしか感じられなかったが，自分の身近なものとして考えることが必要だと思った。
- 新たな視点からの生徒理解が深まった。

次に寄せられた感想を，グループワークと知識とに大きく区分して，本プログラムの有効性について検討を行う。

a．グループワークの有効性
1) インシデント・プロセス法による事例検討
　インシデント・プロセス法による事例研究は，約8割の人が「役に立つ」と答えている。インシデント・プロセス法は，参加者全員が積極的に関わる体験学習と個人思考と集団思考とのダイナミズムのなかで展開される。このグループワー

クが一番支持されたのは，参加者が体験を通じ心理的に支え合うことの意味を実感し得たからと考えられる。

A中学校では，実際の生徒を思い浮かべながらの事例検討となったが，「全職員が危機意識を持ちながら切実な問題として考えられたこと，対応のための具体的な手だてを考え，整理できたことがよかった」との感想が多かった。

- 具体的かつ現実的で能動的な研修ができる。
- もし自分がその問題に関わるようになった時，このように事前に考えておくことで冷静な対処ができると思った。話し合うことで，問題の本質に近づいていけた。
- 一つの事例をどういうふうに解決していき，一番最良の方法を選ぶという点で，グループで一つ一つの紙に問題点を絞り，焦点を当てて記入していく方法は，とても参考になった。自分自身の見落としている点やさまざまな立場，角度から物事を見られて良かった。

2）傾聴と受容の体験

自殺の危険の高い生徒への傾聴を含むロールプレイのグループワークは，「役に立つ」が62％，「どちらかと言えば役に立つ」を加えると約9割が好意的に受けとめていた。

B病弱養護学校では，「役に立つ」の割合は，B中学校（71％）に比べ少なかった（48％）。ロールプレイへの導入がうまくいかなかったところに原因があったと思われる。プログラムが効果的に展開されるためには，ファシリテーターの果たす役割が大きい。感想としては，体験してあらためて聞いてもらうことの大切さや聞いてもらえない辛さを実感した，などの記述が多くみられた。

- 体験を通して，普段気づかなかった自分のまずい点などが具体的によくわかった。
- いかに普段いい加減な態度をとっているかよくわかった。
- 聞いてもらえないことのつらさが，体験を通してよくわかった。
- 聞くことの大切さ，聞いてもらうことのうれしさを改めて認識した。
- 水商売の女性は，傾聴・受容を何気なしにやっているが，その当たり前のようにやっているのがプロだと気づいた。
- 観察者の人に，自分が無意識にしていたしぐさを指摘されて，これまで気づかなかったことがわかって良かった。

3）自殺の危険の高い生徒への声かけ

このグループワークも6割が「役に立つ」と答え，「どちらかと言えば役に立つ」を加えると，9割が好意的に受けとめている。感想は次のようであった。

- もう一度自分の態度を振り返ってみます。ただ「目の前にいるこの子をどうするのか」ということで，頭がいっぱいになって，実際にこのことができるかどうか，今まではどうだったか？　不安である。
- 声をかけることの難しさという点から言えば，対応を身につけることは必要だと思う。
- 言葉一つでマイナスになることがあるので，研修の必要性がある。

b．知識理解の有効性

次に，自殺予防に関する知識の研修についてであるが，支持が低いものでも「役に立つ」が6割になり，「どちらかと言うと役に立つ」まで加えると，8割を越えることがわかった。

1）自殺予防Q＆A

B病弱養護学校・C教育相談担当者研修会では，このプログラムへの導入として，自殺に関する「Q＆A」を用いた。A中学校では，事例がその学校のケースだということもあり，Q＆Aに時間をかけるより事例の時間を少しでも確保した方がいいのではと考え，Q＆Aは資料として添付しただけであった。Q＆Aを実施した研修会での意見をみると，馴染みが薄い自殺問題への導入として，問題意識を高め，身近な問題と感じて研修に入れるなどの点で有効性が高いと思われる。

- 実態の説明を聞く前の問題意識ができる。
- ただ単に，資料を見るだけでなく，自分のこれまでの認識と照らし合わせて，資料がよみとれたので，考えさせられた。
- "動機付け"として，役立つ。

2）中学生の自殺・希死念慮の実態

今まで自殺の実態を知らず，今回の研修で実数にふれよくわかった，驚いた，との意見が数多くみられた。また，自殺に対しての認識があらたまり大いに役立った，といった感想が寄せられた。

- まったく数字を知らなかった。生徒自身にもそれらを知ってもらうことで身近なこととしてとらえてもらいたい。
- 交通事故死者のほうが，絶対に多いと思った。正しいデータは，持って

おくべきです。知らなくて恥ずかしい。
- 教師自身が，あまり実態を知っていない現実がある。生徒理解に役立つ。

3）自殺の危険の高い生徒の見極め方

　実際に自殺の危険の高さを見極められるのかと言えば，難しいと答えざるを得ない。しかし，「自殺した人の8割から9割はサインを出すか，はっきり言葉に出して伝えている」と言われていることからも，中学生の「救いを求める叫び」を一人でも多くの教師が受け取れるような自殺予防プログラムが必要である。

- 実際そのような場面に出くわしたら，自分がとれる態度が不安です。でも，知っておくと，後で……あれがサインだったのだと後悔しなくていいかな？
- 自殺直前のサインは参考になる。
- 自殺を心に決めた生徒に対する関わりには，時期をはずしてはいけないので，そういったサインを見逃さないようにしたいです。
- よくみていると，見極められると思う。

4）自殺の原因・中学生のかかえるストレスと自殺の関係

　中学生の心理的な悩みや葛藤についての理解に役立つと考えられる。

- 自殺までの過程が図式化されていたのでわかりやすかった。
- 何となく感じていたことだけど，まとめてもらってすっきりした。
- 自分の子育てにも自分にも関連する部分があるなって思って聞いていた。思春期までに体得できることの大切さを感じた。
- 生活が豊かになったことが耐える力を弱まらせているということが衝撃的だった。

5）自殺予防関連施設

　次のような感想がみられた。

- 外部との連携は必須。学校教師だけでは限界があることを知っておく必要がある。
- 学校外の施設の存在を知っておくことが大切と思う。
- 教師サイドが情報として，必ず持っておく必要がある。

6）学校における自殺の危機への対応策

　最も参考になったという声もあった。危機介入のシステムが日本ではまだ十分でないこと，また，最近のマスコミの中学生の事件に対する報道から，学校が批判を浴びることが多く，その対策のためにも役立つと受け取られたことがその背景として考えられる。

- 必要だと思う。（自殺が実際に起こった場合）窓口が一つだということもいい。
- マスコミは，すぐに責任の所在だけを追求しようとするが，すべて努力していたにもかかわらず，結果的に自殺してしまったということもあると思うので必要だ。
- あらかじめ，対応を考えていくことは，その時になってあわてなくてもすむし，二次的な問題の予防にもつながる。

　次にプログラム全体に関するものとしては，「真剣に研修でき，次の日から，役立つ内容であった」という感想や，時間については，3時間がとても短く感じられたという感想が多く，「時間がアッという間にすぎた気がした」「退屈する人がいなかった」などの意見が寄せられた。

　グループワークに関しては，「楽しく和やかな雰囲気中で行われて良かった」「『自分も参加した』『研修した』と感じることができた」「今後もテーマが変わろうとも，参加型研修で進めて欲しい」「普段，あまり関わりのない人と会話が持てたことがよかった」「自分で考え具体的活動をすることで，自分なりに吸収することができてよかった」「自分の考えを重ねて考える機会があったので，大切なポイントを共通理解できた」「みんながどういうふうに見，考えているのか交流ができた」など好意的な感想が多く寄せられた。

　カリフォルニア州の自殺予防プログラムの手引き書のはじめに，「参加者を温かく歓迎し」「自殺というような題材の研修に参加してくれたことを肯定的に認めること」とあるが，上記の感想からも，グループワークで支え合うことを実感し，温かな研修の時間を持つことができたと思われる。

c．プログラムの課題

　上記の有効性の検証から，1999年に実施した教師向け自殺予防プログラムは，現場の教師に好意的に受け入れられたと考えることができる。しかし，より良いプログラムをめざし，プログラム研修参加者から寄せられた貴重な意見を分析し，検討を加えた結果，次のような課題が浮かび上がった。

1）自殺予防をどうとらえるか

まず，Q&Aについて，

「自殺の危険の高い人は本当に死ぬ気なのだから，それを止める必要はない」「他人にそれを止める権利はない」という正誤を問う質問項目に対し，「二者択一は不可能と考える」

「これは『誤』だが，あながち『誤』ともいえない。命は自分のもの，『抵抗できない命が自分の生きている体』」という意見があった。

自殺を止める必要性がなければ，自殺予防教育の根底が崩れてしまう。しかし，「自殺は止めなければならない」という考えが，教師に無条件に押しつけられるのであれば，真の意味での学校における自殺予防教育は成り立たなくなってしまう。研修のなかで，教師一人一人が，どのように自殺や死をとらえるかを問い直すことこそが，最も大切なことだと思われる。

また，前述の質問の解答は正誤といった二者択一の問題ではなく，命を考えるきっかけになるものでなければならないであろう。今後のプログラムでは，これらの質問の解答を示すのではなく，問題提起という形で問いかける方が望ましいと思い，Q&Aから外した。

また，「若年での自殺，それ以外の非行・暴力・いじめ等の種々の問題は，学校だけでなく社会・家庭の問題であるはず。であるのに，学校だけが真剣に問題に取り組みすぎている」という意見も寄せられた。

学校がすべてを抱え込もうとしてきたところに，日本の教育の問題点の一つがあるという指摘である。この自殺予防プログラム実施から10年以上経過するが，自殺は社会の問題でもあるという認識が，最近マスコミ等でもやっと言われるようになってきた。そのことをふまえながら，自殺予防教育においても，今後，学校のできることとできないこと，教師ができることとできないことを明確にする必要があると思われる。

そのうえで，教師・保護者・地域の援助機関が協力・連携しあって，苦しんでいる生徒を支援するための協働的な体制を築いていくことが求められる。

2）自殺の危険のある生徒の事例検討

事例検討は，実施の中で，一番高い支持を得たグループワークであったが，「時間が足らなかった」「『自殺』ということと，この事例検討がどういう関係かつかみにくい」「インシデントはそれだけで独立するくらいの内容があるので重い」などの意見が寄せられた。

また，自殺の原因・自殺の危険の見極めなどを含む知識に関する研修の部分

で,「関連した具体的事例の紹介をして欲しい」という声があった。
　1時間半が必要と思われるインシデント・プロセス法の事例検討を1時間で実施することは,時間的な面で難しい面があると思われるが,自殺への対応が現実的に迫られている場合には,学校全体での対応の方策を共通に探っていくという方法はきわめて有効であろう。しかし,参加者のニーズが現実に迫られた自殺の危険の高い生徒への対応でない場合には,一つの事例を深めて問題解決能力を高めることよりも,数多くの具体的事例を紹介する方法も考えられる。

3) 傾聴・受容の体験

　「教師（ルールを教えるという意味）という立場でカウンセリングでいう受容が成り立っていくのか疑問に思う」といった意見が提起されたが,今もありがちな考え方である。学校は集団生活が中心の場であるから,規律指導とカウンセリング的な受容との両立が難しい側面がある。特に,傾聴・受容の必要性に対しては,疑問視する傾向がいまだ根強い。そこで,ロールプレイの際,学校内でよく見かけられるような場面設定をした方が抵抗が少ないことが予想される。

　「（傾聴・受容の体験は）ある程度カウンセリング等に関心を持っている人に対して,いいのではないでしょうか」といった意見からも,生徒・教師といった学校内の役割が与えられた形のロールプレイの方が,受け入れられやすいと考える。

　また,「自殺の危険の高い生徒との話し合い方」のところで,「具体的な良い例・悪い例の紹介をしてほしい」という要望があった。以上の点をふまえて,会田（1999）の実践を参考にして,次のようなグループワークの展開例を考えた。

表4-2 自殺の危険のある生徒への話しかけ方

場面設定	:	最終下校のチャイムが鳴った後,もう薄暗くなっている校内の戸締まりのために校内を回っていると,屋上へ上がる階段に,一人でぽつんとしゃがみ込んでいる生徒がいる。「どうしたの?」と聞くと,だまっている。再度話しかけると,「死にたい」と消え入るような声で答えた。首をうなだれ,黙ったまま顔を上げようともしない。
ロールプレイ	:	生徒・教師役の2人1組になる。生徒役は冷たい階段に座っている気持ちで椅子に座る。先生役は,まず立って話しかける。 　　　先生――どうしたの? 　　　生徒――死にたい その後,次の表の対応4例を試みる。
記録	:	ロールプレイの体験を通して,生徒になった側は,それぞれの対応に感じた印象を書く。さらに,生徒として最も安心できた対応を1つ選ぶ。

記録用紙

		対応	感想	○
Ⅰ	助言する 説教する	「お母さんを悲しませるよ」 「命を大切にしなくちゃ」 「死ぬなんて言っちゃダメだよ」		
Ⅱ	励ます	「元気だして!」 「死ぬ気ならどんなことでもできるよ」 「誰でも辛いことはある。がんばれ!」		
Ⅲ	感情を 理解する	「死にたいと思うほどしんどいんだね」 「話せないほど辛いんだね」		
Ⅳ	しばらくの間 一緒にいる	黙って側にいる		

4) 専門機関との連携

　自殺の危険のある生徒と関わることは,たやすいことではなく,振り返り表には,次のような懸念を示す意見が寄せられた。

　「マイナス志向の人は,とめどもなくマイナス志向であり,それに巻き込まれると,すさまじい命のエネルギーを奪われることも知っておく必要がある」

　「特殊なケース・重いケースへの対応の『おさえ』をどうするか」

　「ボーダーラインパーソナリティを考えると,限定設定し,『ここまでだよ。仕組みじゃこれ以上(深夜にわたって巻き込むことは)できないんだよ。また,～～ね』と言うことも必要」

実際，医者でもカウンセラーでもない教師が，十分な守りがない中で生徒と真剣に接することで，上記のような事態に巻き込まれる危険性は十分に考えられる。だからといって，関わり方が本気でなくては，死のうとする生徒を助けることはできないであろうし，たとえ懸命に援助しようとしても自殺が決行されてしまうこともありえる。

また，生徒が精神疾患にかかっている場合もある。しっかりとした枠を設けて生徒に接することが，結果的には，生徒も教師も守ることになる。関わる生徒によって対応は違い，枠の必要性の程度もさまざまなことから，教師が，苦しみ死を垣間見た生徒を見いだしたとき，専門機関と連携を図ることが不可欠である。いかなる努力を重ねても必ず自殺を防げるとは限らないことを共通理解したうえで，教師として援助できることは何かということを考える必要があると思われる。

シュナイドマンは，絶望に打ちひしがれてさまよい歩く人たちを相手にする仕事を，「一日一日が煙と熱と混乱のさ中で，時には私たち自身も傷を負って，何が望ましいかではなく，何が可能かを手探りするような，死傷者が出ることの当然予想される危険を伴う仕事（リットマンの言葉）」ととらえ，『自殺とは何か』という著書の結びとしている。

自殺の危険の高い生徒に対し，教師のできることは微々たるものかもしれない。しかし，このような思いを抱いて仕事をしている人たちと連携し，自殺の危険の高い生徒の見過ごしを少しでも減らすことができたらと思っている（阪中，2000）。

第3節 ── 教師向け自殺予防研修の実際と効果

前節で紹介した教師向け自殺予防プログラムに改善を加えたものを，校内研修，教育委員会主催研修会，いのちの電話や有志のカウンセリング研修，人権研修，大学での講義等において実施してきた。実施時間はその時々で異なり，1時間～3時間であった。

インシデント・プロセス法による事例研究は，実施に1時間はかかるため，それ以外のプログラム内容とは独立させて行うことが多かった。そこで，プログラムを，a自殺の危険の高い子どもの事例検討会，b自殺予防の理解と対応についての研修会の2つに分け，それぞれについて研修の実際を紹介するとともに，実施効果についても言及したい。

1. 研修の具体的展開例

a. 自殺に関する事例検討の実際

　自殺に関係する深刻な事態が懸念される短い象徴的な出来事（事例の一部分＝インシデント）の提示から，質問することで情報収集し，自分であれば何ができるかを考え，グループで話し合ったり具体的な対応策を発表していくプロセスに重点を置きながら実施してきた。10行ほどに出来事を簡潔にまとめた事例を提示するだけで，事例提供者の負担が少ないのが特徴である。

　また，通常の事例研究会では，参加者が事例提供者に批判的にアドバイスするといったことも起こりえるが，温かい雰囲気の中で参加者が事例提供者から学ぶという姿勢を大切にするようにつとめてきた。事例提供者が勇気づけられる事例検討会になることを目指した。

　この事例研究の目的として考えられるのは，

　　　①すでに指導済みの事例に対して，将来参加者が出会うであろう問題の解決のために必要な力を養う（職員研修等としての事例研究）
　　　②現在進行中の事例に対し，よりよい問題解決のための指導の具体化をはかる（生徒指導部会や学年会，職員会議等における実際の事例検討）

である。その時々で研修の目的は異なるが，振り返りからは，次のような効果が示された。

- タイムスケジュールが示されているので，忙しい学校日常業務の中でもめどを持ちながら時間を有効に使えた。
- 質問タイムは，短時間に必要な情報を収集できた。事実について情報収集し，指導法はできるだけ問わない方向なので，事例提供者に対して批判的になりにくかった。
- 質問タイムやグループ討議が中心で自ら声を出せる機会が多く，重い問題でも主体的な研修となった。
- 実際に命に関わる懸念のある問題を共有体験しながら，いろいろな角度からの解決策が出やすく，指導援助の共通理解が促進された。
- 実行可能な解決策まで立案することを目標にするので，日常的なチーム援助体制の確立につながり，ハイリスクな生徒への関わりや，実践的な活動に結びつきやすかった。

以下は，ある事例検討会の配付資料である。

●事例 —— 中学3年生女子（複数の事例をあつめ，修正を加えたものである）

　小学校の時に父母が離婚し，本人，父親・義母・妹の4人暮らし。「学校は楽しいが，義母との関係がうまくいかない」と，家には帰りたがらない。「リストカットしている」と言う。家出をして，出会い系サイトで知り合った彼氏のところに行っていたこともある。水に沈んだ女の子の絵や鎖に繋がれたり，血が噴き出したような絵を描く。虚言癖もある。以前は「高校へは行きたい，モデルになりたい」と言っていたが，最近は表情も暗くなり学習意欲も一段と低下してきた。体調不良を訴えることが多くなり，「どうなってもええね，遠くへ行ってしまいたい」と吐露する。

　進行役として，次のようなことに留意して研修会を進めた。
　第一に，事例提供者と打ち合わせの時間を取って，困っていること，話し合ってほしいことを明確にする。事例提供者の意に沿って検討会が進められるように，参加者に話し合う視点を伝える。
　第二に，質問タイムが有効に進むために，質問する側は，①一度出た質問はしない，②事実に関する具体的な質問をする，③事例提供者の対応や指導方法を聞くことは最小限にとどめる，などの点を伝える。また，事例提供者は，わからないことはわからないと率直に答えるが，できれば，過去の成績や出席状況，家族関係の資料などを準備しておく。
　準備物として，ポストイット，模造紙，マジック，セロテープ等が必要であり，グループ分けをどのようにするか等もシュミレーションしておくと，手際よく事例検討会が進む。
　参加者から，後日に「インシデント・プロセス法で事例検討会を実施したところ，『今学校で起きている現在進行形の事案についても，これは使える』『あのスタイルで検討していけば，学校全体としての取り組みや役割分担等が目の前で明らかになり，チームプレイができる』『担任による抱え込みや負担が少なくなる』等の感想が寄せられた」との報告があった。自殺予防の正しい理解の後，実施したハイリスクな子どもの具体的対応策を考える事例検討会が，それだけにとどまらず，その他の生徒指導上の問題対応にも役立つことが確認された。

○○中学校　教育相談部
○○年○○月○○日

事例検討会

目的▷事例を通して，生徒の内面理解を深め，指導方法の共通理解をはかる。
　　　教師間の連携に基づく生徒指導・援助の具体化をはかる。
　　　　　　　　　　　　（守秘義務，資料取り扱い注意してください）

「どうなってもええね，遠くへ行ってしまいたい」と訴える相談を受けた時に

予定

時間	項目	内容
14:35〜	本日の進め方の説明	
14:40〜	事例の提示	提示されたインデント（出来事）を把握するために，質問を考えながら読む。 事例提供者は困っていることや話し合ってほしいことを伝える。
14:45〜	情報収集 （質問タイム）	生徒理解のために全員が一問一答で質問。 例▷生育歴，性格，家庭環境，交友関係，健康状態，興味，校外生活，学校生活，問題行動，学習状況，諸検査結果
15:00〜	個人で考える	得た情報をもとに，まず，個人で問題点や具体的な対応策を考える。 **黄色の付箋紙（問題点）・水色の付箋紙（指導法）に1枚に1項目ずつ簡潔に書く。**
15:05〜	グループ討議	グループ内で意見を出しあい，問題行動の背景と対応策について考える。対応策については，実際に取り組み可能なものを探る。 模造紙にまとめる。
15:30〜	発表	グループで考えた生徒理解や対応策を2分間で発表。
15:40〜	全体協議	事例提供者がやってみようと思うことを伝える。 事例提供者と協働するために，自分はどうあるべきか，どう振る舞うべきか考える。
〜15:45	まとめ	

進行：（○○○○）　　　記録：（○○○○）

b．自殺予防の理解と対応についての研修の実際

　自殺予防の正しい知識と理解を目的とするプログラムを実施するときには，先に紹介した内容に加えて，アイスブレーキングをしたり，音楽を流したりしている。その実際について，少しでも臨場感が伝わればと考え，石川県高等学校保健会（2012年）がまとめた講演録（2時間）を転載する。

演題──「生徒の自殺予防について考える」

本題に入る前に

1　自己紹介

　今は私学の小学校に勤務しているが，教育困難校と言われる公立の中学校や病院の院内学級などに勤務してきた中で，「死にたい」と訴えたりリストカットをしたりする子どもたちと出会って，細々だけれども長年自殺予防に関わってきた。

2　究極の危機の備えが日常の備えに

　自殺予防には，自尊感情を高めることの必要性が，国内外で指摘されている。日本の子どもたちは自尊感情が低いと言われているが，学校活動の中でお互いを認め合い，レジリエンス（折れない心）を育むことが自殺予防につながると同時に，日常の問題行動を予防するうえでも大きな意味をもつものと思われる。
　中学生・高校生は思春期の心の揺れのなかで，自尊感情が保ちにくい時期であるが，周りの大人が子どもたちのよいところや幸せの種を見つけたり，生徒の発するSOSに早期に気づいて関わることが自殺予防につながると考えている。

3　沖縄の精神科医長田先生に教えて頂いたワーク

　先生方の幸せを収集します。（2人で）「私の幸せ（プチハッピー）は○○（しているとき）です。あなたのプチハッピーは何ですか？」と人ごとに違う幸せを話します。
　このワークを体験することで，いろいろなプチハッピーが身近にあることに気づくことができる。

4　本日のキーワード：子どものSOSには「教室」

　自殺予防について，子どものSOSには「教室」というキャッチフレーズを考えてみた。SOSに気づいて，寄り添い，受けとめて，信頼できる専門機関にも

つなげよう。これはアメリカの自殺予防教育で強調される「ACT」

  A：Acknowledge（気づく）
  C：Care（かかわる）
  T：Tell a trusted adult
   （つなぐ）

を参考にした。

> 子どものSOSには「教室」
> **き**づいて
> **よ**りそい
> **う**けとめて
> **し**んらいできる専門機関にも
> **つ**なげよう

I　はじめに——子どもの自殺の実態

1　自殺者の数は，交通事故の犠牲者の6.6倍

　交通事故の犠牲者が1万人を突破すると交通戦争・交通地獄と言われ，交通安全教育は幼稚園から高校まで毎年どこでも行われているが，自殺予防教育はどうだろうか。

2　年間の自殺者数は約3万人

　一日に80人以上の人が自ら命を絶っている深刻な状態である。

3　児童・生徒の自殺は全体の1％

　子どもの自殺は少ないためマスコミは普段は取り上げないが，いじめと自殺が結びついた時にはセンセーショナルに報道される。思春期の心の健康は，その後の人生の基礎となる重要な問題である。SOSを発している子どもたちに関わり，寄り添うことは，心の健康を高めることに繋がる。また，時間はかかるかも知れないが，3万人も命を絶っている現実を少なくすることにも繋がる。

4　50年のスパンで見た10代の自殺率

　1955年は10代の自殺率が高かったが，その後急激に下がった。当時，高校生の自殺率が10のところ，同年代の働く若者は42だった。景気が良くなり高校の進学率が上がったことで，自殺率が低下したと考えられる。学校の中で子どもたちは守られているということで，学校教育が自殺率を下げているともいえるのではないだろうか。

　現在，15歳から39歳までの死因の第1位は自殺である。先進諸国でこういう国はない。この年代の自殺率を見ても，日本は先進諸国の中で一番高い。

5　中・高校生の自殺者数と自殺率の推移

1986年はいじめ自殺やアイドル歌手の自殺報道等で54％自殺率が上がった。大人の自殺が3万人台になった1998年にも中・高校生の自殺率が41％増加した。大人の自殺率が一番高かった2003年も35％の増加率である。子どもたちは報道にも影響を受けるが、大人の揺れを敏感に感じて自殺率を上げている深刻な現状である。

6　希死念慮

ある中学校の10年間の調査の平均で、「この頃死にたいと思ったことがあるか」との質問項目に「その通りだ」と答えた子が10人に1人はいる。中3になれば女子は6人に1人。子どもたちは思春期になると生きることを考え始める。だからこそ死もよぎるのではないか。高校生の調査でも、女子では1割の子が「真剣に自殺を考えたことがある」に○を付けている。

7　人間的なつながりのおとろえ

1950年代は生まれるのも死ぬのもほとんど自宅だったが、2000年は生まれるのはほとんど病院で、亡くなるのも8割が施設・病院である。子どもたちは人間が生まれて亡くなるということを身近で感じる機会を奪われている。実体験の乏しさ、仮想的空間の大きさ、情報の影響を過度に受けやすいということが自殺の連鎖を生んでいるのかもしれない。全体から見ると少ないが、毎年中高生は約300人、未成年は約600人が自ら命を絶っている。

「子どもから死を遠ざけるのではなく、死について豊かなイメージを育てることによって現実の死を防ぐことができる」と、河合（1987）は言っている。命を全うする姿をしっかり我が子に見てもらい、伝えることも大切なつとめであると考えている。

II　気づく（きょうしつ）──自殺のサイン

1　子どもの自殺の原因・動機

警察庁の調査では、いじめは2.6％で、もちろん取り組まなければならない問題だが、いじめだけの解決をめざしても子どもたちの自殺は減らないのではないだろうか。自殺は一つの原因というよりも、多くの原因が複合して起こる。突然の自殺はほとんどない。

中高校生の自殺の原因・動機(警察庁2007～2010平均)

【大項目】上位3つ
・学校問題(高校生1位,中学生1位)
・健康問題(高校生2位,中学生3位)
・家庭問題(高校生3位,中学生2位)

【小項目】	
・病気の悩み(うつ病など精神疾患)	(21.1%)
・入試に関する悩み,その他進路に関する悩み	(11.3%)
・学業不振	(8.2%)
・親子関係の不和,その他家族関係の不和	(7.9%)
・その他学友との不和	(6.3%)

2 「最後のワラ一本」

ラクダが荷物をいっぱい背負わされて砂漠を歩いている。その時,ワラ一本をのせるとラクダはへなへなと倒れてしまった。この場合,「ワラ一本」が倒れた原因なのではない。それまでに持っていたいっぱいの荷物のことを考えないとラクダを生かすことはできない。同じように,自殺という行動化も準備状態を考えないと,子どもたちの自殺を防ぐことはできない。

3 自殺の危険因子

ハイリスクな子どもたちには,自殺未遂歴・自殺関連行動・心の病・安心感の持てない家庭環境などの危険因子があることが多い。10年以上前は精神科や小児科の医師にリストカットのことや死のほのめかしを相談すると,「死にたい,死にたいと言う子は死なない」「周りを振り回すから距離を持って対応したらよい」などとアドバイスを受けたが,今ではどちらも間違いだとされている。

1) 自殺未遂,自殺関連行動

リストカットなどで自殺未遂した人の10%は,その後10年間の間に自殺で亡くなっている。一般の人の数百倍の危険がある。自傷行為をした人の1.5%は3年以内に死に至るもしくは,死に至るような行動を22.4%とっている。

自殺の危険因子

- 自殺未遂歴,自殺関連行動
- こころの病
- 安心感の持てない家庭環境
- 独特の性格傾向
- 孤立感
- 安全や健康を守れない傾性

(参考:高橋祥友『自殺の危険』)

中高生の1割は，自傷行為といういのちに関わる危険な行為を行っている。

2）こころの病
　WHOは，自殺する直前には90％以上の人が精神障害に陥いり，うつ病・アルコール依存症・統合失調症を適切に治療すると自殺率を3割下げられるのではないかとの見解を示している。
　また，10代の青少年の自殺の前兆には，抑うつ症状と反社会的行動の併存があると言われ，最終的に命を絶った青少年の4分の3はうつ病の症状や多くはうつ病だったとも報告されている。家裁の調査官による重大少年事件の実証的研究では，殺人を犯した少年10人の内7人までが，犯行以前に自殺を試みたり死にたいと訴えていたと報告されている。殺人と自殺の関係については，これから解明されなければならないことが多いが，自殺予防に関わることはさまざまな意義がある。
　子どもたちはいろいろなストレッサーを抱えた時の耐性や適応力が低下し，ストレスを抱えきれない感情があふれ，それが外向的行動に出ると非行・犯罪・殺人に繋がり，内向的行動になれば不登校，自殺になる場合もある。しっかりと対応することが大切である。

3）安心感の持てない家庭環境
　自殺の危険が高い子どもの背景には自殺の危険が高い親がいる。自殺の危険が高い親の背後には，自殺の危険が高い子どもがいる。子どもの状況から親も何か問題を抱えたり困っていることはないかと寄りそいながら，丁寧に対応する。

4）独特の性格傾向
　90点でも悲しむ子，60点でも喜ぶ子などさまざまいるが，0か100，黒か白かで判断する性格傾向は危険因子でもある。周囲が完璧を求めないことも大切である。

4　自殺の直前のサイン
　潜在的に自殺の危険の高い子ども，いろいろな生き辛い要因を持っている子どもに何らかの行動の変化が現れた場合は，すべてが直前のサインと見ていく必要がある。ハイリスクな子どもの行動に何らかの変化がある時は，担任・養護教諭・生徒指導主事等互いのポジションで連携しながら見ていくことが大事である。

自殺の直前のサイン

（表に出る行動）

- 自殺のほのめかし
- 自殺計画の具体化
- 自傷行為
- 家出
- けがを繰り返す傾向
- アルコールや薬物の乱用
- 最近の喪失体験
- 行動や性格，身なりの突然の変化
- 別れの用意（整理整頓・大切なものをあげる）

（参考：高橋祥友『自殺の危険』）

5 自殺に追いつめられたときの心理

●事例──A子さん

　中学時代から死にたいと訴えていたが，あこがれの大学に入学できた。友達を作るのはとても苦手だったが，まじめで誠実な子だった。亡くなる3日前の電話は珍しく明るい声で「友達ができた」という電話だった。とてもうれしかったのだと思う。しかし，英語のテストができず泣き叫んで，そのまま学校から飛び出し飛び降りてしまった。

　A子さんのように，絶望感，苦しみが永遠に続くと，心理的視野狭窄（真っ暗闇でもう生きていても仕方がない，向こうに灯りが見えた，死んだら楽になる→周りが見えなくなって死ぬしかない）に陥る。視野狭窄になったらまったく周りが見えない。でも本当は，周りには，担任の先生や，両親，友達などたくさんその子を応援している人がいる。応援団がみんなの周りにいるんだよ，解決策は必ずある，ということを中学校や高校で伝えていきたい。それも自殺予防教育のひとつだと思っている。自殺の心理，プロセスをまとめると，①本人にとって辛いことがいろいろ起こってしまう。②個別のサポートが不足する。③精神的な心の病。④自殺。このプロセスの前段階として，個々の家庭的な要因や人間関係，独特な性格や傾向などがある。ハイリスクな子どもと丁寧な関わりを持ち，あしたに生きる望みに繋げることで一人でも自殺を少なくできたらと思う。また，死の衝動が高まった際は，安全を確保することが重要である。

自殺に追いつめられた心理

- みんなが嫌な目で見る。嫌な顔をする。 → ひどい孤立感
- 生まれてこんだらよかった。 → 無価値感
- 友だちを殺したい。 → 強い怒り
- 苦しみが永遠に続く……絶望感 → 心理的視野狭窄

III 寄りそい受けとめる（きょうしつ）
── 自殺の危険の高い子どもへの対応

1 TALKの原則

Tell ── 言葉に出して心配していることを伝える。

Ask ──「死にたい」という気持ちや背景を率直に尋ねる。誠実に尋ねるのはマイナスにはならないと言われている。気持ちを話して整理をすることで次の解決へと一緒に向かうことができる。

Listen ── 絶望的な気持ちをしっかりと傾聴する。

Keep safe ── 安全を確保する（泣き叫んだときは落ち着くまで誰かが横にいる。保護者にきちんと引き継ぐ）ことが大事。

子どもの「死にたい」への対応

〈場面設定〉夕方屋上に上がる4階の階段に一人座っている生徒

先生 ──「早く帰りなさいよ」
生徒 ── うなだれたまま黙って答えない
先生 ──「どうしたの」
生徒 ── 消えそうな声で「もうなにもかもいや，死にたい」
※どのような言葉をかけますか？

2 ロールプレイ ── 子どもの「死にたい」への担任の対応

以下の3つのパターンで演習した。

①しかる「命を大事にしなさい」「死にたいなんてそんなこと言っちゃダメ」
②励まし「がんばりなさい」「寝たら元気になるよ」
③感情を理解する「死にたいと思うほどつらいね」

（感想）
- しかるや励ましをされたときは，受けとめられず強い圧力を感じた。
- 感情を理解した言い方では，自然と自分の方から受けとめてくれたんだなーという感じがした。
- 「どうしたの」「つらかったんやね」と言われたときは，心にすっと入ってきて「何がつらかったのかな」と思って話したくなった。

「感情を理解する」ことがまず大切。コミュニケーションは2割が言語（バーバル），8割が声のトーンや身振りといった非言語的表出（ノンバーバル）から成ると言われている。同じように繰り返す言葉でも，感情を理解しようとして繰り返すことと単なるおうむ返しは違う。何を言うかではなく誰が言うか。関係性が良ければ心に届く可能性が高いし，関係性が悪ければ何をしても届かず，より関係が悪化するかもしれない。生徒にとってのキーパーソンは誰なのか等を考えて連携していく。

3　傾聴することの大切さ

友達に「死にたい」と言われたとき，「何を言ったらいいかわからない」という子どももいる。だから「笑って済ます」など非援助的な行動をとってしまうというアンケート結果が出ている。私も若いときは立派な話し手になる，子どもの悩みを解決しようとした自分がいたが，実際は解決できずに反対にマイナスにもなったのではないかと今振り返っている。解決策はその子どもの中にある。友達の考えや行動に寄り添い，行動を良い悪いで判断するのではなく友達をわかろうとする，感情をわかろうとすることがその子を勇気づけたり元気づけたりする。良い聞き手になることが大事。精神科医である青木省三（2011）は，子どもとの関わりにおいて，「問題は言葉と言葉以外のものが，全体となって何を伝えているのかである」とし，例えば「『困っていない』という言葉の背後にある，青年の『困っている』ことを想像することが大切になる」と指摘している。

IV　信頼できる人（援助機関）につなげる（きょうしつ）

1　校内体制

チームで援助し，丸投げも丸抱えもしないかかわりが子どもを救う。気づいて信頼しながらつながるためには，日々困難だとは思うが事例検討会や生徒指導・教育相談・養護教諭や担任との連携が不可欠である。

2 援助機関との連携

中高校生にもなると、心の病の好発年齢で、自殺の危険と直接結びついている場合がある。校内での連携はもちろんのこと、校外においても適切な協力体制を築く必要がある。ハイリスクな生徒には、家庭とも連携をとりながら、信頼できる医療機関をはじめ専門機関につなげ、丸抱えも丸投げもしない関わりが求められている。

V 自傷行為への対応

保健室利用状況に関する調査報告書によると、自傷件数は、中学生0.4%、高校生0.3%、全国調査では、約10%となっている。子どもは隠れて、生きづらさから自分の体を傷つけているのかもしれない。説教や叱責よりも感情を言葉にできるように寄り添い、置換スキル（氷を握りしめる、筋トレする、赤くペンで書く、大声で叫ぶ、深呼吸など）を習得させるのもよい。

自傷行為（リストカットなど）の理解と対応

- 自傷しなくても理解してもらえることを伝える
    - 頭ごなしに自傷を「やめなさい」とは言わない
    - 援助を求めたこと、「自傷したと言えたことを評価」
- 関係を作り直すには会話の回復
    - まずは挨拶
    - 学校や将来のことなどよりスポーツやニュースなどを話題に
- 自らの感情を言葉で表現
    - 話したことを理解しようと繰り返す
    - まず大人が感情を言葉で表現
- 世の中には信頼できる大人もいて、辛いときには助けを求めてもよい
    - さまざまな専門機関や援助機関へ

（参考：松本俊彦『自傷行為の理解と援助』）

VI 不幸にして自殺が起こったとき

1 自殺が起きてしまったとき

文部科学省から「子どもの自殺が起こったときの緊急対応の手引き」と「平成22年度児童の自殺予防に関する調査研究協力者会議　審議のまとめ」が出てお

不幸にして自殺が起きてしまったとき……

- 子どもたちに伝える場合は，大きな集会を避けてクラスで
    (自殺は多くの複雑な要因から)
    (自殺は「追い込まれた末の行動」)
- 事実に向き合う
    (学校に都合の悪いことでも)
- 遺族の意向に添う
- 心のケアを
    (異常なときの正常な反応)
- できるだけ早い学校の日常活動の平常化
    (死を悼むこととのバランスをとりながら)
- ●自殺の連鎖の防止

り，教室で子どもにどう対応するか，アンケート調査をするにはどうしたらよいかなどが掲載されている。不幸なことが起こらないことを祈るが，何も起こっていないときに目を通しておいて欲しい。

　子どもたちは，命の大切さを知らないのであろうか。知ってはいるが，自ら命を絶ったり，人を殺してしまったりする。大人が，子どものそうせざるを得ない気持ちと真摯に向き合うことが求められる。不幸にして自殺が起こってしまったときは，大きな集会で「命を大事にしよう」という価値を押しつけるような話をするのではなく，自殺は一つの要因からではなく複雑な要因から起こり，追い込まれた末の行動であるということを伝えてほしい。たとえ学校に都合の悪いことでも事実に向き合うことが学校の危機を救う。遺族の意向に添いながらいろいろなことを進めていかなければならない。ある学校では連鎖が起こったと聞いている。自殺が身近で起きたときにみられる寝られないとか涙が止まらないなど当然な反応を子どもたちに伝えるなど，心のケアが必要である。なお，事実に向き合いながら危機対応に真摯に取り組むことが自殺の連鎖を防止する。

2　調査

　3日以内に全教師から聞き取り調査を必ずやってほしい。初期調査の経過を遺族に説明しながら，必要があれば詳しい調査を実施することになる。遺族の方は「どうしてわが子が自ら亡くなったのか」を知りたいと思う。遺族の要望があったり，学校問題が絡んでいると思われるときなど，今後の自殺防止に活かすために調査が必要な場合には，腹をくくって誠実に問題と向き合うことが，新たな自

殺や学校危機を防ぐことになる。

　上記は，主催者側でテープ起こしをして教師向け自殺予防プログラムの流れをまとめ，会の年報に載せられたものである。どのようにプログラムを実施しているか筆者自身，振り返ることができたことを，心より感謝している。

2. 最近の自殺予防研修の効果

　文部科学省は教員のための自殺予防の研修として，「平成24年度いじめの問題の取り組み及び児童生徒の自殺予防に関する普及啓発協議会」を全国4カ所（東京，大阪，福岡，仙台）において，それぞれ2時間半実施した（平成25年度は1カ所（東京）での2時間半の研修が実施されたのみであった）。

　同じ平成24年度，厚生労働省の関係機関である国立精神・神経医療研究センター（以下，国立精研とする）は，自殺予防関連の研修として，

「第3回心理職自殺予防研修」	2日間	12時間
「第6回自殺総合対策企画研修」	3日間	18時間
「第6回精神科医療従事者自殺予防研修」	2日間	12時間
「第3回自殺予防のための自傷行為とパーソナリティ障害の理解と対応研修」	2日間	12時間

を実施している。

　国立精研によってこれだけの自殺予防に関する研修が行われているのは心強いが，学校，教員が子どもの自殺をめぐってマスコミや社会からバッシングを受けている状況を考えれば，行政の取り組みのアンバランスさを感ぜずにはいられない。さまざまな機会を捉えて，教員研修を充実させることが喫緊の課題であると考える。

　国立精研は，自殺予防研修の充実と共に効果測定結果をネット上に公表している。

　2012年度の研修において，筆者の教師向け自殺予防プログラム（以下，教師向けプログラムとする）を国立精研での効果測定方法において，回答項目・質問項目が重なる研修をピックアップし，検討を行ってみた。

a．内容満足度，理解度

　国立精研は，第3回心理職自殺予防研修と第6回自殺総合対策企画研修において，内容満足度（回答項目；4．大変満足，3．満足，2．不足，1．大変不足）と，理解度（回答項目；4．よく理解できた，3．理解できた，2．あまり理解でき

かった，1. 理解できなかった）を受講者に尋ねている。

　教師向けプログラムにおいては，7カ所の受講者に次の項目について尋ねている（研修後の振り返りは，主催者側が独自で行う場合も，一緒に項目を相談した場合もあった）。

　　①「回答項目：大変よかった　まあまあよかった　あまりよくなかった
　　　　よくなかった」　　　　　　　　　　　　　　2カ所（中国，北陸）
　　②「回答項目：よく理解できた　まあまあ理解できた　あまり理解できな
　　　　かった　理解できなかった」　　　　　　　　　　3カ所（北海道）
　　③「回答項目：非常に役に立つ　どちらかと言えば役に立つ　あまり役に
　　　　立たない　まったく役に立たない」　　　　　　　　1カ所（近畿）
　　④「（興味関心にある内容でしたか）回答項目：とてもそう思う　そう思
　　　　う　あまり思わない　まったく思わない」　　　　　1カ所（関東），

教師向けプログラムの①③④の回答項目が国立精研の満足度と，②が国立精研の理解度とほぼ重なるとみなし，教師向けプログラムの結果を国立精研と同じように数値化した。満足度の①③④は4カ所を平均すると3.67となり，理解度②は3カ所を平均すると，3.47となった。

　2012年度教師向けプログラムの満足度，理解度の平均得点をグラフ化すると図4-2及び，図4-3のようになる。国立精研とは実施内容が異なるので一概に比較することはできないが，国立精研と比しても教師向けプログラムによる研修の満足度や理解度は概ね高かったといえるのではないかと思われる。

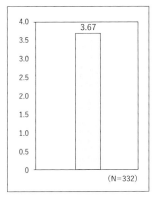

図4-2　内容満足度の
平均得点（4件法）

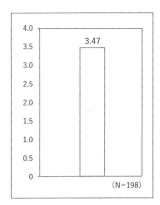

図4-3　理解度の
平均得点（4件法）

b. 自殺予防に取り組む自信度

「自殺予防に取り組む自信」に関しては、「第3回心理職自殺予防研修」における質問項目と、教師向けプログラムの研修（近畿圏A市）の質問項目とが、次のように重なっていた。

A市の研修における質問項目は
　①自殺の可能性のある人の話を傾聴することができる。
　②「死にたい気持ち」や自殺計画を落ち着いて尋ねることができる。
　③自殺の可能性がある人について必要な紹介先につなげることができる。
　　他4項目。

国立精研の「第3回心理職自殺予防研修」での質問項目は、
　①自殺に傾いた人の話を、支持的に傾聴できる。
　②自殺を実行する計画についてたずねることができる。
　③自殺の危険性を適切に評価できる。
　④自殺に傾いた人を適切に社会資源につなぐことができる。他6項目

両者とも、実施前後で上記の質問項目について5段階（1＝「全くそう思わない」から、5＝「強くそう思う」）で尋ねている。

A市の研修の7つの質問項目も国立精研と同様に総和を出し、質問項目数で割ると、「自殺予防に対する自信」について、研修実施前は2.6、後は3.4となった（図4-4）。

A市で実施したプログラムも質問項目が国立精研とすべては一致するものではなく実施対象も異なるが、「自殺予防に対する自信」が総じて向上したといえるのではないだろうか。

今まで招聘されたほとんどの研修において、主催者側と相談しながらさまざまな振り返りのアンケートを実施することができた。それらの振り返りを見直し、国立精研の研修結果と比較検討した結果、本プログラムは教師がハイリスクな子どもたちと自信を持って関われるようになる点、および自殺予防教育の実施に向けての不安を軽減させる点において、一定の効果があることが確認された。

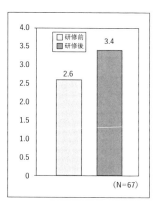

図4-4　自殺予防に対する自信についての平均得点（5件法）

第5章
子どもを対象とした自殺予防プログラム

第1節 ── 生徒向け自殺予防プログラムの概要と有効性

　不幸にも，児童生徒の自殺といった生命に関わることが起こり，校長先生から「いのちを大切にしましょう」という訓話が全校集会で行われた，というような報道をよく目にする。いのちを大切にするとはどのようなことなのであろうか。また，いのちに関わる問題事象が引き起こされる背景に，いのちの大切さがわかっていないという道徳意識やモラルの低下が指摘されるが，子どもたちは「いのちの大切さ」をわかっていないのであろうか。

　小学生3年生に「いのちは大切なものだと思いますか」と尋ねると，「いのちはとても大切」99%，「少し大切」という答えが1%であった。その1%も，理由は「いのちがなければ大変だし，死んじゃうけど，私は心の方が大切と思います」というものであった。それにもかかわらず，「自分やまわりのいのちを傷つけたことがありますか」と尋ねると，「ある」が9%，「少しある」が34%であった。理由として，「飼っていたウサギを死なせてしまった」「けんかをして傷つけた」「鉄の玉をのみかけた」などがあげられていた。いのちを

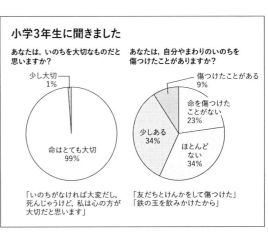

図5-1　「命の大切さ」に関する意識

第二部　[実践編]自殺予防プログラムと危機介入

大切にしなさいと大人は簡単に言うが，頭でわかっているのにそうできず苦しんでいる子どもの気持ちに，どれだけは寄り添うことができているのであろうか。

[理論編]で述べてきたように，最近の学校において，自殺関連行動である自傷行為を繰り返したり，不適応などから死を考えたりする生徒の存在は特殊なケースとして片づけることのできない状況となっている。また，さまざまな調査から，思春期青年期の子どもたちは問題を抱えたときに，多くは大人でなく友だちに相談するということもわかっている（図3-3）。このような状況をふまえ，いのちに関わるような危機に陥ったときには，自分自身が危機を乗り越えたり，友だちの危機を支えたりすることを学ぶ機会を持つことこそ必要なのではないだろうか。

これまで，究極の危機である自殺を防ぐことを念頭に置いて，生徒向け自殺予防プログラムの実践を重ねてきた。教員や生徒の抵抗感を少しでもなくしたいと思い，タイトルは「いのちの授業」としてきた。「命」の漢字を用いず，ひらがなで「いのち」としたのは，「生」や「死」を単に身体的・生物学的なものととらえるのではなく，精神的・社会的な人間存在全体からとらえたいと考えたからである。実際の授業においては，必要に応じて「自殺」という言葉を避けずに用いてきた。

1. 生徒向けプログラムの概要

a. プログラムの全体構成

教員向け自殺予防プログラムの積み上げのうえに実施した生徒向け自殺予防プログラムを紹介したい。対象生徒は中学生であるが，高校でも応用可能である。

現在及び将来において問題を抱えたり危機に陥ったとき，問題をひとりで背負い込まずに乗り越える力を培うこと，また，友だちのいのちの危機に気づいたときに，関わり，信頼できる大人につなぐことの重要性を伝えることを主眼に置いたプログラムである。子どもの自殺を1人でも少なくするために，また，子どもたち一人ひとりが生涯にわたっていのちの危機を乗り越えられるようになることを願って，総合的な学習の時間や特別活動において，体験的活動を重視した自殺予防プログラムを実施してきた。

近畿圏の公立中学校において，系統だてた「生と死の教育」を学年として取り組むことになり，話し合いを重ねながら，2年間にわたって自殺予防を視野に入れた全10時間の「いのちの授業」を実施した（表5-1）。

実施時期は，200X＋7年度3学期（1年生）から，200X＋8年度2学期（2年生）であった。

表5-1　生徒向け自殺予防プログラム(いのちの授業)

授業内容（テーマ）	内容
ステップ1：下地づくりの授業『生と死』◎「身近な生や死」を通して，いのちについて考える。	
1時間目： 自分の誕生 （担任）	事前に保護者に生徒の誕生にまつわる話を書いてもらい，その話から，親の思いや自分たちのかけがいのないいのちに思いをめぐらすようにする。 ※（親の愛情を感じることのできない生徒がいることを踏まえ，愛情をうまく伝えられない大人がいることや社会に代替となる人の存在や機関があることにふれる）
2, 3時間目： 生命の誕生と性 （TT，助産師）	助産師をゲストティーチャーに迎え，医療現場の科学的な視点から新しい命の誕生について聞くことで，生命と性のかけがえのなさに気づく。
4時間目： 死から生 （TT，院内学級担当者）	病院内学級で同年代の中学生が入院中でも力強く生きている姿や，死を前にしても精一杯生きようとした姿を知る。院内学級担任の話を通じて，あらためて生きることについて考える。
5時間目： 死「葉っぱのフレディ」 （TT，筆者）	「葉っぱのフレディ——いのちの旅——」のビデオを視聴し，葉っぱのフレディの一生から『死も自然の営みの一つである』ことに気づく。
6時間目： 苦しみの中でいのちを 支える3つの柱 （TT，筆者）	いのちの大切さを知っているにもかかわらず，そうできないのはどうしてか考える。苦しい時でも自分の「いのちを支える力」として，「時間・関係・自律」（小澤竹俊，2006）の柱を知る。
ステップ2：核となる授業『大切ないのちを守るために』◎いのちの危機への対応を考える。	
7時間目： いのちの危機を乗り越えるために （TT，筆者）	自殺の深刻な実態を知り，自殺予防の正しい知識を身につける。 いのちの危機のサインを知り，心身が不調なときの対応を考える。
8時間目： いのちの危機を支え合うために （TT，筆者）	援助希求の重要性について体験的に学び，「きょうしつ」というキャッチフレーズを実践できるようにする。身近で支えてくれるところを知る。
ステップ3：まとめの授業『今を生きる』◎生と死を具体的にイメージする。	
9時間目： 支えられたいのち （TT， ゲストティーチャー）	自死遺児の大学生の体験を聞くことで，バーチャルではないいのちにまつわる感情を受け取り，支え合ういのちを知る。
10時間目： 「いのちのダイヤモンド ランキング」 （担任）	担任が自分の体験に即して生と死に関する話をする。そのうえで，ワーク「いのちのダイヤモンドランキング」で，自分にとって大切なものに順位を付け，その後グループで討議して，いのちを大切にするということはどういうことかを具体的に考える。

T.T.：担任とのチームティーチング

b．プログラム実施に至る経緯

　200X＋7年度の入学生徒たちは，小学校の低学年で「自分の誕生」のアルバムを作成したり，絵本『葉っぱのフレディ』（レオ・バスカーリア，1998）を6学年で群読などの取り組みを経験していた。いのちにまつわる教材は小学校でも少なくない。自殺予防教育をそのような学びと連動させて行うことは，生徒および教員の抵抗感を少なくすることにつながると思われる。実施校であるA中学校には院内学級も設置され，同年代の「死」を間近に感じる機会も少なくなかった。

　所属学年の教員や教育相談部，養護教諭と知恵を出し合いながら，200X＋1や200X＋4年度，さらに200X＋7年度の入学生徒に対して，生徒の実態に合わせてさまざまな取り組みを行ってきた。内容としては，自己理解・エゴグラム性格診断，他者理解，ひどく落ち込んだ時の脱出法，傾聴のロールプレイ（聴いてもらえる体験・聴いてもらえない体験，死を前にした病気の人への聴き方），相談することの大切さ，感情学習，アサーショントレーニング，ストレスマネジメント，リフレーミング，呼吸法，スクールカウンセラーによる心理学に関する授業など，多岐にわたるものであった。肺がんで終末期にある方を招いて，「避けられない死から生を学ぶ」および，自殺にふれ「避けられる死から生を学ぶ」という授業も行ったこともあった。

　このような取り組みの積み上げとともに，「いじめ自殺」をめぐる問題がセンセーショナルに報道され社会問題化していたこと，また，学校内でリストカットの問題が持ち上がったり，卒業生の自殺や保護者の自殺未遂などへの対応を迫られたりしたことなどが，教員間の危機意識を高めることに繋がっていった。また，教員向け自殺予防プログラムを実施したり，毎年の生活アンケート調査をもとに自己否定感情の高い生徒をスクリーニングしたり，自殺の危険の高い生徒に対する事例検討会を行ったりしてきたことも，教職員間の共通理解を得やすくしたと思われる。

c．プログラムの特徴
1）価値の押しつけをさける

　「いのちは大切」といった価値観を一方的に与えるのではなく，五感を通じていのちについて考えることをねらいとした。正しいと自明視されているものとして価値観を示されると，自死遺児や自傷行為をしてしまう子どもたちは，「いのちを大切にできない親（自分）はダメな存在」と自らを責め，より一層自尊感情を低めてしまうおそれがある。教員と生徒が一緒にいのちについて考えることを通して，生き辛さを抱えている生徒の気持ちに少しでも寄り添いたいと願い，

プログラムを構想した。

2) グループワークを重視する

自殺のキーワードは孤立であり，自殺予防の第一歩は「絆」である（高橋，2008）。子どもたちがブレインストーミングやロールプレイなどの集団活動を伴う体験的学習を通じて，「いのち」について各自の自由な発想を出し合い，自分とは異なる思いや考え方にふれることが，多様性を認め合い，仲間との絆を深めることを可能にすると考えている。視覚に訴える絵本や映像などを使ったり，ゲストティーチャーを招いたり，インタビューにも行った。友だち同士だけでなく専門家や学校内外のさまざまな人たちとの直接的なふれあいは，人とのつながりを実感することになると考え，顔を見ながら直接的なコミュニケーションを行う機会を増やすように工夫した。

また，授業方法としては，教員の一方的な知識伝達のスタイルではなく，教員と生徒，生徒同士が自殺予防について実感を伴いながら学び合う相互交流を重視した。授業にグループワークを取り入れる効果は，教師向け自殺予防プログラムと同様に，

- 生徒間のつながりを強化する効果
- いのちの危機への気づきや対応に取り組む意欲を高める効果
- 生徒自身の危機に際して問題解決能力を高める効果

などが期待できる。

授業の特徴について整理すると次の通りである（1〜10時間目を①〜⑩で表わす）。

- 価値判断や倫理は持ち出さないで，いのちについて考えさせる（全時間：①〜⑩）。
- 危機に陥ることは誰にでも起こりえることを踏まえ，できるだけ生徒に身近な具体例を挙げながら説明し，心の危機の対処法も生徒相互に考えさせる（④⑤⑥⑦⑧⑨）。
- ブレインストーミング，KJ法的取り組み（⑥〜⑩）やロールプレイ（⑧）などをグループワークに取り入れる。
- ビデオ，音楽，パソコンを使ったプレゼンテーションなど視覚に訴える教材を工夫する（②③④⑤⑥⑦⑧⑨）。
- ゲストティーチャー，インタビューに行くなど，生の声にふれる機会（②③⑨）を増やす。

d．プログラムの実施にあたって留意した点

この10時間のプログラム実施にあたっては次の点に留意した。

- 死や自殺を前面に出すときには，事前にハイリスク（自殺の危険の高い）な生徒を見極め，授業者以外の教員も教室に入るなどして，生徒の反応を確認しながら，ていねいに授業を進める。授業中涙ぐんだり押し黙ったり，また，はしゃいだりなどの微妙な変化を見落とさないように注意し，適切に対応する。
  なお，ハイリスクな子どもとしては，自死遺児，精神科等への通院歴がある，自傷行為の経験があるなどの子どもがあげられる。
- 授業の最初には，「授業中辛くなったり，気分が悪くなったりしたら，すぐに申し出るように」などと伝え，自分の気持ちをおしこめずにすむように配慮する。なお，一斉授業の形での自殺予防プログラムへの参加が難しい生徒を想定し事前に，その生徒が使える部屋や関われるスタッフを確保しておくことも大切である。

2．生徒向けプログラムの実際（10時間の授業内容）

10時間のプログラム（表5-1）のうち，まず，自殺予防に焦点化した「ステップ2（7，8時間目）」について紹介し，「ステップ1（1～6時間目）」，および「ステップ3（9，10時間目）」の位置づけについてもふれたい。

a．核となる授業『大切ないのちを守るために』（ステップ2）

学校において自殺予防教育を進めるうえでの大きな柱は，「援助希求」と「心の危機理解」の促進である（図3-10，3-11参照）。

自殺予防に焦点化した核となる授業は，

- 心の危機を理解する。
- 心の危機に陥った自分自身や友人への関わり方を学ぶ。
- 地域の援助機関を知る。

という内容から構成されるものである。

200X＋7年実施の自殺予防に焦点化した「核となる授業」は，生徒や教員からの評価も低くなく，受け入れられたと考えてよい結果（次項の「生徒向けプログラムの有効性」を参照）であったと思われる。しかし，定着がうまく図れなかった項目は，いのちにかかわることを〈信頼できる大人に必ず伝える〉であった。振り返りの自由記述で，大人につなぐことにふれた生徒は皆無であった。ま

た，授業実施5カ月後の調査でも，「死にたい」と言われた際に，〈大人につなぐ〉といった関わりを挙げた生徒は2%にすぎなかった。

〈信頼できる大人につなぐ〉ことが難しいのは，思春期に入り自立に目覚めはじめた生徒たちが，大人に頼りたくない発達段階にあることが関係していると思われる。だからこそ，危機に際して身につけるべき大切なものとして〈相談する力〉と〈大人につなぐ態度〉の定着が必要なのではないだろうか。そこで，今回紹介するプログラムは，200X＋7年に実施したプログラムに，〈大人につなぐ態度〉の一層の定着を目指し内容を一部再考した。

また，「ステップ1」の6時間目で実施した「苦しみの中でいのちを支える3つの柱」の取り組みは，「核となる授業」7,8時間目に直結し，一部併せて実施している授業内容であるため，まず6時間目から紹介し，7,8時間目につなげたい。

1）6時間目：「苦しみの中でいのちを支える3つの柱」（下地づくりの授業）
《本時の目標》
- いのちの大切さを知っているにもかかわらず，そうできないのはどうしてかを考える。
- 苦しいときでも，自分の「いのちを支える3つの力」を考える。
- 「時間・関係・自律」の柱を知り，自分のいのちを支える柱を考える。

活動内容	指導上の留意点
1 アイスブレーキング （スライド1） （以下，ス1と略記）	・活動（身体を動かしたり握手したり，「プチハッピー（※1）」の発表等）を通して緊張をほぐす配慮をする。　　　5分
2 自他を傷つけることについて考える。 (1) 自他を傷つけてしまう理由を考える。 　　　　（ス2）（ス3） (2) ストレスとその影響を知る。　（ス4） (3) ストレスの対処方法を知る。 　　　　（ス5） 　　　　（ス6） 　　　　（ス7） 　　　　（ス8）	・身近な例を挙げ，いのちは大切とわかっているのに，傷つけてしまう理由を考えさせ（ブレインストーミング（※2）），時間があれば出てきた意見をKJ法的取り組み（※3）でグルーピングする。 ・ストレスに耐えられないと，心身に不調があらわれたり自他を傷つけてしまうことがあることを伝える ・保健の授業（小中高）で学んだストレスへの対応（※4）について思い起こさせる。 ・「ピンチをチャンスに」や，国語の教科書（桑原, 2013）に載っているリフレーミング（※5）の考え方などを伝え，ストレス対処がいろいろあることを解説する。 ・身体に働きかけるストレス対処の一つとして，腹式呼吸を体験させる。　　　　　　　　　　　　　　　　　　15分

3 学習のめあてを確認する。	苦しみの中でも，いのちを支える柱を考えよう。	
(1) いのちを支える柱について考える。 (ス9)	・苦しみや辛さの中でも自分も周りも傷つけない，いのちを支える柱となるものを，ブレインストーミングで出させる。 ・[(ス9)を配布し，グループで話し合いながら各自で考えさせるという方法もある。その場合，書きにくい生徒には声をかけ，友だちの意見に付け加えたものでもいいことを伝える]	
(2) 皆が考える「いのちを支える3つの柱」を知る。	・グループの意見を3つに絞り，プリント(ス9)に記入し前に掲示する。	
(3) 小澤(2006)の3つの柱について学ぶ。 (ス10) (ス11)	・病気で命が限られてもなお，自分らしく生きる意欲と力を失わなかった人々から見えてきた「いのちを支える3つの柱：時間（希望や夢），関係（人とのつながり），自律（自己決定）」を生徒から出た意見を取り入れながら解説する。 ・困難に遭遇したときに，1つの柱だけでもその人らしく生きた人の具体例を伝える。 ・自分にとって，危機に陥ったとき，いのちを支えるものは何か考えさせる。	20分
4 わかち合い，振り返りを書く。 (ス12)	・「プチハッピー」を「いいね，いいね」で返すなど，友だちの思いをうけとめる（関係の柱）ワークをして温かい気持ちで終えるよう配慮する。	5分

1　※1：導入として，たとえば，メンバーの入れ替わる2人組で小さな幸せ（プチハッピー）を収集させる。「私の幸せ（プチハッピー）は○○（しているとき）です。あなたのプチハッピーは何ですか？」と人ごとに違う幸せを話す。2分ほどで友だちのプチハッピーをたくさん知る体験することで，いろいろな小さな幸せが身近にあることに気づくことを目指す。

2(1)※2：ブレインストーミングとは，グループで考えやアイデアを出し合い，友だち同士の相互の連鎖反応や発想を誘発させるグループワークである。「質より量」と，ゲーム感覚で意見を数多く出し，誰もが自分の思ったことを言え，受け入れられることを目指す。友だちの意見を尊重し合うことで，周りの評価を恐れずに安心して意見を言い合えるように配慮する。

2(1)※3：KJ法的取り組みをベースにしたグループワークとは，多様な意見を分類しグループごとにタイトルをつけ関連性を図解することである。自らの考えをみんなのものとしたり，次へ問題解決への糸口を見つけることに繋がり，より一層生徒間の絆を強めることができる。

2(3)※4：体育の保健の授業「心の健康」では，小学校（5年生）で，「不安や悩みへの対処」で（スライド5）の内容を学習している。中学校（1年生3学期）では，「ストレスへの対処」で「心も"かぜ"をひく」など，悩んだり苦しい時の対処方法をより具体的に学習する。

また，文科省配布の保健の補助教材では，次のような学習内容が示されている。
- 「わたしの健康（小学生用）」：「心ってなに？」「気持ちを伝えよう」「心を元気にしよう」など
- 「かけがえのない自分　かけがえのない健康（中学生用）」：「自分のよさを知っていますか？」「Q1相談するとどんな良いことがありますか？」「欲求やストレスについて考えてみよう！」「ストレスの対処法を身につけよう！」「コミュニケーションの方法を身につけよう！」など

- 「健康な生活を送るために（高校生用）」：「「心が健康である」とは？」「ストレスとその原因」「ストレスのつきあい方」など
「心の健康」を子ども自身に考えさせ，対処方法を導き出させるような工夫も施されている。自殺予防の授業に活用できる内容を多く含み，広く活用されるべき教材である。

2(3) ※5：リフレーミングとは，考え方の枠組みや視点を変える事によって出来事に対して見方や感情に変化を生み出すことである。同じ物事でも長所にも短所にもなり，必ずプラスとマイナスの意味がある。

スライド1

スライド2

スライド3

スライド4

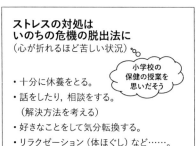

スライド5

スライド6

スライド7

腹式呼吸（胸の呼吸⇒お腹の呼吸へ）

鼻から吸って，
口から息を遠くにゆっくり吐く

★ゆったりリラックス
　全身に力を入れる（手⇒足⇒顔⇒体中）
　全部の力を抜く（楽な姿勢）
　腹式呼吸
★すっきりリラックス
　腰骨を立てる
　頭からおしりへの線が地球の中心に
　立腰のまま肩を上げる⇒すとんと落とす
　腹式呼吸

スライド8

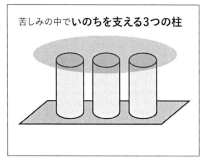

スライド9

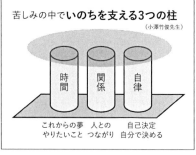

スライド10

第5章　子どもを対象とした自殺予防プログラム

スライド11　　　　　　　　　スライド12

《授業後の考察》

2（2）の結果であるが，生徒たちは「命は大切とわかっているのに傷つけてしまう理由」を「イライラして」「うっとうしいから」「テスト」などを【ストレス】と名付けたグループに分類したり，「そのときの気分で」「人に左右されて」などを【深く考えないで】と名付けて分類したりしていた。

3（1）では，「苦しい中でもいのちを支える柱」として生徒たちが出し合ったものを学年で集約すると，【関係】の柱に分類できるものとしては，家族や友だちなどの「人の繋がり」が183であった。【時間】の柱としては，「これからの夢」に関わるものが14，サッカーなどと「やりたいこと」が91であった。自分で決める【自律】の柱は一つもなかった。中学生の多くが，苦しいときの支えとなるものとして人との繋がりを思い浮かべることから，援助機関を含めて繋がりの束を増やすことができたらと考える。また，中学生にとっても目標を持ったり，夢を抱いたりすることが苦しいときの支えになることも明らかになったので，キャリア教育を通じて生徒に時間的展望をもたせることの重要性も確認された。自律，つまり，責任を持ちながら自分で自分のことを自由に決定できることの大切さについては，生徒指導における「自己指導能力」の育成と重なるものであることから様々な生活場面をとらえて，その育成を図ることが求められる。また，相談して視野を広げることが解決に向けての自己決定に繋がることに気づかせることも重要である。

授業で出された生徒の意見については，次時の授業においてできるだけ活かすように留意した。

《生徒の振り返り》
　生徒から，次のような感想があった。
- 命は大切だとわかっているのに，どうして傷つけてしまうのか？という題に心がズキッときました。ブレインストーミングでは，私たちの周りで支えになっていることをみんなで意見を出し合って考えました（家族・友だち・先生・地域……）。こういう授業をしていろいろなことが知りたいなあ。
- 自分は"いのち"は一つしかないとわかっているのに，自分を傷つけたり，相手を傷つけたり当たり前にやっていました。テスト前に不安だったり，いじめられたときのことを思い出してむしゃくしゃしたり，いろんな人を傷つけていました。やっぱり，まわりの人たちを大切にしたいと思いました。
- 人は命が大切とわかっていても，傷つけるのはなぜかとみんなで考えていくと，いろいろ理由が出てきたけど，自分の傷を相手になすりつけているような理由だった。イライラしたから八つ当たりなどで，相手を傷つけてしまう。私もあると思う。つい誰かに嫌なことを言ってしまったりしてしまうけど，いのちが大切だと覚えていれば，大丈夫と思う。命を支える「時間・関係・自律」この3つは一生大切にしたい。
- いのちの大切さ，「時間・関係・自律」ということがいいなあと思った。私は死というものをあまりわかっていなかったけど，お母さんが死んで，やっとわかった。だれかが死ぬということはこんなに悲しい気持ちになると……。今日の話で，また，死ということがわかった。死だけでなく生きるということも学びました。自分のいのちも友だちのいのちも大切にしていきたい。
- 私の中で一番太くしっかりさせてくれている柱は，関係の柱だと感じた。いろいろなことで悩んだりしたけど，友だちとか家族とかに支えられたから進んでこれたと思う。私も人の支えになれたらいいなあと思う。時間＝目標・夢，夢を持つことも大きな力だと思う。

2) 7時間目：「いのちの危機を乗り越えるために」
《本時の目標》
- 自殺の深刻な実態を知り，自殺予防の正しい知識を身につける。
- いのちの危機（うつ状態・自殺）のサインを知る。
- 心身が不調なときの対応を考える。

活動内容	指導上の留意点
1 アイスブレーキング	・学級や生徒の実情に応じて、緊張をほぐすための活動を行う。　　　　　　　　　　　　　　　　　　　　　　　　　5分
2「いのちのQ&A」 　　　　　　（ス13） 　　　　　　（ス14）	・Q&Aにより、いのちの危機に関する問題意識を喚起する。 ・日本の自殺の実態を伝えQ&Aの回答しながら誤解を解く。 　　　　　　　　　　　　　　　　　　　　　　　　　8分
3 学習のめあてを確認する。	
	いのちの危機の乗り越え方を考えよう。
(1) いのちの危機に気づく。	・生徒が身近に感じられる、いのちの危機を乗り越えた人（ハリーポッターの作者など）の例をだしながら、いのちの危機（心が折れるほど苦しい状態）は長い人生において、誰もが陥る可能性のあることを伝える。
(2) いのちの危機の乗り越え方について意見を出し合う。（ス3） 　　　　（ス5）（ス8）	・「いのちの危機（死にたいと思ったとき）」に陥ったときの乗り越え方についてブレインストーミングで考えさせる。 ・一番多く出たグループの意見を板書する。他のグループの意見も追加する。 ・前時（6時間目）で学んだストレスへの対応について思い起こさせる。　　　　　　　　　　　　　　　　　　　　　15分
4 心の危機について理解を深める。 (1) いのちの危機のさまざまな要因を知る (2) 危機の心理状態を知る。　　　（ス15） 　　　　　　（ス16） (3) いのちの危機のサインを知る。（ス17） (4) 心の不調が続いたときの対処法を考える。　　　（ス18） 休養や不調を伝える大切さに気づく。	・いのちの危機はさまざまなストレスや心の病など、複合的な要因から生じることを理解させる。 ・心の不調が続くことは特別でないことや心の病をタブー視しないことの大切さに気づかせる。 ・心の不調が長く続いた場合の心理的視野狭窄（唯一の解決策が自殺と思い込んでしまう）の状態をスライドで視覚的に示し、そんな状況においても、実際は応援している人たちが大勢いることや必ず解決策があることを伝える。 ・いのちの危機を知らせるサインは発せられているのか、発せられているとしたら、どのようなサインがあるのか、意見を出し合う。 ・「救いを求める叫び」でもあるいのちの危機のサインについて説明する。 ・心の不調への対処法について、身体の不調から考えさせる。 ・悩みながら成長する思春期は、落ち込むことがあっても不思議でないが、生活に支障を来すような心の不調には、対人関係において安心できる環境が必要となり、身体の病気と同じように休養も必要となることに気づかせる。心身の不調は信頼できる人に相談し、場合によってはカウンセリングや治療のため、相談機関や医療機関等の専門機関とつながる必要があることを理解させる。 ・まとめとして、自他の心の健康状態について気づくことができれば、いのちの危機に遭遇しても適切に対処できることを会得させる。　　　　　　　　　　　　　　　　　　　　　12分

第二部　[実践編]自殺予防プログラムと危機介入

5 振り返り	・3〜4人のグループで授業を振り返り，お互いが感じたことを伝え合うことで，和やかな雰囲気で授業が終わるように配慮する。振り返り用紙に感想を書かせる。　　　10分

いのちのQ&A

問1：1年間で交通事故で亡くなった人と自殺した人と，比べると？
　　a. **自殺**した人の方が多い　b. **同じ**くらい
　　c. 交通事故の方が多い

問2：死にたいと言っている人は，気を引きたいだけで，実際には？
　　a. 自殺はしない　b. 自殺するかもしれない

問3：自殺は前ぶれもなく突然に起こることが？
　　a. ほとんどある　b. ほとんどない

問4：「死にたい」と思うほどのひどい落ち込みは？
　　a. 治療できる　b. 治療できない

問5：自殺は止めることができないという考え方は？
　　a. 正しい　　b. まちがい

スライド13

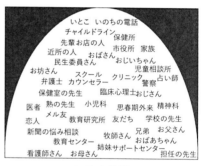

スライド14

スライド15

(スライド16)

いとこ　いのちの電話
チャイルドライン
保健所
先輩　お店の人　市役所　家族
近所の人　おばさん　おじいちゃん
民生委員さん　　　児童相談所
お坊さん　スクール　　クリニック　占い師
弁護士　カウンセラー　　警察
保健室の先生　臨床心理士おじさん
医者　熱の先生　小児科　思春期外来　精神科
恋人　メル友
　　教育研究所　友だち　学校の先生
　新聞の悩み相談　　　　兄弟　お父さん
　　教育センター　牧師さん　おばあちゃん
　　　　　　　　　姉妹サポートセンター
看護師さん　お母さん　　　　　担任の先生

スライド16

スライド17

身体・心の不調

■ 高熱が下がらない　　　休む・寝る
　（身体の病気）　　　→　病院（小児科・内科）
■ 足の骨折（けが）　　　　（整形外科）

■ しんどい　　　　　　　なまけている・弱い？

■ 今までも好きだったことも　ゆったりする
　何もやる気がしない　　　ゆっくり休む
　・寝られない　　　　　→　病院（小児科・心療内科・
　・食べられない　　　　　　精神科・思春期外来）
　・死にたい
　2週間続く　　　(心の病気？)　なまけている・弱い

スライド18

《生徒の振り返り》
　自殺という重い問題を生徒たちがどのように受け取るのであろうかと懸念していたが，自由記述を通してみられた生徒の受け止め方は，次の通りである。
- 自分は命を大切にしているから自殺なんて関係がないと思っていた。でも，自殺した人の方が，交通事故で亡くなった人より多くてびっくりした。
- なかなか教えてもらえないことをいろいろ学んでよかった。ほんとはもっと生きたいのに死んでいった人だってたくさんいる。
- 友だちと何回もぶつかってきた。もちろんその時死にたい！と激しく思った。いのちについていろんな勉強をしてきたけど，生きてるってすごいなあって思った。いのちは一つしかない。きれいごとでなく，私はそのことをすごく感じている。
- 自殺したい気持ちは治療できる。落ち込んでも病院に行ったりしたら直るんだなあと思った。
- 私たちでも，もしいじめられたりしたら，一人では自殺とかしてしまうかもしれないけど，周りで助けてくれる人がいたら自殺なんかしないでがんばれるんだと思う。

3) 8時間目：「いのちの危機を支え合うために」
《本時の目標》
- 援助希求の重要性について体験的に学ぶ。
- 「きようしつ」というキャッチフレーズを実践できるようにする。
- 身近で支えてくれるところ（援助機関）を知る。

活動内容	指導上の留意点
1 前時の復習	・前時の学習を振り返り，いのちの危機に陥ったり，心の病になったりしても，必ず解決策があることを想起させる。　2分
2 危機が身近にあることを知る。　（ス19）	・いのちの危機を打ち明けられることは，身近でもあり得ることをデータを用いて伝える。　3分
3 学習のめあてを確認する。	いのちの危機を支え合うための手立てを考えよう。
(1) 友だちの発するSOSについて考える。	・前時の学習をふまえ，友だちのいのちのSOSには，どのようなものがあるのかを話し合わせ，危機に気づく態度を培う。

(2) 救いを求める友だちへの対応について考える。　（ス20）	・友だちにいのちの危機をほのめかされた場面を教師2人が演じる。 ・救いを求める友だちへの対応をロールプレイさせ，どのような対応がよいのか，体験を通して考えさせる。 ・机間巡視をしながら，役になりきれるように，個別に声をかける。 ・安心感を得られた対応例や，その理由について発表させる。 ・対応に困ったり，安心できなかったりした例も発表させ，クラス全員でどうすればよいのかを考えさせる。	
(3) 危機にある友だちが安心できる対応を体験する。　（ス21）	・「説教・助言」「励ます」「感情を理解する」「黙ってそばにいる」などのパターンをロールプレイで体験させ，双方の気持ちを推しはかることができるようにする。分かち合いの時間をとり，感じたことを発表させる。	
(4) SOSに気づいたときの対応を知る。 　（ス22） 　（ス23） 　（ス24）	・援助希求のキャッチフレーズ「きようしつ」を紹介し，救いを求める友だちへの関わり方について解説する。 ・『よりそい　うけとめて』では，友だちの気持ちを良い悪いで判断せずに，感情をうけとめて理解しようとする聴く姿勢が大切であることを解説する。 ・相談内容について秘密を守るマナーとともに，いのちの危機については『信頼できる大人につなぐ』ことの大切さを強調する。（ス38, p.175）（ス39, p.176）参考。 ・信頼できる人とはどのような人かを友だちと考えさせ，信頼できる人をイメージできるようにする。 ・つなぐための判断基準ともなる「いのちの危機サイン」（ス17）を習得することの必要性に気づかせる。　　　　　20分	
4 身近で支えてくれるところを知る。 (1) 自分を支えてくれるものに気づく。	・ホッとできる人や環境について，さまざまな意見を出し合い（ブレインストーミングなど），自分の周りに多くの応援団や安心できる場があることを再認識させる。	
(2) 具体的に安心できるものを記入する。 　（ス25）	・安心につながることをワークシートに記入させる。授業後掲示し，クラス全体で共有する。 ・掲示することをシート記入前に伝え，「信頼できる人」の欄は自分の胸にとどめておくだけでもよいことを伝える。	
(3) 援助機関を知る。 　（ス26）	・4(1)で出された専門機関だけでなく，保健の教科書や補助教材（※4, p.146参照）を活用したり，関係機関から配布されているポスター，パンフレット，カードなどを用いて，どのようなことをするところなのか解説する。 ・危機のときに支えてくれる人や機関の存在を知り，あきらめないで援助希求することの大切さを強調する。	
(4) 自分を支えてくれる人や機関を書きとめる。	・自他の危機に際し，安心につながる一つの道具として，携帯できるような小さなカード（ス25, 26）を作成させる。信頼できる人が思い浮かばないときにも利用できるものとして伝える。 ・可能であれば，援助機関にインタビューに行く生徒を募り，後日の学習とする。　　　　　　　　　　　　　　15分	

5 振り返り。	(ス27)	・メンバーの入れ替わる2人組で,ワーク「プチ解決!(※6)」などをして温かい気持ちで終えるよう配慮する。 ・隣同士で感想を言い合い,振り返りをする。	
	(ス28)	・自分や友だちのことについて相談する必要があるかどうかを「フォロー・アップカード」で尋ねる。	10分

5　※6：導入「プチハッピー」のように,「私が落ち込んだときには,〜〜やってみる。あなたのプチ解決は？」などに,「いいね,いいね」と声に出して応える。言葉にすることで,今まで学んできた解決法を自分のものにしたり,身近なところにさまざまな乗り越え方があることにふれさせる。また,「いいね,いいね」で,相手の考えをそのまま受けとめる体験にもつなげる。

誰かに「死にたい」と
打ち明けられたことありますか？

ある → 17%

(近畿圏A, B中学校,中学2, 3年生　2007〜2013年　N=274)

スライド19

ロールプレイ：友だちに「消えてしまいたい」と打ち明けられた

・二人一組
・場面設定：休みがちだった友だちが久々に学校にきて,一緒に帰る途中公園のベンチで座っていたら,友だちがしんどそうにうなだれたまま,「もう何もかもいや,死にたい」と小さな声でつぶやいた。

スライド20

記録用紙

	対応		感想	○
I	叱る 説教	命は大切にしなくっちゃ,死んだらダメ。		
II	励まし	大丈夫だよ。元気だして。		
III	感情を 理解する	消えてしまいたいくらい辛いんだ……。	うなづき 同じ言葉を繰り返す	
IV	しばらくの間, 一緒にいる			

スライド21

友だちのSOSには「教室」

きづいて
よりそい　　救い求める叫び
うけとめて
しんらいできる大人に
つなげよう

スライド22

第二部 ［実践編］自殺予防プログラムと危機介入

スライド23

何を言ったらいいのかわからない……
不安になってしまう……
友だちの考えや……
よい聞き手になる

~~立派な話し手~~
友だちの悩みを解決することとちがう

つらそうだね。それじゃ，悲しいよね。大変だね。とっても落ち込んでいるんだね。
何か私にできることはある？
○○のところに一緒に相談に行こうよ。

スライド24

信頼できる人って？？
・自分の話や気持ちを非難せず，理解しようとして，聞いてくれる人
・応援してくれたり，一緒に考えてくれる人
・丸抱えも，丸投げもしない人

スライド25

考えてみよう！
・いやされる音楽
（　　　　　　　　　　　　　　　）
・好きな運動
（　　　　　　　　　　　　　　　）
・心があたたかくなる言葉
（　　　　　　　　　　　　　　　）
・ホッとできる居場所
（　　　　　　　　　　　　　　　）
・信頼できる人
（　　　　　　　　　　　　　　　）
（参考：北海道ゲートキーパー手帳）

スライド26

いのちの危機の時　身近で助けてくれるところ
・信頼できる大人（　　　　　　　　　　　）
・学校
・教育研究所相談室
・児童相談所（こども家庭相談センター）TEL xxxx-xx-xxxx
・保健所TEL xxxx-xx-xxxx，精神保健福祉センター
・病院（小児科・心療内科・精神科思春期外来），医大TEL xxxx-xx-xxxx
・警察署（生活安全課TEL xxxx-xx-xxxx，サポートセンター TEL xxxx-xx-xxxx）
・自殺予防センター
・電話相談（いのちの電話・チャイルドラインTEL xxxx-xx-xxxx）
・ヤングテレホンTEL xxxx-xx-xxxx，24時間いじめ相談ダイヤルなど
・その他
インタビューへ

スライド27

うけとめて！
幸せって，何だっけ何だっけ
プチ対応策を集めよう！

いいね，いいね

話す人
へこんだときに
★ホッとすること
★プチハッピー

聞かせてもらう人
身体を向けて
うなずきながら
★いいね，いいね！
1分間

スライド28

「いのちの授業」を受けて
　　　年　　組　　名前

■「いのちの授業」をうけて，思ったこと，感じたことを書きましょう。
［　　　　　　　　　　　　　　　　］

■自分や友だちのことについて，話をしたいことがありますか。
（　）あります。　　（　）ありません。
（話したい）　先生

もしすぐに誰かと話をする必要がある場合は，今すぐ声をかけてください。

《生徒の振り返り》
　次は，8時間目の生徒たちの振り返りである。
- 簡単に死のうとせず，まず相談することが大切だということが心に残った。
- 話を聞いてもらうだけで，こんなに楽になるとは思わなかった。
- 相談を受けたときの自分の言葉や言動で人の命を左右することもあるんだなあと思った。
- 辛い思いをしている友だちをちょっとでも助けられるような気がした。どんなことでも解決できる。
- 友だちが悩んでいる時は，話を聞きながら，どういうふうに対応すればいいか，わかった。友だちが嫌やって思ったことは，無理に聞き出さない。
- ロールプレイをして，自分が言われてみて改めて言葉の重みがわかった。自分は死にたいとか思ったこともないし言ったこともないけど，そうなったときにはこう言われたいなって思ったし，もし悩んでいる人がいたら言ってあげたいと思った。一人じゃないこと。

　ロールプレイでは，まず教師が「消えてしまいたい」と訴える生徒とその友だち役になりデモンストレーションをした。次に，生徒も役割を決めロールプレイを行った。深刻な場面設定であるにもかかわらず，笑い声やふざけているような姿もみられた。中学生にはこのようなロールプレイは無理なのかと授業展開の変更も考えたが，上記の感想にみられるように生徒たちにとっても好評であることがわかったため，引き続き実施することにした。役になりきるための工夫等が必要であるが，照れくさがったり，笑いで気持ちのバランスをとったりしていて，役になりきれない生徒がいても，実際に体験してみることの重要性は変わらない。また，ロールプレイに関して，「台本みたいで，いや。相談してくれるってことは，それだけ信用している仲やのに，たてまえみたいなんが気にいらん」と記した生徒もいた。このように率直に意見を書ける雰囲気のなかで授業に取り組むことの大切さを教員間で確認し，生徒のさまざまな考えを積極的に紹介した。
　また，7，8時間目の授業では，聴き手の大切なこととして「よりそう」「感情を受けとめる」ことを体験させたが，話し手側からの体験として，「話を聞いてもらうだけで，こんなに楽になるとは思わなかった」「話してみて，けっこうすっきりするのに驚いた」などの感想が寄せられた。このように自分の気持ちを受け取ってもらえる体験は，援助希求の苦手な子どもたちにとって，相談してみようという気持ちを少しでも抱くことにつながったのではないだろうか。実施した授業は聴く側の視点に立脚して展開したが，結果的には自分自身が困ったときの援助希求の促進にもつながったと思われる。

4）専門機関へのインタビュー

援助機関（医療機関や相談機関）では，誰がどのように接してくれるのか，関わってくれる経緯を肌で感じることが，援助希求につながる。まず，自分たちの近くに実際にどのような援助機関があるのか，どのような支援がなされるのか学んだ後，有志で教育研究所相談部，適応指導教室，精神科クリニック・精神科思春期外来，青少年サポートセンターなどにインタビューに行く機会を設けた。実際に援助機関を訪れた生徒たちは，質問項目も自分たちで考えるなど前向きに取り組んだ。それらの様子をみた学年の教職員からの要望で，インタビューの内容や利用の仕方などを文化祭で発表した。文化祭後も，廊下の踊り場にはその紹介が掲示された。以下は，インタビューに行った生徒たちの感想である。

- どこの援助機関の人も，アドバイスしないで，自分で解決できるように一緒に考えてくれる。アドバイスしたらよけいに傷ついたりすることもあるから配慮してくれているってわかってよかった。
- 自分も悩んでいることがあったけど，インタビューに行っていやされた。書いた模造紙とか見て，みんなも行ってみようかなと思ってくれたらいいな。
- 学年のためにも自分のためにもなった。困ったとき行きやすくなったと思う。他の人たちにも説明したら行きやすいと思う。話をしてくれた先生も優しくて，施設は小物があったり子どものことを考えて作ってあるんだなとわかった。
- あたたかい気持ちになった。

実際にさまざまな相談機関を訪れた生徒たちにとっては大きな学びになったことはもちろんであるが，行けなかった生徒にとっても，仲間の声を通してその情報にふれることで「こんなにいっぱい相談できるところがあるんだ」「相談についての見方が変わった」等の声が寄せられ，一定の効果がみられた。この取り組みの副産物として，訪問を依頼する交渉の過程で顔の見える関係ができたり，教員自身が専門機関について学ぶことができたことが挙げられる。たとえば，筆者自身サポートセンターの女性スタッフは婦人警官と思っていたが，生徒たちのインタビューから，教員免許を持っているか心理を学んでいることが資格要件であることを知った。間違った知識や思い込みを修正することができた。その後，教育研究所，医療機関，警察関係などと，問題を抱えた生徒の対応において連携する機会が増えたことも予期せぬ効果であった。研究会や事例検討会に教員も関係機関の職員も積極的に参加するようになり，研修の場をお互いが共有する機会も増えていった。このように，顔を合わせる外部の専門機関との連携は，生徒にも

教員にとっても得るものは大きかった。これらの取り組みの後，生徒手帳の裏表紙に援助機関の電話番号等が載せられるようにもなった。

　信頼できる大人を思い浮かべることができない子どもたちや，心配かけまいとして身近な大人に相談できない子どもがいることからも援助機関について知ることに力を入れてきたが，地域の援助機関だけでなく，全国の小中学校の児童生徒に配布されている「子ども人権SOSミニレター」（便箋兼切手付き封筒）や，ネット上に公開されている法務省の無料でかけられる「子ども人権110番」（0120-007-110），文部科学省が悩む子どもを対象に24時間対応可能として実施している電話相談（0570-0-78310「なやみ言おう」）などを，伝えることも重要である（2014年3月31日の段階で確認）。このような取り組みは相談の大切さを伝えるとともに，社会がすべての子どもを見守っているというメッセージを送ることになり，援助希求性を高めることにつながると思われる。

　もう一方で大切なことは，子どもたちが教師を信頼できる大人と思っているかどうかである。自殺の危険の高い生徒は，信頼関係を築くことが苦手で，会話を避けたり，助けを求めたかと思えば拒否的になったりと矛盾した態度を示すことが少なくない。人間関係における不信感が根底にあることをふまえて，生徒が教員に相談できるような信頼関係を日常から築いておくことが求められる。「この先生なら自分の絶望的な気持ちを受けとめてくれる」という思いがなければ，生徒が心を開くことはない。自殺の危険の高い生徒も，死にたいと打ち明けられた生徒も，大人に繋ぐことができるかどうかは，日々の教育活動における生徒と教員との信頼関係によるところが大きい。

　「一緒に問題を考える相談者を見つけて，人生の節目を越えていくのは生きる知恵」（村瀬，2003）であることからも，身近にいる教師の果たす役目は大きい。

b．下地づくりの授業『生と死』（ステップ1）

　「生と死」の取り組みは，小学校から得た教材もあるが，それぞれの発達段階で，学びの質や深まりがあると思われる。生徒の授業に対する感想を活かしながら，学年の教員と相談して授業を作り上げていった。1～5時間目までの授業における生徒の振り返りの一部を紹介したい。

- 親が「自分のいのちよりも」大事と思うのはすごいことだと思った。子どもの前では，ヤイヤイキーキー言ってるけど，心の中ではもっと違うことを考えているんだなあと思った。(1時間目)
- いつもいつも怒られると，ものにあたったり，「はあ，だまれよ」とか言ってしまっている。でも，いつも言った後に後悔している。いつもこ

ころのどこかで,「生んでくれてありがとう」と思っているよ。これからもよろしくね。(1時間目)
- 助産師さんの話を聞いて,私たちが生まれてくるのには,たくさんの人が支えてくれて,今日の自分があるのだと気づきました。自分だけが苦労して生まれてきたんじゃない。お母さんだってがんばったんだと思いました。(2時間目)
- 遊び感覚や軽い気持ちで異性とつきあわず,自分を大切にする。(3時間目)
- 生まれたとき私はどうだったのか,生むとき母がどういう苦労をしたのか,院内学級の子はどう思っているのか,たくさんのことを考えました。牛乳を飲んだり,買い物に行ったりすることを当たり前のようにしているけど,本当に今まで普通だと思っていたことが,幸せなんだなあと思った。(4時間目)
- 院内学級の写真で,病院でいるのに,大きな手術をしてるのに,笑顔でいて,私はその笑顔はどこからきたのだろうと思いました。なんだか私たちよりも院内学級の人たちは,「生きている!」って感じられました。(4時間目)
- 『葉っぱのフレディ』:死ぬということは,変化するということで,怖ろしいものではない。長くても短くても,いつかはみんな死んでいく。死は自然なことだということを伝えたかったと思います。(4時間目)
- いつも何の意味もなく葉っぱをちぎったりしているけど,それが一つのいのちを故意に奪っていたんだなあ。今まで特に気にしていなかったことが改めに大切に思うようになった。(4時間目)
- 生があるから,死がある。死があるから,生がある……。そういうことを本当にわからせられる授業でした。人,生物はすばらしいものだと思います。(4時間目)
- 先生が「人間の死亡率は何%だと思う?」と言われて,私も考えた。100%と言われてびっくりした。絶対私たちは死んでいくと思うと,とても怖かった。私は生きるということをとてもカンタンに感じていました。でも,話を聞いて,「生きる」ということがとても大切だと心から思いました。(5時間目)
- 小犬をあたためたけれど,死んでしまったその日から親犬は夜泣きをするようになった。犬も人間と同じで,大切な物がなくなると悲しく辛いんだろうなと思った。その日,生あるものには死があるということを現実に見た気がした。あの時のことを思い出すと今でも泣きそうになる。

(5時間目)
　このように，いのちについて考えることで，「特に気にしていなかったこと(いのち)が改めて大切に思えるようになった」といった感想が多く寄せられた。一方，喪失体験が出されたことも少なくなかった。ステップ1の「生と死」の授業だけでなく，後の授業でも同様であったため，学年で生徒に関する情報交換を緊密に行いながら丁寧に見守り関わるようにした。死のことに関わる授業の際には，喪の作業を含んだフォローアップは欠かせないものと思われる。
　「人の死を中心に学習したけど，生き方についてもたくさん学習できた」といった感想が多くみられたことからも，死を考えることが生きることに繋がると感じることがわかった。このことは，自殺予防教育を積極的に進める根拠にもつながるものと思われる。
　また，「死について，深く考えたことはなかった。けど，今回のことで死ぬのはやっぱり怖いなあと思った」「あんまり『死』とかそういうことは知りたくないです」と記す生徒もいた。留意点でも述べたように，授業中辛くなったり気分が悪くなったりする生徒がいることを想定し，対応を考えておくことは不可欠である。授業後に分かち合いの場を設け，授業で感じた辛さを吐き出すことができるようにしたり，そのことに教員が気づけるようなしくみを用意することも重要である。

c．まとめの授業『今を生きる』(ステップ3)
1) 9時間目：「支えられたいのち」
　自死遺児（大学生）の話はとてもインパクトがあり，生徒たちに与える影響は大きいものがあった。事前打ち合わせが特に重要と考え，それまでの中学校の取り組みを伝え，自死遺児の方の体験を踏まえて何を中学生に伝えるか，どのような授業展開にするかを一緒に何時間もかけて話し合った。授業タイトルを「今を生きる」とし，グループワークも取り入れた。「普通の日常がどれくらい大切か，近所の人たちをはじめ多くの人にどれだけ助けられたか，こうして，みんなの前に立つこともどれだけ得がたい経験か」といった自死遺児の方の前向きな姿勢が生徒に伝わった。

- 自殺なんて，親や自分の生涯には絶対に関係ないと思っていた。もし，今，この時に自分の大切な人がこの世からいなくなってしまったら……と考えるだけでも胸がしめつけられました。人のいのち，自分のいのち，って，与えてくれるものは大きいんだなあと思った。(9時間目)
- 昔の自分のことを思い出しました。「死にたい」と思って，ベランダに

足をかけたり，薬を家中探したりして，とにかくすべてがいやだった。今日の授業で，思い出したくないことを思い出したりしたけれど，それが，これから生きる上で大事なことにつながったような気がした。（9時間目）

授業が終わってから「先生，今日の話と同じようなの……私のお母さん……」と声をかける生徒もいた。事後のフォローアップが不可欠であることを，あらためて痛感した。ハイリスクの生徒たちへの影響を考え，上記のような感想を書いた生徒へ担任と相談しながらていねいな対応を行った。また，自死遺児の方との関係は，授業後も大切にした。

2）10時間目：「いのちのダイヤモンドランキング」

まとめの授業として，各学級担任が自分の経験から「苦しみの中でもいのちを支える3つの柱」について語り，それぞれのいのちにまつわる体験を自分の言葉で伝えた。同年代の親戚の人が末期がんだと数日前に知った話や自分の母親の心臓手術を見た経験などの語りは，生徒たちにとっても教師自身にとってもいのちを考えるいい機会になったようである。

また，学級の実態に応じて「いのちのダイヤモンドランキング」のワークシートを選び（例えば，人間関係でいのちを大切にすることにつながる行為は何か，友だちの危機には何ができるのかなど，スライド29，30参考），9つの項目から重要と思う順にダイヤ形に貼って理由を書くグループワークを実施した。あるクラスの学級通信には，「真剣に学習に取り組む姿からもみんなが"いのち"というものの大切さや重みをしっかり感じていることが伝わってきました」と担任の思いが書かれていた。

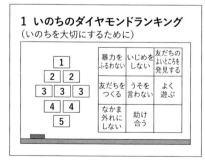

スライド29

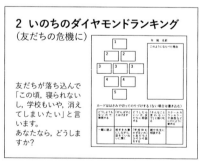

スライド30

3. 生徒向けプログラムの有効性

　生徒は，これらの取り組みをきっかけに自分のことを立ち止まって考え，いのちや死の問題と真剣に向きあう機会になったのではないだろうか。また，同僚からは「自殺のことをあつかったけれど，暗くなく，必要な勉強だからもっと時間を取ってやることができたら」「いのちの学習をしてからほんとうに子どもたちの間で『死ね』というような言葉を聞かなくなった」という感想も寄せられた。2学期以降，心療内科や精神科思春期外来などを受診するようになった生徒がいたのは，一連のいのちの授業と無関係ではないと思われる。

　これらの授業をつくりあげるにあたっては，既述したように，事前に学年会議等での協議を繰り返した。保健の「心の健康」がどのように教科書で記述されているかなど，各教科の中で自殺や死に関する内容があるのか，あるとしたらどのようなものなのかということが話し合われ，教材作りにもその内容が活かされた。自殺を取り扱う教材について話し合うこと自体が，教員の自殺予防の正しい知識や理解を得ることへの意欲を促したのではないかと思っている。

　また，実際の授業の時には教員が教室に何人か入り，ビデオを撮ったり，ロールプレイを生徒の前で行ったりもした。このような教員が協働する姿は，生徒にとって直接的ではないかもしれないが，仲間作りのモデルを提示することにもなると思われる。また，この自殺予防プログラムを含む取り組みを市の人権に関する実践交流会で発表したいという声があがり，発表することになった。自殺予防という重い問題であっても，多くの教員が一緒になって取り組めば，実施に踏み出すことができるという手応えを得ることができた。

　自殺は，世間ではいまだタブー視されがちな問題である。実際に授業を行うとなると，誰が担当するのかということも問題となる。しかし，複数の教師が実施に向けて協働することで，教員間の不安を和らげることができたようだ。

　このように，自殺予防教育に取り組むことで，教員自身が生徒とともに「いのちについてを考える」時間をもつことになったり，生徒との関わり方をあらためて問い直す機会になった。究極の危機に取り組むことは，自殺予防にとどまらず，広い意味での生徒指導・援助を効果的に進めるきっかけになるのではないだろうか。

　また，間接的には教員自身のメンタルヘルスの向上にもつながるのではないかと考えている。

a.「核となる授業」実施の効果

1）授業後のアンケート結果から

前項で，実践内容とともに生徒の感想を紹介してきたが，ここでは，「ステップ2 核となる授業」に対する評価を無記名式4件法でたずねた結果について検討する。

「ステップ2」全体の評価としては，「よかった」が64%「まあまあよかった」が26%で，合わせると90%

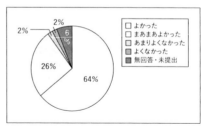

図5-2　ステップ2の授業評価

になった。「あまりよくなかった」，「よくなかった」はともに2%でその理由としては，「言われやんでもわかる」というものがあった。無回答・未提出は6%であった。

生徒からの評価は低いとは言えず，生徒に受け入れられたと考えてよいと思われる。

2）「いのちのQ&A」の変化

「ステップ2」の「大切ないのちを守るために」（7，8時間目）の授業内容がどれだけ生徒に浸透しているかを確認し，まとめの授業に活かすために，「いのちのQ&A」を5カ月後の「ステップ3」の授業の前にも実施した。

図5-3を見ると，「『死にたい』という人は自殺しない」という誤解は少なくな

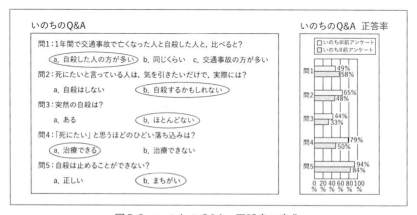

図5-3　いのちのQ&A　正誤表の変化

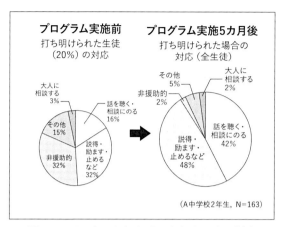

図5-4 死にたいと打ち明けられたときの対応

り，自殺は防ぐことのできるものであるという認識（項目4, 5）も高まった。しかし，自殺者数が交通事故死者数の6倍以上になるという事実に驚きの声が上がったにもかかわらず，5カ月後には正答率が下がってしまった。数値はなかなか定着しにくい側面があることからも，自殺予防の正しい知識を伝えるためには，できるだけ体験や実感に根ざす資料提示をすることの必要性が再確認された。

事前調査で「死にたい」と友だちに打ち明けられた生徒は2割に上ったが，その対応は，図5-4の左のグラフのようであった。関わりの内容としては，「悩んでいた話を聞いた」など「聞く」という言葉が入っているものは16％しかなく，その他の援助的な関わりは，「なぐさめた」「『そんなこと言ったら，あかんやん!! 大丈夫やで!!』とか言ってあげた」「はげました」「『メッチャ泣くし，悲しいからやめて』と言った」「『そんなこと言いな』と言いました」「いっしょにカラオケに行った」「メールしたり……」などの対応が32％であった。非援助的な関わりも32％あり，「『死ねるんやったら死ねば？』って言った」「『自殺できるん？』って聞いた」「冗談と思ったから笑って終わった」「スルーした」などであった。

しかし，「ステップ2」の「大切な命を守るために」の授業の5カ月後，「『死にたい』と言われたらどうしますか」を全員に尋ねると，図5-4のように「話を聞く，相談にのる」は42％に増え，無視するなどの非援助的な対応は16％から2％に大幅に減少した。このことからも，一連の取り組みの中で話を聞くことの大切さや死にたいと言われたときの対応策が多少なりとも身に付いたと思われる。しかし，48％の中学生たちは，説得や励ましを効果的な援助方法としてとらえてい

ることがわかった。

　「『がんばれ』」とか『まけるな』などの言葉は，励ましの言葉だと思っているけど，それを言われた人は，反対に気分を悪くしたり，傷ついたりすることもあるということが心に残りました」といった感想が「ステップ2」の授業直後には寄せられた。しかし，ひどく落ち込むといった経験がない生徒もいたり，相手の立場に立つことが難しかったりすることから，説得や励ましが悩んでいる人やひどく落ち込んでいる人の力にならないことをすべての生徒に理解させることは，思った以上に難しいことがわかった。励ましや助言が「死にたい」という訴えに対してマイナスに働くこともあることを大学生ですら理解していない場合が少なくない（p.79参照）ことからも，中学生に対しては実感を伴うような授業方法を工夫するとともに，一度だけでなくさまざまな機会をとらえて伝えていくことが必要である。

b．プログラム実施による希死念慮の経年変化
　（200X年度入学生～200X＋7年度の入学生）

　自殺予防教育の重要性をエビデンスのないところでいくら声高に訴えても，実施に向けての共通理解を得ることは難しい。自殺予防教育の具体化にあたっては，プログラムの実施効果が実証されることが不可欠である。これまで，中学生向けのプログラムの実施後の感想やアンケートから有効性の検討を行ってきた。ここでは，200X＋1年度入学生から200X＋7年度入学生（延べ，3,709人）を対象に行ってきた3年間の希死念慮の経年変化を辿ることによって，プログラムの効果について検討を行う。

　紹介したプログラムの実施校は，毎年，生活アンケート（表1-4，p.18参照）を行っていた。20項目ある生活アンケートのうち「死にたいと思ったことがある」という質問項目に注目した。「その通りだ」と「どちらかと言えばその通りだ」と答えた割合の3年間の経年変化を追ってみると，男子の場合は必ずしもそうではないが，女子の場合は，総じて学年が上がるにつれて希死念慮は高くなっていた（図5-5）。

　自殺予防教育を念頭に置いたプログラム実施年度（200X＋1，200X＋4，200X＋7年度入学生：実線）とそれ以外の年度（200X，200X＋3，200X＋5，200X＋6年度入学生：破線）の，女子の希死念慮の平均の比較を行ったものが（図5-6）のグラフである（200X＋2年度入学生は，希死念慮が一年次から著しく高かったため考察の対象から外した。p.18参照）。

第5章　子どもを対象とした自殺予防プログラム

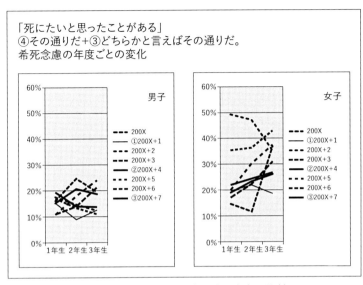

図5-5　入学年度別生徒の希死念慮の比較

　「死にたいと思ったことがある」の項目に，「その通りだ」と答えるハイリスクの生徒の希死念慮の割合の平均を3年間の経年で追ってみると，プログラム実施年度の増加（5%）と実施しなかった年度（6%）には大きな差はみられない（ハイリスクな生徒には，丁寧な個別対応が必要である）。しかし，「どちらかと言えばその通りだ」と答えるグレーゾーンの生徒の割合は，実践しなかった年度は3年生になると10%増加するのに対して，実践した年度は2%減少しているという結果がみられた。

　「兵庫・生と死を考える会」2006など多くの調査において，児童生徒は学年が上がるとともに希死念慮が高まると報告されている。アメリカの医学雑誌JAMAにおいても，ケスラー（Kessler, et al., 2013）らの調査結果に基づき，「希死念慮は10歳までは低いが，12歳までゆっくりと高まり，12〜17歳に急速に上昇する。12歳までは，自殺を計画したり自殺を企てたりは，ほとんどみられないが，15歳まで直線的に増加し，その後17歳まではゆるやかな増加を示す」と報告されている。以上のことからグレーゾーンの生徒にとっては，本自殺予防プログラムを体験することは希死念慮を低減させる効果を持つものと考えることができる。

　効果を検討するにあたって，自殺予防を念頭に置いたプログラムに焦点を絞ってきたが，その学年の生徒たちは，それだけでなく，先述したようにストレスマ

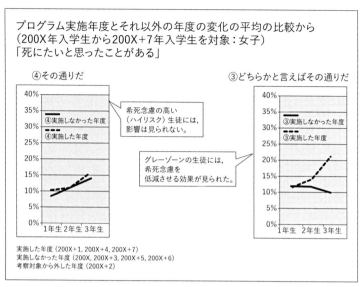

図5-6　プログラム実施の効果

ネジメントなどさまざまな心理教育や，いのちに関わる授業なども受けていた。これらの取り組みは，広い意味での自殺予防教育と考えられる。検討した経年変化に，何らかの影響を与えていることを考慮しなければならないであろう。

　自殺や死の問題は，教員自身のなかにもできれば避けて通りたいという気持ちがあると思われ，扱うのが難しい。しかし，河合（1987）の指摘（p.128参照）にもあるように，今の社会のなかで希薄になりがちな子どもたちの「死について豊かなイメージ」を補うことは，学校教育の中で大切な課題であると思われる。一定の有効性が確認された自殺予防プログラムを実施することで，生徒がいのちや死について考えたり実感することで，「現実の死を防ぐこと」が可能になるのではないだろうか。

第2節──児童向け自殺予防プログラムの試行

　自らいのちを絶つ小学生は，年間8.6人（2000～2013年の平均）で，必ずしも数が多いという訳ではない。しかし，2006年に小学校6年生の女子が教室で自殺し大きな社会問題となり，2013年の2月には，大阪府大東市で「統廃合中止」を

訴えるメモを残した小学校5年生の自殺など，痛ましい事案も大きく報道された。人生のスタート地点についたばかりの時期に自らの手で人生を閉ざすという行為は，本人はもちろんのこと保護者にとっても周囲の子どもにとっても，あまりにも痛ましい。コントロールの苦手な児童が厳しく叱られ「死ぬ！　車に当たる！」と泣き叫ぶ姿に心痛めたことや，実際の面接場面で「自分の首を絞めてしまいそうで怖い」と苦しそうに訴えた児童，「生きていていいの？　どうして生きているの？」と子どもに問いかけられると母親から相談されたこともあった。実は3人ともすべて小学2年生であった。

　また，小学校の高学年は思春期への入り口である。小学生から自殺予防教育を望む声がある調査結果（図3-8, p.89参照）からも，思春期危機に備える点からも，小学校においても自殺予防教育を行うことの必要性は高まっているといえるだろう。自殺という究極の危機を考えることが日常の児童支援に活かされると考え，児童の問題行動を契機に自殺予防を視野に入れて小学生を対象に試行したプログラムを紹介する。

1. 児童向けプログラムの実際

　小学生であっても，問題を抱えたり危機に陥ったりすることもある。その時に一人で乗り越える体験も必要であるが，誰かに話すことで気持ちが楽になったり解決の糸口を見つけたりすることができた体験を通して，相談することの大切さを実感することは自殺予防において重要である。また，友だちの危機に気づいたときに，信頼できる大人につなぐことの大切さを伝えることも，小学生だからといって早すぎるということはないであろう。困っている友だちへの気づきと関わり方を小学生の時から身につけることは，援助希求性を高め，生涯にわたって危機に陥っても乗り越えていくことのできる力の土台になるのではないかと考えている。

　小学校でも，①いのちについて考える，②自他の援助希求能力を培うという点に焦点化すれば，自殺という言葉は出さずに自殺予防につながる学習を行うことが可能である。

a．身近なところからいのちについて考える

　3年生「昆虫」の学習で，教室で飼育している昆虫が死んでしまってもそのままにしておいたり，けんかをするとバッタを投げるなど昆虫を大切に扱うことができない子どもたちがいたことから，実施したプログラム例である。

授業I（小学3年生）
《目標》いのちを支えるものに気づき，いのちがつながっていることを実感させる。
1時間目：「いのちを支えるもの」
　　　自分がバッタになってしまったらという想定（スライド31）（以下ス31と略記）で，バッタの生命を支えるものについて考えさせる。
2時間目：「人間のいのちを支えるもの」
　　　いのちには，水や空気，食べ物の生物的な側面と，人や昆虫も関わりよって支えられる側面がある（ス32）ことに気づかせる。「いのちのダイヤモンドランキング」（ス29）で，人間関係でいのちを大切にすることにつながる行為は何か，9つの項目から重要と思う順にダイヤ形に貼って理由を書かせる。
3時間目：「連続するいのち」
　　　友だちのいのちについての考えを知る。絵本『いのちのまつり』（草場，2004）から，リレーされるいのちを考えさせ，いのちはつながっていることに気づかせる。

スライド31	スライド32

《児童の振り返り》
　上のスライドは，授業で使った一部である。
　それぞれの授業の最後に振り返りを書くことで，いのちについて，より考えることができたと思われる。感想は次のようであった。
- 私たち人間は，幸せな生活を送れていることがよくわかった。いのちはとてもとても大切だということが今まで以上に思った。バッタはかわいそうだと思った。（1時間目）
- いのちを大切にするには，よく遊んだり，友だちを作るということも

わかりました。(2時間目)
- いのちはみんなで作るもの、一人では生きていけない思いました。いのちを大切にするにも、ゴミをなくす（前時のブレインストーミング）にも工夫がいるのかなあと思いました。(2時間目)
- いのちのダイヤモンドランキングで「いじめをしない」よりも「助け合う」を一番にもってきたのは、助け合ってくらしていたらいのちにかかわる大きな悲しみにつながらないと思ったからです。(2時間目)
- ごせんぞさまって、今まで意味がわかってなかったけれど、今日授業でいのちをくれたのが、たくさんのごせんぞさまだったとわかりました。なので、いのちを大切にしようと思いました。(3時間目)

　他にも「友だちの意見もすごいなあとわかりました。友だちと一緒に頭をフル回転することが大切だと思いました」「『いのちのランキング』を4人グループでやったら、とても頭が動きました。自分だけで考えるよりもなるほどと思うことがふえました」といった感想も見られ、ブレインストーミングをはじめグループワークを多く取り入れたことは、良い体験であったことが伺える。

　これらの授業に関する評価を4件法で尋ねたところ、「いのちのダイヤモンドランキング」をグループワークで行った授業が一番評価が高く、児童の84%が「頭や心がよく働いた」と答え、「まあまあ働いた」を加えると96%になった。この3時間の授業の評価を平均すると、74%が「頭や心がよく働いた」と答え、「まあまあ働いた」を加えると93%になった。数カ月後に児童から「また、いのちの授業しよう」といった声も聞かれ、概ね子どもたちは好意的にとらえたようである。同僚からも、「大人でも死を考えるのが難しいのに、昆虫を真剣に飼育できていない現実から出発し、さまざまな意見が認められるグループワークを通じて、小学3年生でもいのちや支え合うことを考えられたのが良かった」などの感想があった。

　気になったことは、いのちのダイヤモンドランキングで、「なぜ、いのちを大切にする一番が『いじめをしない』かというと、弱い心の人は、心に傷がいったりして、『じさつ』しちゃうかもしれないから」という感想もあったことである。自殺という言葉を一切出さないように配慮しても、このように子どもたちから自殺や死という言葉が教科学習においても、出てくることはある。今回の授業でも「弱い心の人が自殺をする」といった偏見がすでに小学校3年生でも存在していることがわかった。このような子どもの実態を踏まえたとき、誤解や偏見を少なくする自殺予防教育に取り組むことが生涯にわたっての自殺を減らすことに繋がるであろうことを再認識させられた。

b. 違いを認めていのちを支え合う

　対象児童や実施年度は違うが，次に紹介する取り組みも同じく3年生である。違いを認めることができず，攻撃的に指摘したりちょっかいを出したりして，お互いが手を出してしまい，保護者も巻き込んでもめることが少なくない状況が起こった。その際，担任と話し合いながら組み立てた授業である。

授業II（小学3年生）
《目標》お互いの違いを認め支え合えることを通して，いのちについて考える。
1時間目：「違いから生ずるしんどさをのりこえる」
　　　　絵本『わたしのいもうと』（松谷，1987）を通して，つらいときの乗り越え方と支え合いを学ばせる。得意不得意が誰にでもあることに気づかせる。困ったときは援助希求をし，困っている友だちにはどうしたら助け合えるか話し合って考えさせる。
2時間目：「遊びを通じて，違いを認めて支え合う」
　　　　お互いの違いを認める遊びのルールを考えることを通じて，遊びの中で支え合うことを実感させる。
　振り返りから
- 友だちが，しんどい時だけでなく，自分がしんどいときを考えられた。
- 絵本を読んでもらって，私は大切なことを学びました。苦しいとき，悲しいとき，生きているとそんなことがあるということ。
- 今日苦手なことやしんどいことを口に出してみて，最初はちょっと恥ずかしかったけど，みんなが何にも笑っていなかったから，安心しました。
- 乗り越えられないと思ったことも，友だちに支えられると乗り越えられるんだなあと思いました。いのちはみんなで作るもの，一人では生きていけないと思いました。
- もしもいじめがあって，一人ぼっちになった人がいたら，すぐに声をかけるのが大事だと思いました。声をかけるときは，手をつないで，声をかけ合えたらいいのかなあと思います。
- 最後の詩（今日うれしかったことを話したら，あしたはもっと楽しい日になるよ　今日かなしかったことを話したら，あしたはきっといい日になるよ）がとてもよかった。

　次のスライド33は，1時間目で児童がグループで考えた「いもうとへの支え方」の中でもより望ましい支え方を2つ選び，学年で集計し，2時間目に紹介をするために使用したものである。子どもたちが「聞く」「その子の気持ちになる」

といった，さまざまな意見を出すことができ，グループの話し合いで選んだ支え方を実生活に生かすことができるように促した。スライド34は，この2時間の授業のまとめに使ったものである。

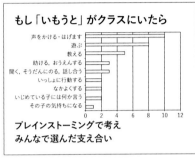

スライド33　　　　　　　　　　スライド34

担任からは，「お互いの違いを認めたうえで，みんなで遊びのルールを考えたり，うまくルールを守れない友だちへの高圧的な非難も少なくなった。支え合う場合が多く見られるようになったのがよかった」という感想も寄せられた。

c. 気持ちを伝えることや聞く姿勢を身につける

辛い気持ちを押し殺してしまったり，学校でもあまり誰とも話さないのではないかと心配な児童（5年）がいたことから取り組んだプログラムである。友だちとの絆をとりもどすきっかけになり，その後も短時間で継続的に実施できる絆ワークにつながるような取り組みを担任と話し合った。日頃のコミュニケーションが思うようにいかないと，辛い気持ちなどとうてい伝えることは難しいからである。

この授業の前には，体育科保健領域の「不安や悩みがあるときどうする」の授業展開を担当者と話し合い，児童の前で聞いてもらえる体験，聞いてもらえない体験のデモンストレーションを一緒に行い，辛いときには誰かに話すことで，少し気持ちが楽になる体験を含んだ授業に取り組んでいた。その延長上で誰かに話そう，話しかけようと思えるために，まず，周りが聴く側の姿勢を身につけることをめざした。思春期の入り口にさしかかる高学年の子どもたちは，友だち関係に悩むことが少なくない。聞くスキルを高めることで，友だち関係をより良くし，また，自分たちで解決できないことは，信頼する大人に伝えることができる援助希求性を高めることが，ねらいである。

授業III（小学5年生）

《本時の目標》信頼関係を築くために，聞くスキルを身につける。

学習活動	指導上の留意点
1 アイスブレーキング （ス1）	・活動（身体を動かしたり握手したり，「プチハッピー（※1）」の発表等）を通して，緊張をほぐす配慮をする。（p.146参照）　5分
2 信頼し合える友だち関係を築く方法を考える。 （ス35） （ス3） （ス37）	・友だちと信頼関係を築くために，「好感度UP大作戦」と称して，カーネギーの考える「人に好かれる6つの習慣」とはどんな習慣か，ブレインストーミングで出させる。 ・グループで，出てきた「おすすめの習慣」を3つを選ぶ。発表することで共有させ，日常生活につなぐ機会とする。 ・カーネギーの「6つのの習慣」を生徒の意見を取り入れながら紹介する。　10分
3 学習のめあてを確認する。	
	友だちとの信頼関係を築くために，聞く力を身につけよう。
(1) 聞くことの意味を知る。	・カーネギーの言葉から，友だちの話をきちんと「聞く」ことは，困ったときの対処や援助になる（前時の保健の学習）だけでなく，友だちとの信頼を深めることに気づかせる。
(2) 聞くときの姿勢を再確認する。	・聞く姿勢として，大切なことを想起させる。 ・前時の「身体（心）を向ける，うなずく」を再確認する。 ・「相手の気持ちを受け取る」ために同じ言葉を繰り返す方法を伝える。
(3) 二人組になって，傾聴，受容の体験をする。 （ス37）	・「聞く技を磨かせてもらう」姿勢（「話を聞いてあげる」といった上目線にならない）で，1分間ずつ聞き手，話しての役割を交代し，聞く姿勢を学ばせる。
(4) 援助希求に関わるポイントを伝える。 （ス38） （ス39） （ス22）	・秘密を守るマナーの大切さを伝える。 ・いのちに関わることは秘密にせず，信頼できる大人（親，先生）につなげる重要性を理解させ，その判断をできるようになることが大人になっていくことだと強調する。 ・心の危機の対応のポイントとして，「きょうしつ」のキャッチフレーズを伝える。15分

4 援助機関や相談機関を伝える。	・身近にある病院などの専門機関とともに，小学校に配布されている援助機関のポスターや，相談SOSミニレター（便箋兼切手付き封筒）の実物を示しながら，相談機関を紹介する。	5分
5 分かち合い，振り返り　　（ス40）	・再度「プチハッピー」を集め，最後に「いいね！　いいね！」と返すことによって，カーネギーの「心からほめ合う」練習をする。 ・振り返りを書く。 ・終わりの会でしばらく，「聞く技を磨かせて！」の1分間の体験を続けることを伝える。	10分

スライド35

スライド36

スライド37

スライド38

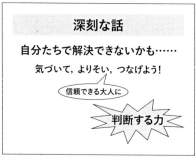

スライド39　　　　　　　　　スライド40

《児童の振り返り》
　次は感想の一部である。

- 友だちのプチハッピーをたくさん聞いて，自分までハッピーになってきた。とても楽しく，ずっと一緒にいたいと思った。
- 友だちの意外な一面がわかった。話をするのが楽しかった。二人組がすぐつくれて良かった。ふだんあんまりしゃべったことのない人としゃべれた。
- みんなと話すと，一番大事なのがいじめをしないということがわかった。友だちと仲よくするのはとてもむつかしいし，友だちが一杯いる人はいいなあと思った。しかし，私ははずかしがりやで友だちは少ないけど，よく考えてみるとその友だちは信用できる人ばかりです。
- 友だち作りには話を聞く，関心を持つなどがあった。私もこれを活かして友人をたくさん作りたい。
- T君も言っていたけど，1分間話がはずむと，ほんの10秒に思えた。
- 聞き方がよくわかり，1分間トークがうまくできそう。とっても，人のことがわかってよかったです。もっと友だちのことを知ってみたいです
- ふつうにプチハッピーを聞くのもいいけど，「いいね！　いいね！」って言ってたら，とてもハッピーになれました。プチだったハッピーがビックハッピーに変わったハッピーもたくさんありました。信頼関係が深まる気がした。

　学年からの保護者への便りのなかに，「各クラスで，『好感度UP大作戦』という授業を行いました。その中で，相手の話を聞くことのできる人は，人から信頼されるということを確かめ合い，『聞く技』を磨かせ合おうとペアになって，話し手がホッとし，安心できる上手な聞き方を実際に行いました。子どもたちから

は，自然と笑顔があふれていました。上手な聞き方で話を聞いてもらうことで，話し手も気持ちよくなることを体験し，今後の生活に役立てていこうとする姿勢がみられました」と書かれていた。授業後も終わりの会では，「1分間トーク」と児童自身が名付け，毎回違うペアになるように工夫され実施されていた。

この授業においても，中学校の取り組みと同様に，「聞く姿勢」に立脚して授業を進めたが，「聞く体験」と「聞いてもらう体験」の両方を経験することで，援助希求の促進につながったと思われる。

2. プログラムの深化に向けて

小学校において，①いのちについて考える，②援助希求能力を身につける，という2つのことを目標に，同僚との話し合いを重ねながら自殺予防教育を視野に入れたプログラムを実施した。ここで紹介したa．b．c．の授業以外にも，感情を言葉にしにくく友だちづくりの苦手な児童がいたことから，さまざまな感情カード（大阪府人権教育協議会）を使って自分や友だちの気持ちを考える授業を，3年生を対象に各担任が実施したこともある。感情についての学習は援助希求の基盤となり，自殺予防に繋がる。児童は，「この4週間で，わかったことはたくさんありました。たとえば，発見したことは，みんないっぱい気持ちがあって，人によって感じることがちがうことです。そして，『気持ちダイヤリー』をやっていて，朝は『ほんわか』，帰りは『ポツン』のときもありました。日にちが変わると気持ちも変わってくることもわかりました」のように感情を表す言葉を得て，友だちや自分の気持ちについて話し合ったり，見つめたりすることができるようになったことが伺える。ただ，上記の感想にみられるような「帰りは『ポツン』でした」とか，「『ちぇっ』と『なんでやねん』『むかつく』『ポツン』です」などの振り返りに対して，教師が寄り添える時間をとることができずにいると，より辛い思いをすることにもなりかねない。援助をすみやかに求めることができるようになるためには，まず自分の感情を言葉にすることが不可欠であるし，また，学びの中で子どもたちがSOSを発したときに，どれだけ周りの大人（あるいは友だち）がそれに気づき，関わることができるかが重要である。小学校においても，いのちについて考え，援助希求的態度を培うとともに，自分の感情に気づき，言語化して誰かに伝えるスキルを，これまで行われてきた人間関係づくりやいのちの学習，読書指導，教科の学習のなかで意識的に取り組んでいくことが望まれる。

第3節 ── 学校における自殺予防教育の日常的展開

　小学校での経験である。総合的な学習の時間に，おすすめの本を紹介するコーナーで，小学4年の児童が，織田信長の奇行が直るきっかけとして教育係の平手政秀が信長を諫めるために自害をしたことを取り上げて発表したことがあった。少し時間をとってその行動の是非について尋ねてみると，「教育係が考えてしたことだからいい」とか，「信長のためになったから正しい行動」などと，死を持って信長の奇行を諫めようとしたことを賞賛したり，その教育係の行動を支持したりする意見が大半であった。日本文化の有り様が日本人の自殺親和性の高さを生んでいるという指摘があるが，児童の意見から改めてそのことを感じさせられた。一方，数人であったが教育係の行動は受け入れられないとして，「周りの人が悲しむから」「死ぬということは誰一人喜ばないから」「命を犠牲にするのはおかしい」「周りの人とかの力も借りて立ち直らすのが本当の教育者」「死ななくても，（奇行は）治ったかもしれない」などの意見も出された。小学生4学年であっても，死について考えることは十分に可能であると実感させられた。

　このように，自殺や死に関わる事柄が授業の中でどのように登場するかはわからない。教員自身が意識するしないにかかわらず，自殺や死に対しての受け取り方や思いを児童・生徒に示さざるを得ない場面があるのではないだろうか。その時の教員の伝え方次第で，自殺予防に繋がったり，また反対に，自殺に関しての間違ったメッセージを伝えたりすることにもなりかねない。各教科においても，あらかじめ自殺に関わる内容があるという認識を持って教材研究を行い，機会があれば自殺予防の正しい知識と理解を学ばせようと意図することができれば，自殺に関する誤解や偏見を少なくすることができるのではないだろうか。

1. 各教科・領域における自殺予防教育に関する学習

　第1，2節では，小中学校において総合的な学習の時間，特別活動，道徳の時間，学校特設科目といった枠で「いのちの授業」として実施可能な自殺予防プログラムの展開例を示してきた。表5-2は中学校を中心に小学校でも高校でも自殺に関連する内容が含まれている各教科の分野を抽出したものである。

表5-2 自殺予防に関連する教科領域

■特設授業での実施
　　総合的な学習　特別活動　学校特設科目
■教科の中での実施
　　保健体育（心の健康，薬物を乱用）
　　家庭科　（消費　債務）
　　国語　　現代国語（自殺や死を題材にした文芸作品）
　　　　　　古典（心中や切腹）
　　社会　　公民，現代社会（労働・福祉・消費）
　　　　　　歴史（戦争・切腹）
　　　　　　地理（身近な地域の調査（援助機関））
　　　　　　倫理（自己や社会について考える）
　　理科　　生物（生命の誕生，死）
　　道徳　　（生命の尊重）

a．保健体育の学習内容（心の健康・ストレス対処）

　アメリカやオーストラリアでは，多くの自殺予防教育が健康教育の中で行われていることを紹介（第2章）したが，日本でも，心の健康は保健体育の中で扱われている。

1）小学校

　小学校3・4年生の教科書（森，2011）を見ると【育ちゆく体と私】の「体の中で起こる変化」では，月経や射精が新しい命を生み出すための準備が始まったしるしと生物学的な説明とともに，「思春期には体やこころにどのような変化が起こるでしょうか」，と心の問題も児童に問いかけている。

　5・6年生の教科書（森，2011）では，【心の健康】の中で，「こころの発達」及び「不安，悩みへの対処」などの内容で，感情のコントロール，自分の気持ちを上手に伝えるコミュニケーションの大切さ，悩みは誰もが体験すること，身近な人に相談することの大切さをはじめ，不安や悩みの対処としてさまざまな方法があげられている。

2）中学校

　中学の教科書（森，2011）では，小学4年生に引き続いて体，生殖，性が取り上げられ，より深く命について学べるようになっている。また，【心の健康】に

関して「心の発達」,「自己形成」,「欲求と欲求不満」,「心と体の関わりとストレス」,「ストレス対処と心の健康」の項目が並んでいる。心の健康に関する内容がより詳しくなり，自己理解やストレス度を測るためのチェック表が示され，ストレス対処法として，いい眠りのための具体的な方法などが紹介されている。また，自分の気持ちを上手に伝える（コミュニケーション）ポイントや，相談機関（ヤングテレホン，いのちの電話，児童相談所，保健センターなど）も具体的に示記載され,「相談し合えるような信頼できる友だちを持つことがストレスへの対処に有効」と，相談の重要性についても示されている。

【健康な生活と病気の予防】では，疲労，休養・睡眠と健康についての項目や，自殺関連行動とも密接に繋がる薬物乱用・飲酒に関する項目がある。たとえば，薬物乱用の要因は何かを考えさせ，問題解決を目指して知識を活用する学習活動が取り上げられていたりする。

自殺という言葉に関しては，【傷害の原因と防止】で，10歳から14歳の死亡原因の帯グラフが載せられ，その中で，自殺は11.4%，交通事故死は9.3%であることがわかる。しかし,「交通事故の現状と要因」など交通事故防止が4ページにわたって記されているにもかかわらず，交通事故死者より多い自殺の防止に関しては一行も触れられていない。

3）高校

高等学校の教科「保健体育」（科目保健）は，自己の可能性を最大限に生かして自己を高めていくことの大切さや，欲求，ストレスへの対処に重点を置き，精神の健康に関する指導の充実を図ることをめざしている。内容として,「現代社会と健康」において,【精神の健康】が「欲求と適応機制」「心身の相関」「ストレスへの対処」「自己実現」から構成される（高等学校学習指導要領解説 保健体育，2011）。

教科書（和唐，2013）をみると,【精神の健康】の「ストレスの影響と心の健康」では,「不安や悩みを原因とする精神的ストレスから体に何らかの症状があらわれた場合を心身症といいます。また，いのちにかかわるような事故や災害を経験したときに，そのストレスによって心にPTSD（心的外傷後ストレス障害）などの障害が生じることもあります」の記述もみられ，具体的な対処法として「カウンセリングでのストレス対処の例」「発想の転換をしよう」「リラクゼーションをしよう」などがあげられている。

また,【交通安全】の「交通事故の現状と要因」では，15〜24歳の死亡原因のグラフが載っている。1位は自殺で43.7%，交通事故は14.9%と示しながら，そ

の下に書かれたコメントは「交通事故は若者の死亡原因において，大きな割合を占める」と記されているのみである。引き続き6ページにわたり交通事故防止の説明が続くが，死亡原因の1位である自殺に関して何も触れられていないことは問題であろう。

　一方，【社会生活と健康】の「働くことと健康」では，日本人の自殺者数の推移のグラフが示され，文中にも「その結果，職場に適応できずに会社に行けなくなったり，アルコール依存症になったり，うつ病をはじめとする精神性の病気にかかったりする人が増えています。また，過労死や自殺にいたる人もいて，大きな社会問題になっています」とあるが，この文章以外に自殺予防のことやうつ病などの精神性疾患に関する記述は出てこない。

4）心の病にふれる必要性

　これまで保健体育について概観してきたなかで，心身症やPTSDの記述はみられても，うつ病などの精神疾患については，中・高校ともほとんどふれられていないことがわかった。日本では，中学校では1977年，高校は1978年に学習指導要領が示されてから，「精神の障害」という言葉が教科書から姿を消した。そのため，最近では精神疾患の正しい理解に関する授業が行われていないのが現状である。

　樋口輝彦（現在，国立精神・神経医療研究センター理事長・総長）は，「数十年前の教科書には，現在の統合失調症，躁うつ病，うつ病，神経症といった記述があったが，きわめて不正確な記述で『遺伝で発症する』などのあまりにも時代錯誤的な表現があったため，精神障害に対する偏見や差別を助長しかねないことから，精神神経領域の学会がこうした記述はやめるべきとの声明を出した。本来であれば，正確な記述に変更するところを，これを文部省（当時）がすべて削除してしまい，以来，精神疾患に関する正確な記述は今日に至るまで教科書には出ていない。しかし，これは非常に大きな影響を持っている。こういった精神的な病気がどういうものなのか説明を受けないまま大人になる状況が，偏見や差別を助長していることにつながっていると言われている。精神的な病気に関して，義務教育から正しい知識を共有することが大事であり，今後の大きな課題である」と警鐘を鳴らしている（日経BP社http://www.nikkeibp.co.jp/mentalhealth/qanda/t17/より抜粋，アクセス2014.3.31）。この課題とどう向き合うのかは，自殺予防教育実施に向けても考えなければならない点であることは間違いない。

　このような課題があるにしても，小中高校の保健領域の学習内容を見渡すと，自殺予防につながる項目もみられ，いのちに関わる事柄，ストレスに関するこ

と，相談の大切さ，相談機関の紹介，思春期の心理など，自殺予防教育を行ううえで取り扱える教材を含んだ単元は少なくない。

保健体育の教員が，これらの内容について自殺予防の視点を含ませながら，授業を進めることができたならば，3万人近くもの自殺者数を減らすことにつながるのではないか。自殺予防をふまえた保健教育に取り組むことに不安があったり，生徒に対して「自殺」という言葉をだすことへの躊躇があるならば，薬物依存の授業のように，ゲストティーチャーを招いての取り組みも参考になると思われる。このような専門化との連携を通して徐々にでも教員自身が自殺の深刻な現状を認識し，自殺予防のための正しい知識や理解を身につけることは，長い目で見たときに大きな効果を生むのではないだろうか。

5）文科省配布の補助資料

文科省は，心の健康などについて「効果的な指導及び自己学習が行えるように補助資料」を作成し，「保健教育の資料としての活用，また，道徳，特別活動，総合的な学習の時間などに活用」するように，小学校5年生，中学・高校1年生に，それぞれ下記の冊子を全国の児童生徒に配布し，ネットでも配信している。

「わたしの健康（小学生用）」
「かけがえのない自分 かけがえのない健康（中学生用）」
「健康な生活を送るために（高校生用）」

やはり，この3冊とも心の病についてはふれていないが，「ストレスの対処法を身につけよう」のなかでは，「相談」「コミュニケーション」などについて具体的に取り上げ，わかりやすく解説されている。また，「飲酒・薬物」の害から子どもたちを守るために，子どもたち自身に考えさせ，対処方法を導き出させるような工夫も施されている。「援助希求」的態度の育成や自殺予防教育の下地作りとして活用できる内容を多く含み，広く活用されるべき教材である。

b．他の教科における自殺予防と関連する項目

特設の時間を設け自殺予防教育を実施する際にも，さまざまな教科と互いに補い合ってこそ，実りのあるものになると考えている。生，死，性，自殺などいのちに関わる事象を，教師間の相互交流を基盤に教科を横断して取り上げることができれば，子どものいのちの危機を支える大きな土台づくりに繋がるのではないだろうか。

自殺予防に繋がると思われる各教科学習の具体例の一部を次に示す。

1) 国語科

　国語科においては，表現力の向上が自殺予防と関連するのではないだろうか。自殺の危険の高い子どもは感情を言葉にすることが苦手だと言われているが，国語科で自分の思ったことや感じたことを正しく伝えたり表現する力，また，相手の話を受け取る力を培うことは援助希求性や相談可能性を高めることに直結していく。

　さらに，国語の教材として，命，死を扱うものは少なくない。子どもが教員とともに死生観について考えることは，自殺予防教育の下地になると思われる。高校では心中や自殺に関わる題材を含む作品もある。国語科教材の中で，死や命，自殺を扱ったものの一部を紹介する。

　　　小1 ──『ずうっと，ずっと，大すきだよ』ハンス・ウイルヘルム
　　　小3 ──『ちいちゃんのかげおくり』あまんきみこ
　　　小4 ──『一つの花』今西祐行
　　　小4 ──『ごんぎつね』新美南吉
　　　小6 ──『アニーとおばあちゃん』M・マイルズ
　　　中1 ──『大人になれなかった弟たちに……』米倉斉加年
　　　中2 ──『葉っぱのフレディ』レオ・バスカーリア，『夏の庭』湯本香樹実
　　　中2 ──『扇の的－平家物語』，『夏草，平泉－おくのほそ道』松尾芭蕉
　　　中3 ──『握手』井上ひさし
　　　高校 ──『羅生門』『枯野抄』芥川龍之介，『蠅』横光利一，『こころ』夏目漱石，『他人の夏』山川方夫，『みどりの指』よしもとばなな，『ひよこの眼』山田詠美，『夏の花』原民喜，『城の崎にて』志賀直哉，『Kの昇天』梶井基次郎，『なめとこ山の熊』宮沢賢治

2) 社会科

　地理的分野では，【身近な地域の調査】で，援助希求先となる社会的資源諸機関を調査し確認することは，さまざまな危機に際しての有効な活用につながるものと思われる。

　歴史的分野では，責任の取り方の一種としての「切腹」，戦争では「自決」「玉砕」「特攻隊」，文化面庶民生活で「心中」などの言葉が出てくる。「強いられた死」を美化することなく，子どもたちの自殺親和性を高めないように留意することが必要である。

　公民的分野では，【社会保障の充実】【消費者の保護】【雇用と労働条件の改善】などで，失業や生活困窮などにおいて，活用できる社会保障・社会資源を知る学

びがあり，高等学校学習指導要領解説の公民編でも，【消費者に関する問題】では，「例えば，高金利問題，多重債務問題などを扱い，消費者としての権利や責任について考察させることが大切である」と記されている。

3）技術・家庭科

家庭科では，中学校の【自分の成長と家族】【家庭と家族の関係】【幼児の生活と家族】や，高校の「人の一生と家族・家庭及び福祉」において，幼稚園や保育園に実習に行き実際に幼児とふれあうなど，実践的体験的な学習を重視している。「自殺の危機の根源は，人生の初期における親との関係にまでさかのぼって考えていく必要がある場合もある」（高橋，1992，2006）という指摘からも，家庭・家族について学ぶ機会は自殺予防においても意味がある。

また，孤立を防ぐために家庭のはたらきや支え合い，地域との関わりについての理解をうながし，「子どもの成長と地域」では，家族を支える「子育て支援センター」など具体的な施設や機関を紹介している。「子どもの健やかな成長のために」では，虐待防止に関する法律や児童相談所などの役割や対応が記載されている。虐待など安心できない家庭環境が自殺の危険因子といわれていることからも，家庭を支える地域のさまざまな援助機関を学ぶことは，自殺予防につながる。

【私たちの消費生活】で，「クレジットの使用は借金」「お金とのつきあい方を考えよう」とお金の管理，貯蓄の法則等を，「ねらわれている消費者」といったタイトルで，悪徳商法を具体的に伝えている。

高校の家庭科学習指導要領解説においても，「ローン，クレジットなどの消費者信用，多重債務問題などを具体的に扱い，消費者として適切な判断ができるようにする」と明記され，多重債務や自己破産についても具体的な事例を通して考えさせ，経済的なトラブルや困難に対して対処できる実践力を養うことをめざしている。

c. 教科外教育活動と自殺予防
1）道徳の時間

小学校の道徳学習指導要領では，「生きることを喜び，生命を大切にする心をもつ」が挙げられている。小学校学習指導要領解説（2008）には，「生命の大切さはどれだけ強調してもし過ぎることはない」「夜はぐっすり眠り，朝は元気に起きられる。おいしく朝食が食べられる。学校に来てみんなと楽しく学習や生活ができる。このような極めて当たり前のことで見過ごしがちな『生きている証』を実感し，そのことに喜びを見いだすことによって生命の大切さを自覚できるよ

うにすることが求められる」とあるが，このように，ぐっすり眠り，おいしく朝食を食べ，学校に来てみんなと楽しく学習や生活ができるといった当たり前のことができにくい児童生徒も少なくない。そのような子どもたちに，教員は「生きることを喜び，生命を大切にする心」をどのようにして育むことができるのであろうか。たとえば，虐待を受けるなどして，生きづらさを抱え，生きる喜びを見いだせない子どもたちに，熱意からであるとしても，一方的に価値を押しつけるような取り組みを行ったときには，かえって子どもたちのこころを傷つけてしまうことにもなりかねない。このような「当たり前のこと」が保障されていない子どもたちこそが，自殺の危険の高い状況になっていると思われる。自殺予防教育を進めるにあたっては，まず，「当たり前のこと」を保障するための働きかけを行うこと，次に，それでも，そうできなかったときに死を選ばないような態度を身につけることが求められるのではないだろうか。

　また，そのような友だちがそばにいたら何ができるのかを，子どもたち自身に考えさせ，身につけさせることが大切である。死を選ばないためには，いのちが大切だという価値観をあたえるのではなく，子どもたち自身がいのちについて考えることを通じて，いのちを大切にしたい思いが沸き出てくる工夫や，いのちを大切にするための手立てを身につけさせる学習が必要である。道徳の時間にはいのちの大切さを実感させる取り組みが数多く実践されているので，このような視点を活かしながら，自殺予防プログラムと連動して，いのちについて学ぶ機会とすることが求められるであろう。

2) 特別活動

　特別活動の中の学級活動の内容として，「学級や学校における生活上の諸問題の解決」「思春期の不安や悩みとその解決，自己及び他者の個性の理解と尊重」「望ましい人間関係の確立」「心身ともに健康で安全な生活態度や習慣の形成」などがあげられる。具体的には，自分のよさや可能性に自信を持ち，よりよい友だち関係を築き，悩みや葛藤・トラブルへの解決を目指すことである。これらは自殺予防のキーワードである「絆」を強め，孤立を防ぐことにつながる。ストレスマネージメントやアサーションなどの心理教育が多くの学校で行われているが，自殺予防教育の下地になるものと考えられる。このような取り組みを，自殺予防の視点から意味づけし直して実践することの意義は大きいであろう。

　また，オーストラリアの自殺予防教育において，レジリエンスを高め，その基盤になるものとして，学校への愛着（絆）や自尊感情の重要性が指摘されていることを紹介した（p.60〜参照）が，自尊感情を培い学校にも居場所をつくるうえ

で，特別活動の学級活動・児童会活動・生徒会活動・縦割り活動・学校行事などが果たす役割は小さくない。

2. 自殺予防教育の土台になる日常的教育活動

　各教科・領域における自殺予防に繋がる内容について述べてきたが，教育活動全般にわたる普段の取り組みがなければ，子どもの自殺を防ぐことはできない。日々の活動のなかでの取り組みが前提となってはじめて，生徒向け自殺予防プログラムも活きるようになる。

a. 自尊感情を高められるような学校つくり

　さまざまな調査結果から，日本の子どもたちの自尊感情の低さをみてきた（p.27参照）。「高校生の心と体の健康に関する調査」（日本青少年研究所，2011）でも，「私は価値ある人間だと思う」の調査項目において，アメリカの高校生が「まったくそうだ」と6割近く答え，「まあそうだ」を加えると89.1％に達するのに対し，日本の高校生は「まったくそうだ」は7.5％にすぎず，「まあそうだ」を加えても36.1％でしかない（図5-7）。日本の子どもたちが「自分は価値のある人間だ」と思えるようになるために何をすればよいのかは，自殺予防における重要な課題である。

　そのためには，学校の中に多様な活動の場や自己発揮できる機会を用意し，仮に一つのことで自己否定感情が強まったとしても，そこから回復するための別の選択肢がもてるようにすることが求められる。具体的には，日々の教科学習や体育大会・文化祭などの学校行事，放課後の部活動や委員会活動などにおける学びや体験を通じて，自分が誰かの役に立っているという実感をもつことが，自尊感情を育むうえで，また，自分は価値のある人間だと思えるうえで，重要である。

　その前提として，学校が生徒にとって安心して学ぶことができ，わかりたいという願いに応えられ，間違っても恥ずかしさを感じないで済む場となることが不可欠である（阪中，2006）。中高校生の自殺の原因状況の割合（p.14参照）において，

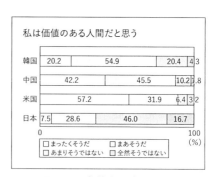

図5-7　高校生の自己評価

いじめが2%前後であったにもかかわらず，学業不振は9.3%にも上ることや「授業の内容がわからないとき」に苦しんだことのある児童は，誰にも相談しない割合が66.5%にも達する調査結果（p.83参照）からも教科の授業が理解ができずに教室で苦痛を感じている生徒への援助は，自殺予防の観点からも欠くことができない。授業だけでなく，さまざまな居場所が学校のなかに存在していることが，多くの生徒の自尊感情を高め，ひいては自殺予防にもつながっていく。

b. 仲間作りを進め，安心して生活できる学校づくり

親からの自立を目指す思春期や青年期においては，同年代の友人の存在が大きな意味をもつようになる。そのため，友だちとうまく関係が築けないことは大きなストレスとなる。

発達上の課題が垣間見られる場合もあり，小学生の時からていねいに関わる必要がある。子ども一人ひとりの個性を重んじながら，苦手なところを生活しにくさに繋がらないようにするためのスキルを学ぶ場があることが望まれる。

同時に，教師が取り組むべき大切なことは，日々の学校生活の大半を占める教科指導の中で，一方通行の伝達型の授業だけでなく，グループで話し合ったり，お互いの考えを発表し合ったりして，違いを認めあい，相互作用を通じて高めあうような機会をつくることではないだろうか。集団教育の中で個を尊重することは難しいことだが，前頁，「自尊感情を高められるような学校づくり」と同様に昼食や掃除，学校行事，放課後の部活動など日常の教育活動のあらゆる機会を捉えて，子どもたちを孤立させずに仲間づくりを促進することが求められる。

第1，2節で紹介した「いのちの授業」の取り組みでも，「力いっぱい学び，自己発揮できる場」を生み出そうと考え，グループワークや体験学習を多く取り入れることを目指した。子どもたちの間に信頼関係を築くことができれば，自らの考えや思いを語ることや，時に仲間に，気軽に悩みを相談できる環境が整うことになるのではないだろうか。

c. 児童生徒が悩みを相談できる校内体制の構築

一人ひとりの児童生徒の抱えている不安や悩みは，個性や生育歴によってその質や重さが異なり，大人から見れば些細なものであっても，本人にとっては越えることのできない壁のように映ることも少なくない。そのため，自分の不安や悩みにどのように対応していけばよいのかわからなかったり，この苦しさが永遠に続くのではないかと迷い込んで袋小路に入り込んでしまったりすることもある。そのことをふまえ，身近な大人として危機を敏感に察知するとともに，相談への

抵抗感をやわらげるように努めることが重要である。

その土台づくりとして、生活アンケートや教育相談週間等の取り組みを全校あげて行うことが重要である。

生活アンケートの実施は、児童生徒の心や身体の状態・生活習慣を把握し、生徒理解を深めるとともに、ハイリスクな子どもをスクリーニングするうえでも必要なことである。教育相談週間（月間）の参考資料としても活用できる。また、児童生徒にとってこの学校は自分の思いを聞いてくれると感じさせる効果もある。同時に教育相談週間（月間）の実施は、子どもの話を聞くことを通じて、つながりを密接にするところにも意義がある。

これらの取り組みから情報を得て児童生徒理解を深めるだけでなく、児童生徒の中に相談したいという気持ちが熟成される点が重要なのである。したがって、実施に先だって、教師全体を対象に聴くスキルの研修を行うことも不可欠である。

次に、相談された教師が学年、学校として、どのように相談された内容について情報共有を図り、実効性のある対応を行うかという点が課題である。家庭や生育歴に問題のある子どもへの関わりにおける守秘義務について、共通理解を図っておく必要がある。

また、スクールカウンセラーは、勤務時間数は少ない（中学校で平均週4時間程度）が、各校に配置されている。役割分担を図りながら、子どもにどう対応するかも大きな課題である。今後、スクールカウンセラーの時間保証と、連携の窓口となる教育相談の専門性を持った教師の人的な保証が不可欠であると考える。

これらのことが、学校において機能するためには、教育相談部が校内体制の組織に位置づけられることや、管理職、学年代表、生徒指導部長、教育相談部長、養護教諭等が定期的に情報交換し対応策を話し合う場（たとえば、拡大生徒指導部会など）が定期的に開かれることが求められる。

d. 移行期の問題

学校における進級・入学は新たな世界への胸ときめかす旅立ちであると同時に、それまでの学級や学校との別れというある種の喪失体験を伴う。死を思うぐらい不安定な生徒たちにとっては、その喪失体験が自殺の危険因子になることもある。新たに移った場でも心の居場所がもてるように、また、巣立った場とも何かのときには繋がることができるという実感がもてるように、学校間のきめ細かな連携を図ることが移行期における自殺予防として重要である（阪中, 2006）。とりわけ、ハイリスクな子どもたちにとっては、小中高間の連携を強化し情報の共有化を図りつつ、しっかりと見守ることができる体制をつくることが求められる。

第4節 —— 保護者を対象とした自殺予防プログラムの試行

　2006年秋，北海道滝川市の自殺報道をきっかけに，各地でいじめ被害を訴えて自殺する子どもや自殺予告のニュースが連日のように流された。「(孫が)そこまで思い詰めていることに，事前に気付いてあげられなかった。そして，自分は，いじめに悩む子の背中を押してしまったのだろうか……」と，自殺の悲劇が繰り返されないように願って遺書を公表した祖父は，自殺の連鎖が生じたことに自責の念を抱き苦しみ続けてきたという（読売新聞，2007.1.7朝刊）。

　また，高校受験当日の朝，自ら命を絶った長男を守れなかった父親の手記（木下，2002）には，「自分に自信がなくこのままだとろくな人間にならないと思いました。これ以上家族や先生には迷惑をかけられないと思いました」という遺書が記されている。数学もトップレベルでマラソンも上位に入賞，家では早く下校すると洗濯物を取り入れ，不登校になっても毎日犬の散歩を続けていたと，父親の無念な叫びが綴られている。

1.「教師向け」を土台にしたプログラム

　ここまで，教師向け，児童生徒向けの自殺予防プログラムの必要性やその実際を述べてきたが，子どもたちの成長に最も影響を与えるのが，親・保護者である。
　田中ら（2002）は，小4〜中学3年生（大阪（742人）とスウェーデン（1020人））を対象に調査し，日本では「自殺願望において最も重要な背景は両親の不和と考えられる」と報告している。分析の結果，「わたしは，よく死にたいと思う」に対して，自尊心やソーシャルサポートなど30の項目のなかで，一番関連する項目は，日本では「自分のことで両親がよくけんかをする」，スウェーデンでは「自分に満足していない」であったという。高橋も，自殺した子どもの背景には「一見，家庭の問題が明らかでないかのような場合もあるが，よく調べていくと，親の不和，コミュニケーションの不足，親の精神障害，何らかの家庭内ストレスが明らかになってくることが多い」と述べている。
　また，倉上ら（2003）は，全国の小1〜中3までの9,828人の調査から，「考えをよく聞く」保護者の場合は自殺念慮が低く，逆に「主張を無視する」や「体罰を与える」の場合には自殺念慮が高い（特に中学女子に顕著）と，指摘している。保護者の養育態度と自殺の危険とが切り離せない関係であることがわかる。
　このような実態をふまえ，保護者向けプログラムを実施することは，保護者自

身が養育態度や家庭環境を振り返り，さまざまな理由から生き辛さを感じている子ども理解につながり，子どもの自殺予防に大きく寄与するものと思われる。

　保護者向けプログラムの実施にあたっては，親は「子育てのプロである」という認識から，敬意を払い実施することを心がけた。苦しみながらもSOSを発せられずにいる保護者にとって，自殺予防プログラムに参加することで自分だけが子育てで苦労しているのではないと気づいたり，援助機関の存在を知ることで，社会からの孤立を防ぐことにつながれば，その意義は決して小さくない。究極の危機である我が子の自殺を防ぐことは，子育ての中で起こるさまざまな問題に対処する力を身につけることにも通じるのではないかと考え取り組んできた。

　試行した保護者向け自殺予防プログラムは，保護者への啓発とともに家庭と学校が連携して，学びあう場を創り出すことを目指したものである。

　保護者向けも，「きょうしつ」のキャッチフレーズ（「き」：日常の家庭生活の中で，何気なく発した言葉や目に見える行動から言葉にならない子どもの声を聴きとり，心の不調や変化に気づく。「よ」「う」：聴き方のロールプレイ等を実施しながら，我が子の感情に寄りそい，気持ちを受け取る体験にふれる。「し」「つ」：学校と連携したり信頼できる専門機関と繋がる）を中心においた。

　家庭の中で「一緒に食べる，家事をする，テレビを見る，ゲームをする……，その中で自分は大事にされているという思いを持たせる」（同僚教員からの私信）ことが，我が子に寄りそい受けとる基盤となることを伝えたいと考えた。そのためには，「親が忙しすぎたり，教師が忙しすぎたり……，大人が振り回される中では子どもが取りこぼされてしまう」（前掲）であろう。子育てに奮闘している保護者への社会支援の具体化が不可欠である。

　次に紹介するのは，小学生の保護者を対象にしたプログラムである。教師向けプログラムに，「叱りの悪循環をプラスに変える」（岩坂，2004）というスライドを加えた。

　松本俊彦（2006）は，「自傷経験のある1割の子どもたちは，小学校低学年時代に，授業中落ち着きがなかったり，忘れ物が多かったり，授業中ぼんやりして集中できなかったり，教師や親からいつも注意を受けていたといったエピソードのあった子どもたちが多く認められ，人生のかなり早い段階から，『生きづらさ』を自覚していたものが少なくないのかもしれない」と指摘している。このような子どもたちは自尊感情が低下し，親（教師）と子どもの関係性に悪循環が起こっていることが少なくない。その悪循環をプラスの方向に変えるため，我が子の行動の客観的観察や，適切な行動が増えると不適切な行動が減ることなどを示すスライドを用い，親子関係がよい方向に向かうことを目指した。

第5章　子どもを対象とした自殺予防プログラム

「育児『休暇』という言葉がよくありません。
　あたかも，休暇で楽なように表現しているところに問題の根源を感じます。
　本当は仕事です。
　人間がさぼってはいけないすばらしい仕事です。
　生きること，子どもを育てること，この二つが最も重要なこと」
　　　　　　（青野慶久が，齋藤孝との対談で）

子どもでいてくれる時間はかなり短いかも

スライド41

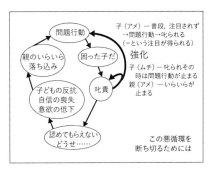

スライド42
関係性の悪循環

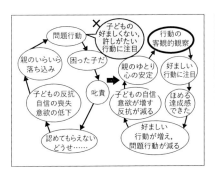

スライド43
関係性の悪循環をプラスの関係に

・肯定的であっても否定的であっても，
　子どもは親の注目を求めている。
・注目されることで，その行為は増えていく。
　　　（参考：児童精神科医　岩坂英巳先生）

好ましい行動	好ましくない行動	破壊的
してほしい行動	〈減らしたい行動〉	他人を傷つける行動
〈増やしたい行動〉		〈すぐ止めるべき行動〉
ほめる	関心を向けない	毅然，きっぱりと
良い注目をする	ほめるために待つ	一貫，体罰はダメ，
具体的に目を		終了したら
		水に流す

肯定的注目：「○○ができて，偉いね〜」
否定的注目：「△△をするなんて！　何回言ったらわかるの！」

スライド44
行動の客観的観察

適切な行動が増えると不適切な行動は減る

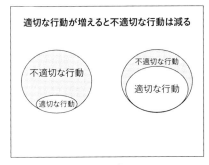

スライド45

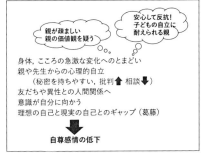

身体，こころの急激な変化へのとまどい
親や先生からの心理的自立
　　（秘密を持ちやすい，批判⬆　相談⬇）
友だちや異性との人間関係へ
意識が自分に向かう
理想の自己と現実の自己とのギャップ（葛藤）
　　　　⬇
　　　自尊感情の低下

スライド46

スライド47

子育ての旬を知る

↓

発達課題を知る

スライド48

「思春期には，積み残しが表に！」

〈行き詰まりのサイン〉
- 悩む　・自分に蓋をする　・身体化
  過呼吸，自律神経失調症，過敏性腸症候群など
- 行動化
  家庭内暴力，非行（盗み），
  リストカット，自己破壊的行動
  不登校，引きこもり，など

スライド49

大人や社会，学校や教師が
「困った問題！」と考える行動

↓

「問題を出す力」がある
助けを求める叫び

スライド50

場面設定：「ごはんよ」と声をかけても，
　　　　　部屋から出てこない。
　　　　　我が子の部屋へ行くと
　　　　　外を見ながら，ぼーっと座っている。

母　　：「ごはんよ」
子ども：黙って答えない
母　　：「返事ぐらいしなさい。せっかくご飯を作ったのに」
子ども：消え入りそうな声で
　　　　「もうなにもかもいや，食べたくない。
　　　　　学校へも行きたくない。消えてしまいたい」

スライド51

	対応	声かけの具体例	感想	○
I				
II	叱る説教	何甘えてるの！学校へ行くのは当たり前でしょう。みんな行っているのだから，わがまま言わないの！		
III	励まし	ご飯食べたら元気になるわよ。大丈夫，大丈夫，がんばって！		
IV	感情を理解する	学校に行きたくないんだ……。ご飯も食べたくないんだ……。		

（うなづき　同じ言葉を繰り返す）

スライド52

- 「一人がよい」という子どもに，友だちや信頼できる人を求める気持ちが潜んでいる。
- 「親は嫌い」という子どもに，親を求める気持ちが潜んでいる。
- 「何もしたくない」という子どもに「何かしたい」という思いが潜んでいる。
- 「自分はつまらない人間だ」という子どもに，「自分はこれでよい」と思いたい気持ちが潜んでいる。
- 孤立と孤独が，子どもを追いつめる。孤立と孤独には「人」が必要。

（青木省三先生）

そのときの振り返り（無記名四件法）では，大変よかったが92.2％，まあまあよかったを加えると100％であった。自由記述での感想は，以下の通りである。

《保護者の振り返り》
○自殺予防のテーマについて
- はじめ，自殺という言葉が何度も登場し，1年生（小学）の親としては大変驚きました。お話をうかがっていて，親として身を引きしめ，折れない心づくりを考えていきたいと思いました。
- 自殺というテーマを軸に，子どもの心境やサポートするために必要なことをお話し頂き，普段あまり意識しなかったことを意識することができました。自分には縁のない話だと無意識に思っていましたが，子どもも小3という大切な時期にあると知ることができ，今後の関わり方を改めて考えるきっかけになりました。
- 普段，子どもの自殺を自分の子どもと照らし併せて考えることがあまりなかったので，改めて自殺者の多さなどびっくりしました。深刻な問題ですが，自分なりに受けとめて考えることができました。
- 自殺についての正しい知識を得ることができました。困った時の行動の取り方もわかりました。
- とても重い問題でしたが，死や自殺を遠のけるのではなく豊かなイメージを持ち，折れない心を育む学校の取り組みに深く感動するとともに，親として心強くなりました。子どもの育ちとともに，親子で正しい知識を身につけ，生きるありがたさを感じていきたいです。

○SOSを発している子どもへの対応について
- 子どもに悩みを相談されたときに，今までは何か答えを出してあげなくてはと思って考えすぎていましたが，心に寄り添って，感情を受けとめてあげて，いつでも，どんな時でも，大好きだよ！と伝えることが大切であるとわかりました。
- 子どもが悩み壁にぶつかった時に，否定も肯定もせず，寄り添ってあげることが大切なんだということがわかった気がします。自分から解決する強さ，自己肯定感を育ててやるためには，まず，身近な親が安心を与えてやることが一番だと思っています。

○普段からの子どもの関わりについて
- 私たちも子どもでしたが，大人になって子どもの心を忘れていることがあることに気づきました。

- 自立するために秘密を持つ，自分で解決する力を持つ，という言葉に納得することがありました。苦しい時を支える3つの柱で子どもを支えていく必要があるということを教えて頂き，今後のヒントにしていきたいと思いました。
- 子どもの視線に立って……，まずそこから始まるのだと思います。これからも，親，担任の先生，学校の先生，友だち……たくさんの目で子どもたちを一緒に見守りたいと思いました。
- もう一度日々を振り返り，0か100ではなく，頭ごなしに叱ったり言い聞かせるのではなく，もっと子どもの視線に立って，もっとこころのゆとりを持って，子どもに接していきたい。
- 子育てをしながら日々悩み，考えながら生活しています。感情的になり，冷静な判断ができないことも多いですが，一呼吸おいて，子どもと向き合えるように努力したいと思いました。
- 子どもたちがいろいろな環境の中で，それぞれの個性を持って育っていく中で，生きていく力は社会全体が担うべき大きな課題と感じました。

　上記の感想からも，保護者にとって自殺予防の正しい理解を深めるだけでなく子育てを見直すよい機会にもなったことが確認された。

　すでに述べてきたように，学校において自殺予防を念頭においた授業に取り組むときには，合意形成のためにも事前にこのような保護者向けの研修会が実施されることが望ましい。また，家庭でも親子でいのちについて話し合う機会がもてるように子ども向けプログラム実施の前後には，「学校便り」や「学年便り」などを利用して，できるだけ保護者にその目的や様子を伝える必要がある。

　下記は，中学校において「いのちの学習」等の取り組みを紹介した200X＋7年度の入学生徒やその保護者に配布した1年生学年便りの一部である。

今年に入ってから，自分を見つめ，いのちを見つめる授業を進めてきました。みんなが自分を好きになってくれたら，自他のいのちを考える機会をと願っての10時間でした。
以下がその内容です。

《自分を知ろう，いのちを学ぼう》
 I 自分を知ろう
  (1) 自分の魅力を知ろう（エゴグラム）   1月22日
  (2) 短所は長所（みんなでリフレーミング） 1月29日
  (3) お互いを理解し合うために（傾聴のロールプレイ） 2月5日
  (4) 聴く専門家・スクールカウンセラーによる授業
   （ストレスマネージメント）   2月7日
 II いのちの授業
  (1) 自分の誕生にまつわる話（家族からの手紙を紹介） 2月 9日
  (2) 助産師さんのお話   2月14日
  (3) 院内学級の友だち（死から生を学ぶ）   2月16日
  (4) 自分の人生を考えるきっかけに（『葉っぱのフレディー』ビデオ視聴）
               2月19日
  (5) いのちを支える三つの柱   2月26日

「もしもわたしが，すべての子どもの成長を見守る善良な妖精に話しかける力をもっているとしたら，世界中の子どもに，生涯消えることのない〈センス・オブ・ワンダー＝神秘さや不思議さに目をみはる感性〉を授けてほしい」
アメリカの海洋生物学者であり，ベストセラー作家であったレイチェル・カーソンの言葉です。みなさんも，いのちについて学び，いのちを感じて，いのちの不思議さや畏れに目をみはる感性を持ち続けてけてほしいと願っています。

2. 保護者向けプログラムの留意点

　青年実業家の青野慶久は，齋藤孝との対談で「育児『休暇』という言葉がよくありません。あたかも，休暇で楽なように表現しているところに問題の根源を感じます。本当は仕事です。人間がさぼってはいけないすばらしい仕事です。生きること，子どもを育てること，この2つが最も重要なこと」と語っている。保護者向けプログラムの根底には，すばらしい仕事である子育てを担っている保護者をねぎらい，勇気づけることが必要だと思われる。そのことが子育てに困り果てている保護者に，何とか乗り切る力を与えることができるのではないだろうか。

精神科医の山登（2012）は，思春期危機でうつ（状態）の子どもの治療例の最後に「思春期の身体は軋んでいたんだろう。その音にきちんと耳を傾けることのできる親の姿勢が，子どもにとって薬よりもクスリになる」と結んでいる。万一，我が子から救いを求めるSOSが発せられたとき，「（死にたいという気持ちであっても）良い悪いで判断するのではなく，そう思わざるを得なかった状況やその奥にあるものを理解することが，我が子に寄り添い受け止めることである」という視点が，子どもを救うのではないかと思っている。保護者にも，我が子のこころの危機のときには，教室：きょうしつ（き：気づいて，よ：よりそい，：受けとめて，し：信頼できる人・専門機関に，つ：つなげよう，つながろう）を伝えることが必要だと思っている。

　研修後の振り返りでは，我が子への不安をしるす文に出会うことがある。保護者が問題に気づいても，多くの参加者の前では思いを出せない人も少なくない。学校がいつでも救いの手をさしのべる準備があることを実感してもらうことが何より大切である。

　高橋（2008）は，保護者向けプログラムの会の終了後，できるだけ目立たないように悩みを聞ける時間と場所を確保し，「適切な介入のチャンス」とすることが望ましい，と述べている。「漫然と問題を抱えていると感じながらも，それについて深く考えたことがない人の場合，話の内容がまとまらず，いったい何が問題なのかよくわかってないようなこともある。しかし，言葉にだして問題を語ることによって，少しずつ整理されてくる。それをじっくり待って，問題を整理するための適切な質問を返していくとよい」と保護者向けプログラムの後に，「個別に相談に乗る機会も保証する」ことの重要性を指摘している。

　このように，すべての教師，児童・生徒，保護者に対して自殺予防についての理解を促し，同時に問題を抱えた子ども・家庭への個別対応を充実させることが子どもの自殺をひとりでも少なくすることに繋がるものと考えられる。今後，子ども向けプログラムの実施に先だって，保護者向けのプログラムも実施することが求められる。

第6章
学校における自殺の危機への対応の実際

　第4章の教師向け自殺予防プログラムを受け，第6章では事例を挙げながら，ハイリスクな子どもへの対応と事後対応について考えたい。

第1節 —— 自殺の危険の高い生徒への対応

　自殺の危険の高い生徒への支援は，先述した「きょうしつ」につきる。ハイリスクな生徒に気づいた教職員が，生き辛さを抱えた気持ちによりそい，ていねいに話を聴き，感情を受けとめて，信頼できる専門家や専門機関につなぐことが重要である。

●事例1　（内容は複数の事例をあつめて，修正を加えたものである）

　高校1年生のA子は，時々クリニックでもらっている薬をまとめて飲み，ふらふらになって保健室に来る。腕にはたくさんの切り傷があり，夜は怖い夢を見ると訴える。中学校との情報交換によると，兄弟は多く家庭環境も複雑で，中学3年生頃からリストカットをしたり不登校傾向になったりして，苦慮してきたという。最近ではこれまで前向きに取り組んでいた家庭や美術の授業もおもしろくないと参加しなくなった。A子を支えようとする養護教諭や教育相談担当教員は，他の教職員から「甘やかしすぎ」と批判を受け，教職員間がぎくしゃくしてきた。A子は養護教諭にべったりで，教育相談担当教員の携帯番号やアドレスを知りたがる。教えない代わりにと交換ノートを始めたところ，「私の居場所はどこにあるの？」とか「消えてしまいたい」と書く。心配になり親に連絡しようとすると「やめて」と懇願する。クリニックにきちんと行くように勧めるが，行ったり行かなかったりの状態が続いている。
---

1. ハイリスクな生徒の理解

a. 希死念慮

　A子が「消えてしまいたい」と交換ノートに記しているのは，広義の希死念慮と考えることができる。消えたいという感覚は，「本気で死にたい」に密接に関連しているという調査報告（松本ら，2009b）もある。希死念慮は，生き辛さで一杯になっている自分に気づいて欲しい，受けとめて欲しいという「救いを求めるSOS」と考えることができる。誰でもいいからSOSを発したのではなく，この先生ならわかってくれるとの思いからである。A子の「消えてしまいたい」という表出に，教師自身が強い不安を持ったり，巻き込もうとしている，自分の方を向かせようとしていると嫌悪感がわき起こるかもしれないが，まず，生徒の思いを受けとめることが求められる。

　根底に人間関係における不信感のある生徒が，特定の教員と相談できる関係を築けるようになると，しがみつくように依存してくることが少なくない。人との関わりを欲しながらも，うまく距離が取れず苦しんでいる結果と考えられる。誰かの愛情を独占しないと不安で，相手が少しでも離れていくのではないかと感じると，つなぎ止めようと必死になってしまう。自殺問題は，「本人といちばん関係を持ちやすい人がケアをするのが原則」であり，「専門家といえども一人で抱えることができない」（日本自殺予防学会，2004）と言われている。「子どもが本当に知りたいことは，生まれてきてよかった，この世は生きるに値するということ」「それが基本にあって初めていろいろ伝えることができ，子どもたちも厳しい事実を受けとめていける」（村瀬，2009）。この事例の場合，A子の「消えてしまいたい」という言動や自傷行為に対して職員間で共通理解が持てずに不協和音が起こってしまったため，組織的な対応を行うことが難しくなってしまったと考えられる。「一人で抱え込むな」などと言われても，周りに助けてくれる同僚を見つけ出せず，実際どのように動けばよいかわからず，右往左往しながら時間だけが過ぎていくこともまれではない。学校現場では担任を前面にたてながら，誰が中心になってケアし，「この世が生きるに値する」ことを伝えていくのかを共通理解することが不可欠である。そのためには，学年会議や教育相談部会，職員会議等において，日常的に「気になる生徒」をとりあげ，生徒理解や対応の具体策を話し合う場を作っておくことが重要である。

b．自傷行為

　A子は中3の頃からリストカットしている。自傷行為は見せるためにしているのだから，巻き込まれないようにした方がいいというアドバイスが流布されていたため，いまだに突き放す対応が大切と考えている教員が少なくない。リストカットは身体の痛みを得ることで，こころの痛み，つまり，言葉にできない孤独や不安，怒りから逃れたり，心のSOSを行動で表しているともいえる。「生きるために切る」と言う子どももいるように，リストカットで死ぬ可能性は低いが，「自殺関連行動」であることを認識し，そうせざるを得ない気持ちを理解することが大切である。

　松本（2007）は，自傷経験のある生徒（約1割）や自傷について考えたことがある生徒（約1割）は，相談できる身近な社会資源に乏しいか相談下手であると報告している。小さいときから親子関係の中で深く愛されたという実感が乏しいと，安心して生きることや人を信頼して相談することが難しい。A子は兄弟姉妹が多いなかでの一番年長で，何事も姉としてがんばらなくてはと母親に甘えることができずに育ってきたため，養護教諭や教育相談担当教員に母性を求めていたとも考えられる。しかし，中学校でも高校でも，A子のリストカットを知り得たという事実から，A子には援助希求能力があり相談したいと思える大人が周りにいたととらえることもできる。これからも信頼できる大人がいるという思いを持ち続けられるように，中心的に関わっている教員を，それ以外の周囲の教員が支えることが大切である。

　ただ，自傷行為は繰り返されることによってエスカレートし，習慣化してしまうことも多い。そうなると，「消えたい」とか「死にたい」というような考えにとらわれるようになり，死に近づくこともあるという。一生懸命な対応をやみくもに行うことが生徒にとって必ずしもよいとは限らない。大げさな共感的対応は，意図しないうちに自傷を強化してしまうこともあり，相手に敬意をもち，「謙虚かつ冷静な態度」（Douglas，2009）が大切である。

2．ハイリスクな生徒への対応

a．感情を理解しようと聴く

　自殺の危険の高い生徒への対応は，教師向け自殺予防プログラムで示したTALKの原則に従うことになる。心配していることを伝え（Tell），A子の気持ちを受け取るように話を聴き（Listen），「消えてしまいたい」という気持ちを避けずに尋ね（Ask），安全を確保する（Keep Safe）ことが基本である。頭では

わかっている「命を大切にしなさい」といった説教は，生徒の態度をさらに硬化させるだけだということを踏まえ，悩みや折り合いの付かない思いを理解しようとする姿勢が求められる。A子の発した言葉から「……では，辛かったね」などと共感したり，「……のように感じているのね」と，受けとめた感情を言葉にして返すことは，混乱した気持ちを整理するのに役立つ。ネガティブな気持ちを伝えても，寄り添ってもらえ気持ちが楽になる体験につなげたい。「適切な人と話すのは，頓服の抗不安薬よりも有効な場合もある」と精神科医（松本，2009a）が言っているように，辛いときには助けを求め，話せた（辛い体験を放せた）という体験を積み重ねることができるように関わることが大切である。

「ビミョウ」とか「ふつう」などという言葉を多用し，感情を言葉でうまく伝えることが苦手な生徒が少なくないため，丁寧に話を聴いて内容を図式化したり，感情の処理の仕方を一緒に考えたりすることも求められる。自分の本当の感情に気づき，それを表現しても否定も非難もされないことを体験してはじめて，死にたいと思う気持ちや自分を傷つけたいという衝動をコントロールできるようになるのではないだろうか。

b．ひとりで抱えこまない

困難な事例を一人で抱え込まないためには，インシデント・プロセス法による体験型の事例検討会（p.125参照）を実施することが有効である。みんなで何が問題かを考え，課題を明確にし，対応策をグループで出し合い，担任やキーパーソンとなる教員を支えていくというプロセスを共有することで，抱え込みを防ぐことができる。丸投げも丸抱えもせず，それぞれの教員の役割を明確にし，みんなで支え合うことによってはじめて，生徒にとって効果的な援助が可能となる。対応の難しい生徒を一人で抱えて指導に行き詰まったとき，周りからの評価を気にするあまり自分の対応を過小評価して自信を失ったり，逆に，周囲の無理解を怒って反発したりしてしまうことも少なくない。特に，担任は指導と受容を一人で行なわなければならないため，周りの教員は言葉に出して労をねぎらったり，しんどさを受容したりすることが何より大切である。そのうえで，情緒的な面にとどまらない具体的なサポートを行うことが大切である。担任が安心感をもてなければ，余裕をもって生徒へ対応することはできない。チームワークが機能するには，対応方針の共通理解を得ることで関わる者の不安感を少なくし，メンバー間の軋轢を防ぐことが不可欠の前提となる。そのためには，普段からお互いの意見を自由に出し認め合うような人間関係と，愚痴も言い合いながらも多少関係がこじれかけても，それを修復できるようななごやかな雰囲気が職場にあることが

求められる。そのような雰囲気作りを促すことも，管理職の重要な仕事である。

　また，ハイリスクな子どもたちとの関わりにおいては，一時的に問題行動が悪化することが珍しくない。たとえば虐待を受けている子どもが，施設に預けられ安心安全を体感し，今まで押し殺していた思いが吹き出し問題行動として表れることがある。回復するプロセスで一時的な悪化を呈することもあるということを知っておくと，「余計に悪くなったのでは」とか「甘やかしすぎでは」などの言葉に疲弊したり，真摯に関わっていることに対する揺らぎが少なくすむ。集団教育の場である学校で，自殺の危険の高い生徒への個別のかかわりは困難を伴うが，松本（2009a）は，「大切なのは援助のプロセスです。その生徒はあなたとのかかわりを通じて，必ずや援助の学び方を学び取っているはずであり，そうした学びが，また次の場所で別の援助者につながれる力を養い，将来における自殺のリスクを減少させると信じてよい」と，ハイリスクな生徒に関わること自体の意味について指摘している。

c．専門家との連携

　A子は，興味を持っていた授業にさえ出なくなっていることから，うつ状態にあることも考えられる。うつは自殺の重要な危険因子である。子どもの自殺予防においても「うつ」の問題は避けて通れない。教師が心の病のアセスメントを行うことが難しいため，養護教諭やSC，医師等との連携が大切である。しかし，その重要性を研修会で伝えると，「過量服薬がはじまり，医療機関を紹介してよかったのか不安になった」との意見が出されたことがあった。青木（2012）も，「今まで，教育や福祉で十分かつ適切に対処されていた」うつ状態の子どもが医療にシフトされ，多くのうつ状態がうつ病になることを懸念している。

　高橋（Alec L., Miller, et al., 2008）は，思春期患者の治療にあたって，「弁証法的行動療法は，自殺予防プログラムというよりは，むしろ生命力を高めるプログラムであり，患者と治療者が協力して，人生を生きるに値するものにしていく」と述べている。精神医療の分野でも，薬物療法以外の多くの手立てが模索されている。「児童思春期精神医療の専門家確保は，十分とは言えない」（厚労省，2002）現状ではあるが，子どもたちと共に人生を生きるに値するものにしていこうとする姿勢をもった専門機関と連携することが重要である。

　A子の場合も居場所がないと言っていることから，学校や家庭での安心できる環境調整がまだまだ必要と思われる。学校だけの対応で行き詰まった場合，専門機関と連携することが大切なのはもちろんだが，その場合でも，教育の専門家の視点から，学校生活を送るためには何ができるのかということを，真摯に考え

ることが求められる。

　また，A子がクリニックに前向きに行くことができていない状況について，受診できないのはなぜか，A子自身の問題と環境を丁寧にみていく必要がある。

d．リストカットへの対応——否定よりも新しいことにチャレンジ

　リストカットも「救いを求める叫び」と捉えることができる。「なぜ切ったの」などと原因追求するのでなく，「ちゃんと自分で立ち直れたじゃない」「落ち着くのに，何が効果があったの」と解決志向で本人のリソースに働きかけることが重要である。学校は集団教育の場なので，特定の生徒への丁寧な関わりは難しいことも少なくない。しかし，自傷行為の訴えには，忙しいときでも次の対応可能な時間を伝えたりして，信頼関係を損なわない関わりを工夫することが必要である。切るか切らないよりも，信頼できる人に心を開ける方がずっと重要である。自尊感情の低い自傷する子どもたちは，「やめなさい」「ダメ」の言葉だけで，すぐに「人格を否定された」と思い込みやすい。「できることはできるという自信に支えられて，できないことはできないから手をかしてと言える力」（福田，1997）を培い，辛くても生きている今を肯定し，他者と信頼関係が結び続けられるように働きかけることが大切である。また，落ち着いているときに，自傷の代替行為・置換スキルを獲得できるように一緒に考えることはとても有効だと言われている。たとえば，氷を握る，腕をフェルトペンで真っ赤に塗る，筋肉トレーニングをする，腹式呼吸をする，絵を描く，音楽を聴く，散歩するなどなど，その子のできそうなことを一緒に探し，効果ある方法を実行できた場合は，ねぎらったり認めたりすることが重要である（松本，2009a）。

　このように，ただ単に問題行動を辞めさせようとするよりも，それに代わるスキルを提示したり，新しいことにチャレンジするように促したりする方が解決に近づくと思われる。

　リストカットへの対応における留意点は，次のようにまとめることができる。

- リストカットをしたことがわかれば，叱責したり不機嫌な表情になるのではなく，その事実だけを冷静に受けとめる。
- 援助希求ができたことや正直に話せたことをねぎらう。
- 一緒に考えた代替行為を確認し，できたときにはねぎらい，解決志向で関わる。

　なお，自傷しないことを約束させるのは好ましいやり方ではないなど，正しい自傷行為への対応策を理解するとともに，今までも述べてきたように教員としてできることとできないことを明らかにしておくことが，ぶれずに関わることにつながる。

e. 過量服薬への対応

「自傷行為と過量服薬両方の経験者の全員が自殺念慮を経験し，8割以上に自殺企図の経験があり，死に対してそれほど恐怖を感じていないといった死生観があることが推測される」と，16歳前後の高校生対象に実施された調査（赤澤ら，2012）で報告されている。A子の場合も，自傷行為と過量服薬といった自己破壊行動が進行する中で自殺の危険が高まっていることを踏まえて，先述したように頭ごなしにこれらの問題行動を否定するのではなく，こうした行動の背景にある生き辛さや困難，精神的苦痛に寄りそい受けとめ，医教の連携によって対応することが求められる。

f. 保護者への対応 ── 内緒にしてほしいと言われたら

A子のように，親には言わないでと訴えられると，教員だけでただ見守っていくというような対応に陥りがちだが，万一の場合には責任を問われることにもなりかねない。しかし，訴えに応じなければ，A子との信頼関係が破綻するかもしれない。まずは，親に伝えることがどうして「いや」なのかについて話し合うことである。実は，子どもが恐れているのは自分の秘密が知られることより，それを知った際の周りの反応である。子どもは大人の過剰な反応にも，また，無視するような態度にも深く傷つく。また，親から叱られると思い込んだり，自分の気持ちをうまく言葉で伝えられないと躊躇していることも多い。粘り強く交渉しても納得できないようであれば，「A子さんのことが心配だから」と了解を得た上で，親と話し合いの場を持つようにする。

面談はできるだけ本人のいるところで行い，親としてがんばっていることをねぎらいながら，子どもの問題行動に過剰反応したり，その正反対に無視したりするような態度をとらずに，生き辛く思っている子どもの心のうちを理解してほしいと伝える。このような教員の姿勢や，親に会う前にどのように話をするか本人と一緒に考えることで子どもは安心し，今後の対応においても生徒理解の点においても役に立つ。

また，子どもが「他の先生に言わないで」と訴えるときもある。守秘義務の原則に立ちながら校内連携を進めることについて，共通理解を図ることができるかどうかが組織としての大きな鍵となる。

g. 急に子どもとの関係を切らない

自殺の危険の高い子どもへの対応において，携帯電話のアドレスを尋ねられたらどうするか，勤務時間以外の関わりをどうするかなど，教員一人ひとりが継続

して関わられるような枠を考えることが大切である。初めは昼夜分かたず関わっていたが，疲れてしまって急にその子どもとの関係を切ってしまうといったことにならないようにしなければならない。子どもは見捨てられたように感じ，今までの人間不信の増幅に陥ることがある。ハイリスクな子どもを支援することは大変だが，自殺予防プログラム実施に際しての課題として指摘したように，①継続的な信頼関係を築くために自分のできることとできないことを見極めること，②子どもの行動や考えを否定したり過度に揺らされることを防ぐためにも，死や自殺に関する自分自身の考えを明らかにしておくこと，が大切である。そのためにも，ハイリスクな生徒の場合，思春期病棟などの入院施設をもち，緊急の際には24時間体制で関わることが可能な学校外の援助機関と連携することが望ましい。

第2節 ── 自殺が起きてしまったときの対応

　自殺予防は3段階からなり（p.98参照），事後対応はさらなる自殺を防ぐための取り組みとして，教師向け自殺予防プログラムのなかに位置づけてきた。不幸にして自殺が起こってしまったときには，事後対応の不手際から学校危機の増幅につながってしまうことが少なくない。文部科学省の「子どもの自殺が起きたときの緊急対応の手引き」(2010)，「子どもの自殺が起きたときの調査の指針」(2011)，「『子どもの自殺が起きたときの背景調査の指針』の改訂について」(2014) に拠りながら，学校としての事後対応の進め方について検討を行いたい。

　悲しみに際して，クラスで子どもたちとどのように向き合うのかはとても大切である。スクールカウンセラー（以下SC）などの助言を得て，教師同士で十分に打ち合わせたうえで，知（事実を伝える）情（感情を表現する）意（これからどうするかを話す）を踏まえて対応することは，生き方指導のチャンスにもなり得る。また，下記のような困難な事案であっても，教員が協力し合って立ち向かっていく姿から，子どもたちが学ぶことは小さくないと思われる。

　　事後対応のポイントとして
- 遺族の気持ちにより添うこと
- こころのケア
- 学校の日常活動の回復
- 自殺の連鎖（後追い）防止

が挙げられる。この4つのポイントを受け，架空の事例（教師の関わりがきっかけと思われ，学校として困難に陥りやすい自殺）から対応の実際について考えてみたい。

● 事例2
　中学校3年の男子生徒が，理科の定期テストの最中にカンニングペーパーを見ているところを発見され注意を受けるが，教師に反抗的な態度をとった。試験を中断させ別室に連れて行き，その後担任（A）・生徒指導主任（B）試験監督者・理科の教師の4人が厳しい指導を行い，さらに夜の7時に親と一緒に校長室へ来るように告げた。2カ月ほど前にも学校のトイレで友だちと煙草をすったことで親も呼ばれて注意を受けたが，その後父親から殴られるということがあった。この日は，テストの最終日で，教員はそれぞれの部活動の指導に当たっていたが，夕方学校の屋上から男子生徒が飛び降りてしまった。かけつけた保護者は，「AもBも許さん！　学校から呼び出しくらってる。ごめん」という男子生徒の携帯メールを見せ，「何があったのか」と教員に詰め寄った。

　この事例のような場合，生徒のメールから遺族もマスコミも「指導死」（大貫ら，2012）として学校バッシングが始まるかもしれない（体罰等教師の対応が不適切であった場合があると思われるが，「指導死」という言葉には違和感を覚える。この言葉は，教師を萎縮させ適切な指導をも躊躇させるのではないかと懸念する。今までの裁判や報道を振り返っても，指導と自殺の関係は非常に難しい問題である）。状況の把握が十分でないままでも，学校は当面の対応を進めていかざるを得ないという困難が予想される。しかし，学校に不利なことがわかってきても，真摯に事実に向き合い，事後対応のポイント4点を目標に本質を見失わなずに対応を進めることが大切である。

1. 初期対応における留意点

　名前の挙がったA，Bの教員には，すぐに詳しく事情を聞く。校長は自ら前面に立ち陣頭指揮をとる必要があるが，すべて校長が直接行うことはできないので，学年代表や必要な分掌の主任を集め「危機対応チーム」をつくる。保護者や報道への対応窓口，遺族への連絡担当者などをおき，チームとして対応策を考える。職員会議も随時開催し，全職員への共通理解をおろそかにしないようにする。
　これらが機能するかどうかは，チーム援助を基盤とした生徒指導体制が平常時に機能しているかどうかが大きく影響する。管理職は，常日頃から危機を想定してシュミレーションを行い，生徒指導部会を中心に危機の際にはどのような役割を果たすのか，年度初めに話し合っておくことが必要である。

万一不幸にも自殺事案が起これば直ちに教育委員会に応援を依頼し，助言を受けるとともに，危機対応において学校で手の回らない部分を補ってもらう。学校支援に入った指導主事等は，学校現場が困っているところを聞き，校長室にいて助言するだけでなく具体的な援助を提供することが望まれる。
　臨床心理士や医師，弁護士などの専門家とも連携を密にし，「第三者委員会」の立ち上げも視野に入れる。CRT（クライシス・レスポンス・チームcrisis response team：通常最大3日間）が設置されている都道府県では出動を要請することも考えられる。
　危機時における初期対応において，より適切な判断のために経験のある教育委員会指導主事や専門家の協力を得ることは，きわめて重要なことである。

a．遺族対応
　子どもを亡くした遺族に対しては心からの弔意を示し，遺族の意向を丁寧に確認しながら学校としての対応を進める。校長と教員A，Bは訪問を急ぎ，どのような非難を浴びても，遺族の気持ちを真摯に受けとめることが求められる。かけがえのない我が子を失った遺族の思いを真摯に受けとめることは，これからの学校危機の増幅を避けることに繋がる。また，一言の発言が大きな問題となる可能性もあるため，いろいろな思いがあっても，まずは聞く姿勢に徹し「経緯をきちんと整理し，できるだけ早く疑問には答えたい」と誠意をもった対応を行う。また，事実を公表する場合には，遺族と情報を共有しながら，できるだけ了解を得るようにする。常に丁寧な説明を続けることが，遺族のこころのケアにも繋がる。
　葬儀等への参加についても遺族の意向を確認しながら進め，兄弟がいる場合には亡くなった兄弟姉妹へのサポートを行うことも学校の大切な役割である。
　また，遺族が，学校からみると事実でないと思われることを話す場合もあるかもしれない。たとえば遺族から事故死として扱うように依頼されることもある。遺族の意向は尊重するが，どのような言葉を使っても，事実は子どもたちの耳に入ると思われる。学校が真実を隠そうとすると，子どもや他の保護者からの信頼を失いかねないので「ご遺族からは○○と聞いています」という表現に止めるなどの配慮をする。

b．児童・生徒の心のケア
　まず，子どもに事実をどのように伝えるかについて綿密に準備する必要がある。クラスによって伝える内容が大きく変わらないように内容の基本形を定めた上で，そのクラスに即して伝え方を考える。全校集会で校長自ら伝えることがしばしば

行われるが，大きな集会を開くとパニックが伝染する危険性があるので，実施する場合は短く終えて，すぐに各クラスで対応する。あるいは集会をせずに放送を使ったり，当該クラスには校長が出向いて直接語るという方法もある。校長のメッセージも，教訓的な内容や「いのちは大切に」というようなありきたりの表現は避ける。子どもたちは「いのちは大切」と頭ではわかっている。要点を箇条書きにし，教職員や教育委員会，SCなどと共通理解をはかり，校長は全体の場では感情を込めすぎないようにし，感情に触れるような話は担任が各クラスで行う。死を悼みどのように伝えるかは，その後の遺族との関係に大きく影響する。

　この事例のような場合は「先生たちのせいだ」と騒ぐ場合も想定し，何をどのように伝えるか，次項のマスコミの項も参考に丁寧に対応策を考えておく。難しい局面が予想される該当学級の担任などが不安そうであれば，その不安に寄り添い，子どもに話す前に，短時間でもよいからシュミレーションをしたり，複数体制で臨むなどの支援を行うことが求められる。このようなさまざまな配慮や学校内外の連携に基づく支え合いが，危機の増幅を防ぐ。

　周囲の生徒のトラウマ（深いこころの傷）や自殺の連鎖のリスクを下げるように心のケアを十分に行う。養護教諭，教育相談担当者，SC，学年主任などによる「ケア会議」を一日一回以上開き，必要に応じて関係する担任や部活動顧問，管理職も加わり，重要事項はすべて校長が把握しておく。日頃から気になる子どもへの影響に注意を払いつつ，自殺した子どもと関係の深い友だち，現場を目撃した子どもなど全体を広く把握することに務める。保健室には多くの来室が予想されるので，応援の教員やSCなどが対応できるようにしておく。子どもの心と身体の健康状態についてのアンケートを行うには，時期，実施主体，記載事項，ケア体制などを詰める必要がある。実施の判断を含めてSCなどに相談する。

　教職員に対するこころのケアも不可欠で，SCを交え教職員が10人以内で集まり率直に体験を分かち合う場を持つようにする。ほとんど寝れない状態が3日以上続く教職員がいた場合は，医療機関をすすめるなどの配慮も必要である。診断書等がでた場合には，その教職員の意向を第一に対応し勤務の続行が可能でない場合は，教育委員会などの応援態勢を強化する。

c．マスコミ対応

　2社以上の取材依頼があった場合は記者会見を開くつもりで準備を始め，報道対応については窓口を一本化すべきである。記者会見を実施する際は，教育委員会に準備とともに，同席または司会進行など具体的なサポートを依頼する。情報が不十分な早い段階で，「教員の不適切な対応はなかった」などと発信したり，

反対に断片的な情報公表により，それのみが原因であるかのような誤解を招きかねないことから，慎重な対応が必要である。また，正確な情報の提供をためらっていると信用を失い不信の増幅につながる。校長が「たとえ学校に不都合なことがあっても，事実は事実として向き合っていく」という姿勢を示すことが重要である。プライバシーへの配慮とともに，自殺の連鎖にも配慮しつつ，外部に出せる情報は何なのかを明確にし，出せる情報は出していくといった姿勢も必要である。保護者，子ども，マスコミへの説明がちぐはぐにならないように，①発生事実の概要，②対応経過，③今後の予定，などについて整理しておく。また，文書で出せる内容，口頭でのみ伝える内容，質問があってから説明する内容などに分けておく。自殺は複合的な要因が重なって起こることから，原因についての発言は特に慎重にし，確認できた事実だけを伝える。因果関係については第三者委員会が設置されれば，その判断にゆだねることを明言し，学校を守ろうとすることから発する不用意な発言を厳に控える。

d．保護者・地域対応

遺族の了解を得ながら，できるだけ早い段階で保護者会を開くつもりで準備を進める。マスコミ対応の項を参考に，保護者向けの文書を発行する。また，保護者が子どもに適切に対応することができるように，子どもへの接し方や校内のカウンセリング体制，外部医療機関や相談先の情報などを適宜知らせる。保護者会では，SCなど，ケアの専門家に講話を依頼する。保護者の不安に対応できるように，保護者会終了後は教師やSCなどは出口で待機し，個別の相談に応じる。

2．背景調査の意義と進め方

a．背景調査の進め方

客観的で正確な事実を把握することが何より大切である。連絡が入った直後から情報収集し事実関係を時系列に整理し，可能な限り詳細に記録しておく。学校が判断できないこともあるので，警察が公表する情報などからも事実確認していく。教職員が気になることを「危機対応チーム」に情報提供しやすくするために，全教職員の共通理解が不可欠である。全職員で知恵を出し合いながら学校危機を乗り越え，これからの学びにしていくという姿勢が大切である。自殺の動機や背景はすぐにはわからないことが多いと思われるが，遺族が「どうして我が子が自殺したのか，何があったのか」を知りたいと思うことは自然なことであり，「遺族の最高のケアは『事実を知ること』だと多くの遺族が語っている」（高橋，

2011)。子どもの自殺の多くも，さまざまな原因からなる複雑な現象であることをふまえ，きっかけとともに，ストレス，こころの病，家庭的な背景，独特の性格傾向，衝動性などといった背景を探ってこそ，自殺の実態に迫ることができる。また，そのことが予防にも繋がる。遺族との関わりを大切にしながら3日以内を目途に全教職員からの聞き取り，指導記録等の確認整理，状況に応じた子どもからの聞き取りなど，事実を認知したその日から始める。学校に不利なことがわかってきても真摯にその事実に向き合うことが，問題をより大きくせず早期の収束に繋がる。

　このような調査は，基本調査と呼ばれるものである。自殺又は自殺が疑われる死亡事案について全件対象とされている。あくまで情報収集から事実関係を整理するもので，その調査の主体は学校が想定されている。

　しかし，この事例のように学校の要因が大きいと，詳細調査に進んでいくことになる。詳細調査では，心理や精神科医，弁護士などの外部の専門家に入ってもらい，事実関係の確認のみならず自殺に至る過程の分析評価を可能な限り行う。公立学校にあっては学校の設置者が調査の主体となる。できるだけ遺族の了解を取りながら，報告書の作成や公表を行う第三者調査委員会等が必要になることもある。第三者調査委員会等は，悪者探しをしたり誰かに責任を擦り付けたりするといったことがないように配慮し，どうしてこのような事例が起こってしまったのかという真相究明と，どうしたらこのような不幸なことが二度と起こらないようにできるのかという予防に繋がる調査であることを共通認識することが大切である。今までの報道から，自殺の原因究明だけでなく事後対応に関わる内容の調査に及ぶことが少なくない。事後対応においても，学校・教育委員会等の組織としての在り方，学校危機の増幅の防ぎ方の究明もなされるべきである。

b．背景調査の意義 —— 事実に向き合う

　2012年大津市では，2011年10月市立中学2年の男子生徒（当時13歳）が自殺した問題で，学校や教育委員会の隠蔽体質がセンセーショナルに報道され，2012年7月には警察が学校を捜索するまでに至った。また，同年9月兵庫県川西市でも，高校生の自殺をめぐり，連鎖を恐れてか，遺族に「不慮の事故として生徒たちに伝えてはどうか」という打診がなされたことから，隠蔽の意図があると激しく非難された。

　子どもの自殺は受け入れがたく，周囲への影響も計りしれない。しかし，学校が真実に向き合おうとする姿勢をもつことによってはじめて，学校危機の増幅を避け，次の新たな不幸を避けることができる。子どもの自殺の事後対応におい

て，事実に向き合うことの重要性が教育現場でどれだけ実感を伴って理解されてきたのであろうか。

　数年前にさかのぼると，2006年10月，北海道滝川市のいじめに端を発した小学生の自殺事案をめぐって，学校・教育委員会の隠蔽体質が全国版でセンセーショナルに報道されたこともあった。引き続き，10月11日には，福岡県筑前町における中学2年男子の自殺もマスコミで大きくとり上げられる。文部科学省は滝川市に17日，筑前町に18日，職員3人を派遣し事情を徴収，19日にはそれぞれの経緯や事実関係，その時点での課題や反省点（いじめに関して事後調査や公表に問題があったこと，教員の不適切な言動など）を，ホームページで公開し，「問題を隠さず，学校・教育委員会と家庭・地域が連携して，対処していくべき」と，隠蔽体質の改善ともに，いじめへの対処について，各都道府県教育委員会へ指導を行うようにとの通達を行っている。

　この通達（2006）は，学校や教育委員会の隠蔽体質へ心して振り返る必要があることを示しているといえるが，大津の事案（2011年に起こり，マスコミが大きく報道したのは翌年）でもみられるように，各学校で活かされたのかどうか疑問である。このような経緯もあり，2013年「いじめ防止対策推進法」が制定された。

　ただ，文部科学省の通知やこの法のタイトルから，子どもの自殺を防ぐ方向性がいじめに焦点化されているように思われる。いじめへの取り組みは言うまでもなく重要な課題であるが，これまで何回も述べてきたように，いじめに取り組むだけでは子どもたちの自殺を少なくすることには繋がらない。子どもの自殺に関わり設置される第三者調査委員会の名称を，大津市は「大津市立中学校におけるいじめに関する第三者調査委員会」，川西市は「いじめに関する調査及び再発防止に係る委員会」としていたが，このような名称で本当に子どもの自殺予防に資する調査が可能なのかどうか，疑問が残る。

　自殺の真相究明においては，真実に向き合うのが学校だけであるならば，子どもの自殺を減少させることは難しいと思われる。アメリカやオーストラリアのように，何が子どもに命を絶たせるのかということを，教員だけでなく保護者，地域も含め大人が事実に真摯に向き合うことが何より大切であると考える。

第三部
［事例編］
ケースから学ぶ自殺リスクへの対応

プライバシー保護のため，複数の事例をまとめ，修正を加えたものである。

事例1　生徒の自殺企図に関わったケース（学級担任として）

a．概要

　学級担任として中学2年から関わった女子生徒の事例である。小学校の高学年頃から髪が抜けはじめたが，人には気づかれなかったらしい。中学1年生になるとテニス部に入り友だちと楽しく練習にも参加していたが，夏休みに入ると友人に分かるぐらい抜け始め，11月頃から学校も休みがちになる。

　中学2年生で担任となる。はじめは元気に登校していたが，6月になると欠席がちになり，2学期に入ると学校にほとんど登校できなくなる。連絡を取ろうとしても電話口に出なかったり，自宅に出向いても会えないときもあった。しかし，何度か家庭訪問を重ねるうちに，少しずつ話ができ，ビーズ作りなどの手芸をしたり勉強も一緒にできるようになった。

　沈み込んでいる様子から，登校刺激はできるだけ避けた。昼夜逆転がはじまってからは，家から外へ出た時にはそのことを支持し，朝起きること，洗濯物の取り入れなど家の手伝いすることを促した。友人と顔を合わせることを極端におそれたが，夜には母親と犬の散歩に行くこともあった。母親は対応に困ると，「内緒にしてほしい」と言いながら，公衆電話から，あるいはそっと学校へ来て相談を求めた。

　しばらくすると，鞄に荷物をまとめて家を出たり，「死にたい」と線路に飛び出したり，鴨居にひもを掛けたりなどし，母親が必死で止めるしかないという状況になった。「誰にも言わないで」という母親の言葉に，家族の意をくむべきなのか，学校として援助体制をとるべきなのか，迷い続けた。母親が引きこもった我が子の死の衝動に困り果て右往左往している状況に，何とかしたいという思いだけが先走り，どのように関わってよいのかわからないまま，試行錯誤の連続であった。このような困難な状況を何とか乗り越えることができたのは，（保護者も筆者も）信頼するX先生の存在があったからであった。担任である筆者をたて，保護者の意向も大切にしながら，一緒に対応策を考えてもらうことができた。

　X先生に支えられながら，担任として何とか母親の話を真剣に聴き，その気持ちに寄り添うようにつとめ，本人が興味を持ちそうな教材を探して家庭訪問を行い，できるだけ笑顔が出るように心がけた。また，友人との関わりを少しでも持てるように，学校の様子についてはいろいろと伝えた。クラスの一員であることを他の生徒にも忘れずにいて欲しいと考え，学級通信には本人の書いたものやク

ラスメートが本人について触れたことは，許可を得てできるだけ載せるようにした。また，皮膚科・児童相談所などに行くことを勧めたが，「効果がない」「嫌な思いをした」「行く気がしない」と言って，行動に移すことはなかった。

外出した時に誰かに見つかることをとても怖がっていたが，「学校も医者も認めていると，堂々と外へ行けばいい」と促し続けた。時には昼にも，母親と一緒に買い物に行ったり，お寺参りに行くことができたと聞いたときには本当にホッとした。

毎日の連絡表には，クラスメートの温かな言葉も添えられて，近所の生徒がプリントや宿題と一緒に必ず届けてくれた。この友人の存在は，担任にとってクラスメートと当該生徒をつなぐ大事なパイプ役であったが，学校へ行くことができない状況で毎朝誘いに来てくれることが時に負担にもなっていたようである。関わり方で迷ったときには，思い込みで動かず，まず本人にどうしてほしいか尋ねることの重要性を痛感した。クラスメートとのつながりと本人の意を大切にすることの兼ね合いを，筆者自身が生徒たちとともに学んだように思う。

2学期の後半になると，漢字ワーク1ページと日記を小さな袋に入れ，担任のもとに届くようになった。多少なりとも落ち着いてきたこともあり，3学期の修学旅行には何とか参加できるようにとクラス全体で取り組んだ。クラスメートは，毎日の連絡表にもさりげなく修学旅行のことを書いたり，スキーの服を持っていったりして参加を促した。出発前日には「白い雪とさむーい空気が私たちをまってる」「スキーの服，ださいけど来いよ」などと，思い思いの言葉を添えて寄せ書きを作った。その甲斐があってか，出発の朝まで迷っていたが，修学旅行に参加することができた。修学旅行中は友人と一緒に行動していたが，その後登校には至らなかった。

3年生になり，担任は20代の若い男性（Y先生）となった。熱心に対応したが，当該生徒との関係はスムーズにはいかなかった。家庭訪問するY先生に「帰って！　いや！」と部屋の中から叫んだりもした。「会ってもくれない，どうしたらいいか」と相談を受け，その後，主に，Y先生は母親に，筆者は本人に関わることにし，連携をしながら対応することになった。3年生の後半になってから，1・2年生当時の辛い思いを少しずつ話してくれるようになったが，登校できる手がかりをつかむまでには至らなかった。Y先生は一人で抱え込もうとせず，元担任に相談する柔軟性を持っていたので，進路指導についても一緒に対応するようになった。

県の教育研究所相談部のカウンセラーと連絡を取ったうえで，カウンセリングを担任から勧めると，何キロもある研究所へ自転車で母子で通うようになった。

その後も紆余曲折はあったが，高校へ進学することができた。
　4月から毎日登校したが再度髪が抜け始め登校途中の電車でいやな目に遭った等で学校へ行き辛くなったとの相談を受け，家庭訪問したり高校へも出向き，中学校での様子や配慮していたことを再度伝えた。高校の先生は毎週家庭訪問をし，彼女と学校とをつなげる取り組みを行った。妹も同じ高校に進んだ。

b．考察
　高校卒業後に出会うと，中学生の頃は髪が抜け始めてから心ない言葉や仕打ち（具体的には聴けなかったが）を受け，人が怖くなって外に出にくくなり，登校したときは「死にたい」「学校で死んだら……」そんなことばかり考えていたと打ち明けた。やっとの思いで登校した本人の，それほどまでに思い詰めた心情を，当時は察することが出来ていなかった。辛い気持ちを吐露することもなく自分の胸だけにしまい込み，殻に閉じこもり，どんどん落ち込んでいき，ついに登校できなくなったのであった。
　母親から自殺企図などの相談を受けてからも，死を思う気持ちを聴くことに，筆者自身が不安を抱いていたような気がする。死や自殺に対する自らの考えや態度が明白になっていたなら，母親と「どうして内緒にしてほしいのか」を話し合ったり，本人の思いをもっと受け取ることができたかもしれない。また，自殺企図や希死念慮を抱いていることに対して，心療内科や精神科などの専門機関を勧めることも知らずに対応していた。学年，学校全体の問題として解決していくという方向性を打ち出すこともできず，援助の幅を狭めてしまったが，X先生をはじめ，いざとなったら親身に支えてくれる学年の先生方がいると思えることで，何とか継続して関わることができたのだと思う。
　3年生の担任決定については，思春期の女子の心理的特徴を十分に理解したうえで行うべきで，女性の教師の方がとけ込みやすかったであろうことを考えると，配慮が足りなかった。担任決定の会議では，自分より他の教師の方がもっといい関わりをしてくれるのではと思い，担任をすると名乗り出ることができなかった。
　この事例では，表面にあらわれた不登校に対応するのが精一杯で，死と向き合いながら苦しんでいる彼女の気持ちに働きかけるような関わりができていなかった。
　その当時学校内は，対教師暴力（中年男性教諭の肋骨骨折）・器物破損（教室のガラスやドアが壊され，トイレの便器まで破壊）のような反社会的問題行動が日常的に現れ，学校全体が非社会的な問題を抱える生徒に目を配る余裕が持てない状況があった。だからといって，適切な対応ができなかったことが許される訳

ではない。どのような状況にあっても，さまざまな生徒にきめ細かに対応できるような生徒指導・教育相談の体制を整え，生徒理解を深める努力が何よりも必要であると考える。

c．そして，今

　本書を出版するにあたり，了解を得るために出会ったとき，彼女は，「（中学生の頃）『学校へ行け行け』と言われるし，最初は我慢して登校していた。身体に異変が出て，おなかが痛くなった。『死ぬくらいやったら学校行かんでもいい』と父が言ってくれた。休めるとわかったら，楽になった」

　「家に居場所があったから，今生きてる」

と，20年以上前を振り返りながら，穏やかな表情で話した。

　家では，壁をたたいたり大きな声を上げたことも話してくれた。鴨居にひもをかけたときの状況を，「今でもどうしてか，わからない」「もう，いやっ！って思って，気がついたら，首にひもをかけていた。母親が見つけてくれたから，生きている……」

　「あの頃，うつ病になっていたように思う。ずーっと，ぼーっとして，ただ生きているだけだった。ずっと我慢をしていて，ばっ！と爆発した」

　子どものうつ病に関して，大人と違って抑うつ状態だけでなく，いらいらしたり反抗的にみえる行動が伴うと言われているが，この言葉から抑うつ状態になりながらも，さまざまな衝動的な行動が誘発されている面がうかがえる。

　また，中1の思い出として，配布プリントを後ろに回したら，「このプリント捨てなあかんな」などと汚いもの扱いされ，周りの友だちも聞いているはずなのにその状況が続いたことから，ますます人間不信になっていったと言う。また，クラスメートが心ない言葉を発したことへの指導に一緒に呼ばれ，加害者が「自分は言っていない」というのをずっと聞いているのが辛く，とても傷ついたという。長い年月がたっても当時の様子を克明に語るのを聴きながら，同じ学年に所属していたにもかかわらず，その事案を学年の問題として取り組んだ記憶がなく，担任一人の孤軍奮闘に任せていた自分の至らなさを思う。

　また，そんな辛い思いをしていた中で，「X先生が，『一言で傷つく子がいるんよ』と社会科の授業で話してくれた」ことが，自分に寄り添ったクラスへの指導として救いとなったと鮮明に記憶していた。「差別（いじめ）するものは水に流すが，されたものは石に刻む」とのX先生の言葉も忘れられない。今，いじめへの対応が教師一人一人に課せられ，組織での対応が求められているが，どう子どもを理解するのか，どう教職員が力を合わせて解決に向けて取り組んでいくの

か，それとともに，傷つき体験をどのように具体的にサポートできるのか考えさせられる。

修学旅行に参加したくなかった理由を，「顔を見ると，1年生のことを思い出すのが嫌で……」，また，長期間の欠席から「みんなは楽しそうなのに，自分は話す友だちもいないと思って……」，でも，「何回も誘われて，断れなかった」そんなためらいながらの参加にもかかわらず「バスの出発からしばらく後，クラス写真になり，ずっと残るのかと思ったら，（スキー場に着く前から）よけいにテンションが落ちて……」と，語り続けた。

〈最初のクラス写真から辛かったのね。気づかなくてごめんね。……そのようなとき，担任として何ができてたらよかったのか教えて〉と尋ねると，しばらく沈黙してから，「もし，『写真大丈夫？』聞いてくれたら……，いややと言えなかったかもしれないけど，違ったと思う」と，話してくれた。バスの中から何人もが帽子をかぶっていたため，最初の写真撮影から暗い気持ちになっていたとは想像もしていなかった。生徒の不安や悩みを受け取る感性を高めること，聞く（聴く）こと，自己決定の機会を設けることの重要性を改めて思い知った。

「中学生の頃のことを少しずつ言えるようになり，20歳過ぎた頃から，母親にばーっと話せるようになった」，母は「そのとき言ってくれたら，何とかできたのに……」と言ったという。新聞等でも，既遂してしまった子どもたちの死への思いを気づけなかったと振り返る遺族の方が少なくない現実を考えると，関わる大人との関係性の構築とともに，声に出ない思いを知ることの難しさを思う。と同時に，いじめへの対処においても自殺予防においても，気づく力，関わる力，つながる力，また，子どもたち自身が自分の感情や気持ちに気づき，辛い気持ちを吐露したり相談する力を培う取り組みの必要性を痛感する。

また，一方で，自殺企図という行動化を問題行動としてだけ捉えるのではなく，問題を行動で出せる能力があるというプラス面を母親と共有しながら，その力を明日に生きる前向きの力に転換できるよう考えていたなら，本人への対応も変わったのではないかと思われる。

高校になって，「電車で，中学生だけでなく，普通の大人でも，（頭を）指さして心ないこと言うんや，とよけいに人間不信になった」と悲しそうに話した。「意識過剰かもしれない」「母が，人はそんな見ていないというけれど，やはり気になってしかたがなかった」と，物事のとらえ方を変えることができたらと自分を振り返っていた。

別れ際に，「中学生の頃は，どうやって死のうかとばかり思っていた，今は，どうやって生きていったらいいのかと……・」と，語る彼女の成長に安堵ととも

に，その言葉の重みと，これからの人生の幸せを祈らずにはいられなかった。

事例2　同僚との連携を模索しながら関わったケース
（教育相談係として）

a．概要

　中学1年から教育相談係として関わった女子生徒の事例である。元々住んでいた地域でさまざまな問題を起こし，2学期に転校してきたが，友人にうまくとけ込めず，10月半ばから保健室に頻繁に出入りし「もどしたり，血を吐いた」と訴えるようになった。11月に入り，父親が様子がおかしいと病院へ連れていき，そのまま入院となった。半月程たった頃，医師より「内科については完治。思春期における精神的不安定により，成長段階における自己防衛であろう自傷行為がみられる。退院したくないのでは？　2学期は様子を見て，3学期からは学校で受け入れられるように体制をつくってほしい」という助言を受けた。

　3学期に入り登校するようになったが，まず保健室へ行き，そのまま早退する日が続いた。1月はじめには家の風呂場でリストカットしたこともわかった。医療機関と学校とで協議し，「苦しさをアピールしているのだから精神面のケアが必要」ということになった。

　学校では，個別対応を行うためのチームを編成した。受け入れ体制が整うまでは家庭訪問を行い，登校は無理強いしないようにした。母子で児童相談所にも行くことになったが，1回しか行かなかった。

　2年生の始業式以降は学校に来て教室に入ることもできたが，トラブルもよく起こった。しばらくすると担任に，自分の無実を訴える手紙を託した。それには，「むしされ，さけられ，生きる力がなくなった！　誰でもいいから私を殺して。お願いっていう気持ちばかりなの。わたしを信じてください（以下「　」は原文のまま）」と書いてあった。

　その後も，友人に「自分の作詞した曲が，有名人に買われた」「5階から飛び降りたが，人が受けてくれた」などと語ったり，ある時は「理科の先生・英語の先生にあてられて，なかなかこえがでなくなったんです」「学校くるとちゅうから，またなんか，言葉がでなくなって，目の前が暗くなって，くるまにひかれそうになって，言葉がしゃべりたくても，しゃべれなくなったよー」とメモでしか話さないようになった。「教室にはいるのが怖い。保健室に行きたい」とも訴えた。手首の傷を見ると，最近切ったような痕があった。虚言や自傷行為を繰り返

し，教師もクラスの生徒も振り回された。

　思春期外来の担当カウンセラーからは，「自分を守らなければならない本人が求めているものを，わかってやるべき。追求することでは，変われない」という指摘を受けた。また，医師からも，「犯人探しをするのでなく，SOSを受け止めてやるべき。詳しく聞く中で，矛盾がでてくるはず。周りの環境を整えることにより人格を成熟させることが重要」との助言があった。このようなアドバイスも受け取り方が違ったり，集団教育の場である学校では周りの生徒との関係もあり，専門家からの助言を指導にどういかすかという点で職員間の共通理解を図ることが難しい一面があった。

　7月には，学校内のトイレで小刀で手首を切った。「同じこと，いっぱい起こって……苦しくて，死にたい気持ちやった。自分では，（リストカット）やりたくなかったけど，教室へ行って，よく声をかけてくれる子に『おはよう』と言っても，話に夢中で，何も……。トイレにタタタッーと走って行って（リストカット）してしまった。誰にも話でけへんなーと思って……」と，落ち着いてから振り返った。

　その後も，家や学校でいろいろな問題を起こしたため，2学期からは，週あたり10時間の非常勤講師が当該生徒のため配置されることになった。時間的にも，人的にも個別対応が可能になり，別教室での授業も行うことができるようになった。

　3年生になり，すべての時間に個別対応が可能となるよう人的配置がなされた。クラスで過ごす時間と個別で授業を受ける時間を学校内で調整し，きめ細かい対応を図った。落ち着いてきたと思われていたにもかかわらず，7月に入ると，男子生徒たちが彼女の家の前で騒ぎ，近所から学校へ通報が入るということがあった。教師数人で自宅に駆けつけると，ガラスが散乱し足の踏み場もない部屋のなかで，右手首を深く切って昏倒し，ソファには多くの血がたまっていた。母親に連絡し，すぐに救急車で搬送した。

　9月になり，それまでは，いじめられていると自分を守ることに必死であったが，7月のことを振り返って，「信じられないと思うけど，私の体の中には，もうひとりの自分がいます。それを聞いたのは，中1の時でした。本当の私は，J君を傷つけたり，苦しめたり，みんなを傷つけ苦しめ悲しませることしたくないのに，もうひとりの自分が，J君やみんなを苦しめているなら，本当に本当にごめんなさい」と，自分を見つめ，素直に自分の気持ちを文章にすることができた。2学期になってからは，係の仕事や給食の用意など，クラスの仕事をきちんとするようになった。10月に入り，思春期外来の医師から，「今までにない，いい面がでている。クラスで役割が与えられ，評価してもらえるのがいい」との話

があった。

　しかし，2週に1度の専門医の治療も母親が通院させたくない気持ちを持っていたため，治療は途切れがちになってしまった。その後も，何度か自傷行為を起こしたり，大量服薬で胃洗浄の処置を受けたこともあったが，なんとか卒業することができた。卒業後，「先生，私ね，3年のクラスには，本当元気をもらったよ。私は15年間で一番幸せだったよ」という手紙が届いた。

b．考察

　友だちがほしくて，現実と想像が交錯してしまったり，異性にもてたいかわいい自分といじめられるかわいそうな自分とにどう折り合いをつければいいのかわからず，つじつまが合わなくなると自傷行為を繰り返していたのではないかと思われる。

　思春期の特徴の一つである強く友だちを求める気持を，まわりに受けいれられないような形でしか表出することができず学校で不適応に陥った。さらに，学校内で自傷行為を繰り返し，周囲の教師や生徒たちも巻き込まれた。

　もしも，そのような生徒を学校から排除したいという思いを持ちながらの関わりを行ったならば，生徒自身の成長も望めないし，教師にも徒労感のみを残す取り組みになってしまいかねない。徐々に教師集団が皆で支えようとしたことが本人の落ち着きにつながったと思われる。学校全体が大変な困難に直面したこともあったが，生き辛さを抱えている生徒への対応を通じて，クラスメートも教師も成長していったのではないだろうか。また，最悪の事態に陥ることなく，苦しみながらもなんとか困難を乗り越え卒業できたことは，かけがえのない経験になったと思われる。

　キャプラン（Caplan, 1964）によれば，大きな危機が生じたとき，人は通常次のような4段階の反応を示すとされている。

　　第1段階は，それまで習慣となっている問題解決方法を用いる。
　　第2段階は，これがうまくいかぬ場合は，緊張・混乱・無力などに陥る。
　　第3段階は，個人に潜在する予備力を動員するが，成功せず諦めと放棄に至る。
　　第4段階は，緊張が限界を超え，破局に達し，個人の安定の重大な解体に至る。

　彼女の問題行動は，思春期危機のなかで人と繋がり自分に注意を向けさせるために，ありのままの自分ではなく，理想化した自分，そうありたいという自分を虚言で他者に示す問題解決方法が習慣となって現れたものと考えることができ

る。さらに，この現実離れした方法は友人の抵抗・抗議にあい，ますます混乱に陥いってしまった。そして，緊張が限界を超え，破局に達したとき，自傷行為を引き起こすに至ったのであろう。やがて，習慣化した自傷行為がキャプランのいう第一段階の問題解決法になっていった。

　この事例が生じた時点では，学校には教育相談のシステムもなく，2年半の間，試行錯誤の連続であった。当該生徒の「死にたい」という言動や自傷行為に対して，いろいろな捉え方がなされ，職員間で不協和音が起こったこともあった。まわりの生徒を巻き込んでしまうことが多かったため，集団指導が基本の中学校においては，その対応に苦慮することもしばしばであった。指導と受容を一人の教師でおこなうことは難しく，どのように協力体制をつくり担任をささえたらよいのかという点について有効な具体的策が見つからず途方に暮れたこともあった。生徒を多面的に支援するためには，教師間の共通理解に基づく協働が何よりも必要であることを痛感した事例であった。

　しかし，紆余曲折を経ながらも何とか卒業できたのは，管理職が職員の意見を吸い上げ，担任・学年だけの問題でなく，学校全体の問題として取り組むことを促し，人的な配置もなされたことが大きかったように思われる。また，学校外の医療機関（小児科・思春期外来）とも連携がとれたことも大きな力となった。もし，そのようなことがなければ，仲間とともに卒業式に参加させることは難しかったのではないだろうか。生徒への援助体制を十分に機能させるためには，学校内の協働体制や専門機関との連携が偶然に左右されることなく，日常的に構築されていることが重要である。

　また，学校の関わりとともに，子どもの成長は親の養育態度に左右され，家庭の影響を直接に受ける。「自殺の危険の高い青少年の背後には，自殺の危険の高い親がいる」（高橋，1999）と言われている。実際，児童生徒やその保護者に関わっていると，家族崩壊，虐待，過干渉など，保護者が親としても機能を十分に果たせないために子どもの自殺の危険が高まっているのではないかと思われる場合も少なくない。家庭環境の問題を抜きにした生徒支援は考えられず，福祉などの関係機関とも連携を取らなければならない。しかも，問題のある家族はなかなか助けを求めることをオープンにできないため，教員は声なきSOSを察知する必要がある。そのためには，日頃から親のしんどさを受け入れ，親との信頼関係を築いたうえでできるだけ細やかに情報を交換し合い，悩みを抱えた親へのサポートを学校の限界を知ったうえで進めていくことが求められている。

事例3　学校・関係機関との連携をめざして関わったケース（院内学級担任として）

a．概要
● 高2になったときに自分で開設したホームページより

中2の夏くらいから急に自分は痩せなきゃと思い始め，だんだんと食べる量が減っていった。体重が増えることに心を許せなかった。両親や周りの人たちに，「痩せすぎ」とか「もっと食べっ」と言われるたびに私の心はだんだん凍っていった。

自分は痩せることがすべてだった……。

みんなに色々言われることは，私にとって私自身を否定されてるみたいにさえ感じられた。そんなうちに体重は30kgをきり，入院。

たしか2月の終わりくらいだったと思う。

ゆっくりとした時間の中でみんなの優しさに触れ，だんだんと私の心も回復していった。もともと食べることが好きな子だったから身体はすぐに元に戻った。

6月くらいに退院もできた。

でも，元の学校には戻れなかった……。いわゆる登校拒否ってやつです。家にいても辛かった。もういやだな，死んじゃいたいなって何度も思った。

養護学校が隣接している病院に入院してみないかと言われ，自分でもこのまんまは良くないと思っていたから，入院してみることにした。今はもう退院しているけど，養護学校に通学の許可がでたので家から通ってます。

入院して良かった。ほんとにそう思う。自分とちゃんと向き合えた気がする。言葉にできないようなこと，いろいろ学んだ。人の痛みも少しはわかるようになったと思う。自分が少し大きくなった。今もまだ摂食障害をひきずってはいるけど死にたいなんて思うこともなくなったし，バリバリ元気。

院内学級担任として関わった女子生徒の事例である。中学2年生の秋から学校で声がでなくなり，体重がどんどん減り，いくつかの専門機関を受診しているうちに家で倒れ小児科に入院し，院内学級に入級することになった。原籍校（中高一貫進学校）担任より，「しっかりした優等生。思いやりもあり，よく勉強もする」と連絡がある。入級初日，物静かで，感情をあまり表にださない生徒，という印象をもった。

院内学級入級　2日目　　　　　　　　　　《　》は生活ノートより抜粋

《精神科の先生にも今日，「点滴をしたほうがええんとちゃうか」と言われてしまいました。私は，本当にそんな大変な状態なんでしょうか。前とまったくかわらないのに……》

8日目
《でも，やっぱりふえるのはイヤです。これ以上へると死んでしまうといくら言われても納得できません。本当にそんなにあぶないのでしょうか。》

10日目
《自分で自分がとってもこわいんです。私は，一体何なんでしょうか。》

17日目
《私の"かっとう"はどうすればいいのでしょう。最近，35kgまでなら（食べようか）と思う反面，太るのはイヤだし，昨日体重をはかると31kgでした。ショックです。でも，退院したい！　ど～したら……》
「夜になると，葛藤して，眠れない」と訴える。

44日目
《この病院ののんびりとした中で，他では学べないことをいっぱい学べました。それにお母さんとも何でも話せるようになったし，私もあの作文（院内学級通信）を書いた人と同じで，なぜもっと早くお母さんにやせたいという思いを言わなかったんだろうと思っています。でも，今は言えるから幸せです。》

47日目
《このノートをはじめから読み直してみると，なんてバカなことを考えてたんだろうって思います。あの頃は，死んでも良いと思っていたんだと思う。何が正しくて何がダメなのか，そういう判断もできないくらいになってたんだと思います。あの時，お母さんやお父さんが無理に私をここへ連れて来なければ，私は，この世にいないかもしれません。感謝しないと。》

57日目
《自分はひとりぼっちだと思ってました。でも，入院して，遠いのに本やカセットテープなどをもって来てくれる友達や毎日来てくれるお母さん。外出の時「元気になってよかった」と泣いてくれたおばあちゃん。その他大勢の人が，わたしのことを本当に心配してくれてるのがわかりました。どうして私は一人だなんて思ってしまったんでしょう。こんなに思ってくれてる人がいるのに。～あ～なさけない。》

b. 考察

　思春期の揺れの中で，『食べる』ことを通して，『生きる』ことの原点を深く考えると同時に，「あの頃は，死んでも良いと思っていた」と書いているように，生きることに折り合いの付かない状況を拒食という形で示していた，と捉えることができる。

　体重を20kgも減らしながらも『太っている』としか思えない認知の歪みを，もっとも身近な母親との関係性をつくりなおすなかで修正していった。自分自身のこと，家族のことを振り返り，《『食べること』＝『楽しみ』，『生きること』＝『楽しみ』》と思えるようになっていった。《私ってなんだろう》と葛藤しながらも，生きる力を取り戻していったと思われる。

　本人にとっては，生活ノートにさまざまな思いを書くことが，自分の気持ちを整理することにつながっていったように思われる。ノートに表れた言葉とともに，言葉の向こうにあるものの理解，気持ちを察することを心がけた。院内学級担当者としては，生きる力を信じ，側にいて寄り添うことを第一に考え，いろいろな機関と連携し，援助するネットワークを強めるよう配慮した。本人が喜んだり前向きになったりすることがあれば，そのことを共有できるようにこまめに連絡した。

　小児科・精神科の主治医，院内学級担当者，原籍校の担任のそれぞれが連絡を密にとり，複数の学校間（私学中高一貫校，公立中学校院内学級，病弱養護学校（中等部・高等部））の連絡調整をスムーズに進めたこと，および，家庭との連携がうまくとれていたことが，快復を促した要因の一つであると思われる。

　退院しても原籍校に戻れない頃に，「ホームから飛び降りてしまいそうになる」「高いところから飛び降りそうになる」というような死の衝動を再度訴える手紙をもらったこともあった。対応に苦慮していると，精神科の医師から「必ず次に会う約束をして欲しい，次に会うことを待っていることを伝えてほしい」などの助言をもらい，何とか対応を進めることができた。退院後も信頼する小児科の主治医など専門医にかかっていたことや，医療と教育の連携をもとにそれぞれの対応をおこなうことができたことも，快復を助ける力となったと思われる。

　この事例から，学校・家庭・医療機関が密接な連携を取りながら，継続的な視点で対応を図ることの重要性が示唆される。

c. そして，今

　彼女の上の子どもは中学生になり，子育てに奮闘しながら，（順番の回ってきた）地域の役員，自分で時間を管理できる仕事もこなしている。子どもが小さい

時にはママさんバレー（中学時代はバレーボール部に所属）もしていたという。
　「コミュニケーションが苦手で，好き嫌いを出せないところがあって……。軽いつきあいだと大丈夫，だから今の仕事はちょうどいいかも……」とゆっくり話すのを聞きながら，人との違いを認め，コミュニケーションにおける自分の特徴を理解した上で，対人関係の悩みが少なそうな仕事を選んでいることがわかった。自分をみつめながら，無理をしない生き方に安堵すると同時に，自分らしさを模索する姿を頼もしくみていた。
　また，高校時代に書いたホームページについて，「本心でなくて作っているかも，考えすぎていたんですよね……。でも，やっぱり，あのとき考えていたことかなあ」とも言う。中学時代を振り返えり，「自分のことしか考えていなかったんですよね。あまり無理をせず，（有名進学校に）合格でき，居場所を見つけられず，人と比べてしまって……」と語った。
　両親は共稼ぎで，母親も責任ある立場の仕事に就いていた。そんな家庭の中で，勉強の良く出来る，自分のことよりも家族をおもんばかる，優等生だったのであろうと想像する。「自分はひとりぼっちだと思ってました」と中学生の時に書いているが，思春期の葛藤の中で，自分のことしか考えていなかったというより，自分のことを横において家族のことや周りのことに配慮しすぎて，ネガティブな感情を表出することができなかったのではないだろうか。そのため，自分の気持ちを誰もわかってくれないと，ひとりぼっちと抜けがたい迷路に入り込んでいったのではないかと推察される。
　「今は，食べることから離れられた。食べ物への執着がなくなった」と笑顔で話す姿を見ていると，拒食症を克服し，自分に折り合いをつけて生きてこれたことに拍手を送りたい気持ちでいっぱいになった。
　しかし，「中高一貫校を卒業できなかったのは，ちょっと，もったいなかったかな」とつぶやいたのが忘れられない。まだまだ，残りの人生の方が長い。子育てを楽しみ一段落したら，「もったいなさ」を吹っ飛ばすような，さまざまなことに再度，チャレンジしてもいいのでは……と，これからの一層の充実を祈らずにはいられなかった。

事例4　養護教諭との連携のもとに関わったケース
（教育相談係として）

a．概要

　教育相談係として養護教諭とともに関わった女子生徒の事例である。仕事で忙しい高齢の母とふたりで暮らしていたが，母は以前に心臓疾患で倒れ病弱だったこともあり，心配をかけまいと常に気をつかっていた。父を失ったのは小学6年のときで，中学1年の頃から頭痛を訴え不登校ぎみで，2年になると保健室で過ごすことが多くなった。養護教諭だけを信頼しそばから離れず，養護教諭は動きがとれない状態に陥ってしまった。「しんどい」「歩けない」と養護教諭におぶってもらって下校するが，家に入るとすたすた歩いたという。登校後も教室で授業を受けることができず，クラスメートは保健室にいる生徒に対し，特別扱いと反発したこともあった。2学期になり人間関係につまずくと「死ぬ」と叫びながら廊下を走り回り，4階の窓に足をかけたこともあり，養護教諭をはじめ関係する教師は対応に苦慮した。

　養護教諭を独占しようとしたために，保健室が機能しなくなったこともあった。そのため，3年に進級する時には，別室登校ができるように時間ごとに教師を割りふり，毎時間誰かが側につくことができるようになった。教育相談部が中心になり，養護教諭だけが対応に苦慮していることに対し，組織としてフォローしようという雰囲気が生まれてきた結果，担任・該当学年・養護教諭の問題としてだけではなく，学校全体の問題として取り組める体制ができた。

　外部の専門機関との関係についても，1年の終わりのころに，養護教諭の働きかけで母親と一緒にクリニックへ行き，その後通院するようになった。しかし，途中で主治医が替わったこともあり，通院は滞りがちになってしまった。ある時，学校がクリニックとも連携をとっていることが，医師から本人に漏れたため（母親は了解済みであったが），病院に不信感を抱き，余計に通院を渋るようになった。また，学校もそれまでのように病院に何でも話すということができなくなり，関係がしっくりいかなくなってしまった。

　その後3年生になってすぐ，新担任・養護教諭は，対応の方向性についてクリニックの医師と話し合う機会を持った。医師は，病院に来られないのは学校で抱えすぎているからではないかと，養護教諭の関わりに対し否定的な話をした。そのため，今まで当該生徒を必死に支えきてた養護教諭は，この医師の言葉に困惑し心身ともに疲れが一気に出たが，以降100％で関わるのはやめ，距離感を大切

にしながら関わることができるようになったと言う。

　3年になると、学校内のダンスサークルに興味を持つようになり、練習日には大声を張り上げて汗をまき散らすように体中で踊った。教室で授業を受けることができず、友だちとうまく関係が結べない状況でも、ダンスのサークルでは元気いっぱいで、友人とも明るく話していた。その光景から、教室で授業を受けられないのは「わがままではないか」という声が教師の間であがることもあったが、多くの教師は、学校全体で援助してきたことの成果と好意的に捉えていた。

　9月の文化祭への取り組みを通じて、友人との関わりがうまくできるようになり始めたころから、授業を教室で受けることが可能になった。文化祭では大勢の前で、躍動感のある踊りで力強ささえ示した。「私の出番には、お母さん仕事を抜けて見に来てくれた」と語り、母子の関係もよくなっていることがわかった。その頃から自殺をほのめかすこともなくなり、集団の中にも徐々に入れるようになっていった。

b. 考察

　母親に甘えることが出来ない状況の中で、その対象を養護教諭に求めていった。頭痛などの身体症状や希死念慮を示すことで養護教諭との接触を求め、愛情を独り占めする体験を通し、満たされないものを補充していったのではないだろうか。また、別室登校を認めるなど学校全体で受け入れていくことを通じて、彼女自身の自立が可能になり、もやもやしていた気持ちをダンスにぶつける力がわき出たのではないかと思われる。

　このように、自殺をほのめかしSOSを発している生徒に対して、危機を回避していくためには、先ず関われる者から関わり、その上で担任・学年の教師集団・学校全体・医療の専門機関が有機的に結びつき、連携をとりながら長期的展望に立って問題に取り組むことが重要である。そのことが、生徒への援助も充実させ、一部の教師にかかる過重な負担を軽減させることにもなる。このような動きの核となるのが、教育相談係であると考える。

　また、希死念慮のある生徒は、このケースのように、関わる者のエネルギーを止めどもなく奪うことがある。教師のできること、できないことを明確にし、一定の枠をつくって接することや、関わる教師を学校のなかでサポートしていく体制がなければ、教師の方が参ってしまう。同僚教師をサポートする意味でも、学校の中に教育相談システムを定着させることが必要である。

　この事例は、生徒が学校で自殺企図をおこなった場合、学校全体としてどのような体制で取り組むことができるのかという点に関して、一つのモデルを示して

いる。専門医・カウンセラーとの連携の必要性は言うまでもないが，専門家の一言は学校職員に大きな影響を与え，一方ではやる気を起こさせたり，また逆に生徒との関係を悪化させたりすることもある。ただ闇雲に連携を取ればいいというのではなく，学校と共にやっていこうとする専門機関や援助者を選ぶことも重要である。

c．そして，今
彼女からの手紙

　「先日はとても久しぶりにお会いできて本当に嬉しかったです。中学生の頃から刺さったままだったトゲが抜けてとても心が軽くなりました。十数年，きっとわだかまりになっていたんだと思います。でも，振り返ることができて，何故あんなに追い詰められていた（自分で追い詰めていた）のかの原因を考えることができました。とても疑問だったし，自分も周りも許せませんでした。お話しする中で，中学生の時の自分をひとつひとつ紐解いて消化できたように思います。あの当時，（養護教諭の）Z先生にどれほどの負担をかけていたのか，それでも，あきらめず，必死になってくれていたのかを知ることができました。心を折らさずに支えてくれたZ先生に感謝の気持ちでいっぱいです。

　それから，そのことを振り返った上で，Z先生に心からお礼を言えて本当によかったです。それが，すべてできたから，心のトゲが抜けたんだと思います。

　自分の子どもたちがもし，私が中学生の時のように大きな大きな悩みを抱えてしまったらと考えると，Z先生が私にしてくださったように支えられるかはわかりませんが……。

　今も良い友だちに支えられながら生きています。先生たちとお会いした後から本当に生きていて良かったとこころから思える自分になれました。今まで以上に前を向いて歩いていけると思います」

Z先生からの手紙

　「会う前は，私自身の過去の失態を思いだすあまり，重い気持ちでした。でも，当日何年かぶりに3人で会い，今だからこそ話せる話ができて良かったです。

　私の関わり方が良かったのか悪かったのか，今まで不安に感じて過ごしてきました。しかし，現在3人の母として，妻として，一人の人間として輝いている姿を見て，思春期の荒波を自分の力で乗り越え，立派に大人に成長できていると実感でき，本当に良かったと思うことができました。私自身，ホッとしました。

　過去を振り返ることは，私自身にとって，時には心の傷をえぐられるような思

いをすることもあります。彼女にとって、過去を振り返ることが辛い経験になっていないかと心配して手紙を書きましたが、心配する必要はなかったようです。心の整理ができて良かったと感じてくれているようなので安心しました。

　仕事をしていく上で、人間関係に悩み、つまずき、心が折れそうになることもありますが、今まで大切にしてきたものを忘れず、前を向いて進もうと思っています」

　怒濤の時期である思春期を、混乱と絶望の中で必死にSOSを出し（出せる力があり）、Z先生は戸惑いながら全身で支え、学校も何ができるかを全体で考えた結果、組織として彼女を支援することができたのではないだろうか。
　支えられるものと支えるものがいて、その関係性の中で子どもたちは立ち直っていく。生き辛さに関わることは大変なエネルギーのいることであるが、近くで寄り添った者も、何か役に立ったのかもしれないと思えることで、大きなプレゼントをもらっているのではないだろうか。

事例5　卒業後も関わり続けたケース（部活動顧問として）

a．事例

　部活動顧問として、中学時代から卒業後も関わりを続けたが、大学入学後の7月に自殺してしまった女子生徒の事例である。中学1年のとき大好きな祖母を亡くし、その喪失感や友人関係で苦しみ、自殺願望を示すようになった。何回も学校へ行きたくないと言い出しながらも、周囲の教員に支えられ、精神科のクリニックにも通院しながら、なんとか高校へ進学した。
　当時本人の身近にいたX先生は

　　「植物になりたい」という吾の軽口を　心病む子がいつまでも問う
　　美しき瞳の少女を苦しめ　自らを拒ませ止まぬ　なにものならむ

と詠っている。
　高校入学後も中学校へ電話で「死にたい」と訴えたときもあったため、関わり続けた。関係の持ち方の枠として、原則放課後学校に足を運ぶか、電話は5分から10分とし、本人の了解を得た。酷で冷たい対応かもと思ったが、卒業生にできることとして、このように伝えるしかなかった。踏切で泣きながらの電話もあり、その対応に緊張が走ったことも一度ではない。必要に応じて高校やクリニックへも連絡すると同時に、本人にも、高校の先生や主治医にも相談するように働きかけた。高校でも手厚い支援をうけ、きめ細かい進路指導の甲斐あって、希望

の大学へ推薦で合格することができた。しかし，合格の喜びもつかの間，講義についていけない不安や友だちができないことに悩み，「死ぬほど苦しいです。でも頑張る」と訴えてくることもあった。このような訴えに5〜10分の枠で，学生相談室を利用することなど，現実対応を一緒に考えた。クリニックへの通院を続け，学生相談室にも顔を出せるようになった。亡くなる3日前には，本当に珍しく，明るい声で「やっと友だちができた」という報告があった。その友だちを紹介するために，一緒に学生相談室を訪れていたという。それまで，相談室への来室を秘密にしてほしいと頼んでいたそうだが，友だちができたことがよほどうれしかったためと思われる。しかし，死の当日，相談室を訪れ，英語のテストが全然出来なかったと取り乱し「全然でけへんだ。もういや，もう無理！　家に帰る！」と興奮し，カウンセラーの制止を振り切って部屋を飛び出し，10分後には近くのビルから飛び降りてしまった。

b．考察
　衝動的ともいえる自殺の背景には複合的な要因が絡み合っていると思われる。彼女は，相談室のカウンセラーに「私は統合失調症」と話していたが，主治医からは病名を聞くことがなく，自分自身の将来に対して強い不安を抱いていた。
　生きる方向が見えない焦燥感と，自分が自分でなくなってしまうのではないかという恐怖感にとらわれていたようである。しかも，母親から精神科のクリニックにかかっていることを隠すように言われていたため，自分をあるがままに受け入れることが難しい環境にあった。「私の病気は何？」と筆者に聞くので，主治医に尋ねるように促すと，「神経衰弱と言うもん」と不満そうにしたこともあった。そう聞かざるを得ない不安に寄り添い，彼女のつらさをもっと真剣に聞くべきだったと思う。これからの生き方や自分には何ができて何ができないのかというようなことについて，もっと話し合うべきであったと今更ながら悔やまれてならない。また，以前から本人・家族を知るものとして，高校のときのように大学の相談室やクリニックとの連携をはかるべきだったと思わずにはいられない。
　思春期の入り口で祖母を失った喪失体験を埋めることができなかったことが心に大きなダメージを与えていたと思われる。祖母ともめた際「死んだらいいのに！」と言ってしまったため，急死したのではないかと苦しんでいた。このように大切な人の喪失後，自責感にさいなまれる子どもたちは少なくない。ひとりっ子の彼女は祖母を亡くしてから母親べったりになり，母親も一緒に揺れながら夢中で子育てをしていったが，時折手に負えないと思うこともあったようである。死の前の日も，一緒にお風呂に入りたがり，甘える我が子の髪を洗ってやったと

言う。どんなに一生懸命に接しても完璧ということはあり得ない。もっと子どもの気持ちを受けとめてやれればと悔い「私が殺したようなものです」と母親は憔悴しきっていた。

　友だち関係がうまくつくれなかったことも自殺の背景の一つであったと思われる。まったく友だちができなかったわけではないが，距離をうまく取ることが苦手で思うように友人関係が築けず，孤立感にさいなまれていた。中学の教員二，三人とは卒業後も時々連絡を取り合っていたし，かかりつけのクリニックで仲良くなった看護師とも遊びに行ったりもしていた。また，亡くなる前の1週間も，何人かの高校の先生に電話で話を聞いてもらっていた。大人とは繋がることができたが，同世代の友だちとは深く結びつくことはできなかった。自殺は，誰か一人でも繋がっている者がいれば防げると言われるが，思春期における同世代の友だちの大切さをあらためて感じさせられた。

　性格傾向も要因の一つとして考えられる。理想を求め，できたことを喜ぶよりもできないことにとらわれることが多く，また，まじめすぎ，思考が二者択一的で，柔軟に考えることが不得意であった。物事を否定的にとらえるところもあり，抑うつ的でちょっとしたことで落ち込むこともしばしばあった。自分をなかなか受け入れることができず，自己肯定感情を抱くことが難しかったように思われる。医者になりたいとかカウンセラーになりたいとか，自分が支援されたように人を助けたいとよく言っていたが，人の役に立つことで自尊感情を高めたいと思っていたのかもしれない。

　また，中学時代から「死にたい」とたびたび言いながらも「まだ死ぬのは早いですよね」と自分に言い聞かせるように語っていた。生と死の間で揺れる気持ちのバランスを必死でとろうとしていたのだと思われる。バランスを崩して，自傷行為や事故傾性を示すこともあった。友人とのトラブルから2階の階段から飛び降りて怪我をしたり，「死にたい」とひどく落ち込んでいたため養護教諭が家まで送っていった際に，家の前で突然走っている車の前に飛び出したこともあった。いずれも死には至らなかったが，今回の自殺を示唆する危険な兆候であったと思われる。

　今回，彼女を自殺に追いやったものは何か，医療機関や相談機関に繋がっていたにもかかわらずなぜ自殺を防げなかったのか，教員として自殺未遂を起こした中学時代にどのような支援を行えばよかったのか，中学卒業後にどのような関わり方をすべきだったのかと，さまざまな課題が突きつけられてくる。

まとめ──5つの事例からみえてくるもの

　事例からも今日の学校において，問題行動や不登校，摂食障害などの不適応現象の深層に，希死念慮や自殺の危険が潜んでいるケースも少なくないことが明らかになった。すべての教師は生徒指導を進める上で，いのちに関わる危機への対応策を習得しておくことが求められる。そのためには，教師に対する自殺予防のための研修の一層の充実が望まれる。

　事例1のように，教員が専門機関も知らず，自殺の危険が高いにもかかわらず，担任一人で生徒を抱え込んでしまうことがないように，自殺予防のための基本的な研修が必要である。また，事例2においては，個々の教師の懸命な対応があったにもかかわらず，教師間に自殺に関する共通理解の下地がないために問題が複雑化し，学校内の不協和音がおこったと考えられる。危機に際してからでなく，それ以前から，教師間の共通理解・協働が具体化されていることが重要である。

　事例5に関しては，この生徒が中3のときに自殺予防に関する研修会が夏期休暇中に実施され，参加者からは，「大切なポイントを共通理解できた」「自殺について知り，話し合うことの重要性を知った」というような感想が寄せられた。

　このような校内研修とともに，生活アンケートや教育相談週間が実施されるようになり，相談週間をきっかけにハイリスクの中2の男子生徒への対応が行われるようになったこともある。「自分の胸に包丁を突きつけてしまいそう」と訴え，不登校にもなったが，学年全体の取り組みとして別室登校や医療機関との連携を図ることで，高校進学も果たすことができた。

　また，どの事例においても，思春期における同世代の友だちの大切さが浮き彫りになっている。子どもたちがハイリスクな友だちをどう理解し，どう関わることができるのかを知っておくことは，いのちを救うことに直結する。

　今も学校において，生徒がいのちに関わるSOSを発し，周りを巻き込むような事態が生じている。その場合，生徒自身の問題や学校の問題が凝縮した形で浮かび上がり，教師がその対応に苦慮することは想像に難くない。誰にでも心の危機は起こりえるという現実から目をそらさず，「援助希求」と「心の危機理解」を促進する自殺予防教育を進めることが生涯にわたるいのちを救うことにつながるものと確信する。

　幼い頃，両親を自死で失った生徒から，兄がおふろで亡くなったという連絡を受けたことがあった。胸が押しつぶされそうになったが，事後対応を学んでいたことで何とか関わることができた。その生徒は，現在，パートナーに支えられ，

3児の父親になっている。
　「自殺は人間本性に関わる問題」とゲーテは『詩と真実』の中で語っている。根元的なところで苦しんでいる子どもに対し,「死」の衝動を沈め,「生」へとつなげていくためにも,死や自殺に対する教師自らの態度を考える機会をもつことが,学校における自殺予防において最も重要であると考えている。

資　　料

1　2000年までの学校における子どもの自殺予防に関するプログラムのレビュー

a　「精神健康指導の手引き第一集　自殺問題を中心にして」(1974) 愛知県教育委員会編

　児童生徒の自殺の多発を機に，愛知県では1972年に『児童・生徒の精神健康研究協議会』を設置し，児童生徒の精神健康や教員の要望も調査し，県下の全教師に配布された手引きである。執筆・編集者である長岡は，「なぜ自殺防止のための手引きを作ったか」(1975)で「自殺しようとする者の叫びを周囲の者が敏感に受け止めることができるよう，また，本人への援助活動を行う場合の手順・方法及び留意すべき点を，14の設問の形にまとめて叙述している」と答えている。また，高校教師の中川は，「学校における自殺予防とは，生徒に生きることを学ばせることであり，学校とはそもそも人間に生きることを教える機関にほかならない。『生命の尊重』という教育目的を口頭禅に終わらせないことが学校における自殺防止の根本である」と述べている。

　40年前に刊行された手引き書は，学校における自殺予防に先鞭をつけたものであり，今でも多くの示唆を我々に与えてくれる。

　1980年には，「手引き」の全面的な改訂を行い，愛知県立高等学校保健会から「精神保健の指導－登校拒否と自殺」や長岡による「中・高校生の自殺予防」が出版されている。

　「生徒と教師が，深い人間的なきずなで結ばれること」を重視し，「生徒の自己理解を深め，自己を客観化できるように援助することが，死への抵抗を強化させる」とし，「学校教育計画の中に，『精神健康指導』を位置づける」ことを提案している。希死念慮があった場合に行うこととして傾聴，共感，対策を決め外部の援助を頼む，など5点をあげている。

　自殺未遂が生じた場合は，早く駆けつけ，接触の良い起点を作る。自殺既遂が

資　料

生じた場合は，関係のあった生徒・動揺のある生徒の面接開始，平常の生活の早い復帰など，学校の対応として，組織的な対応とともに言及している。校長を中心に緊急に関係職員が協議，臨時の委員会を作り，その結果を職員会議で報告すること，本人への関わりは担任・生徒指導係・相談係・保健係などでチームを作ることなど，今重要とされることが指摘されている。自殺予防の第一人者であるシュナイドマン・稲村博・石井完一郎などの考え方を参考にして，学術的にも今日でも十分通用する理論展開を行っている。

b 「児童生徒の自殺の実態とその防止のために」（1978）埼玉県教育局指導課

「自殺防止のための指導とは，何も特別なものでなく，平常の一人一人の生徒を大切にする指導」であり，自殺を思いつめている生徒の気持ちをそのまま受け止め，苦しみをともに感じることと，人間関係の調整をはかり，生きる目標を持たせることの大切さが指摘されている。担任の教師だけで指導が難しい場合は，他の教師や専門機関の協力や援助を求めることの必要性にも言及している。

ただ，これらの教育委員会からの指導資料が，実際に教師にどれほど活用されていたのかという点では疑問が残る。教師に伝えるための研修の充実を図ることが必要であると思われる。

c 「子ども自殺防止のための手引書」（1981）総理府（p.24, 34を参照）

d 「いじめと自殺の予防教育」（1998）橋本治

教員の視点から，事例を随所にちりばめながら，学校現場での自殺の問題をどう取り扱うべきかを解説したものである。「短期的予防」として，小学生・中学生・高校生の自殺の流行（群発自殺）を防ぐために，アンケートによる生徒理解，個別相談，学校・学年集会，相談箱などについての提案や教師間の連携の重要性にふれられている。また，不登校生に自殺の危険の高い生徒が多いと考え，「長期的予防」の援助体制として，学級担任・学年指導係・教育相談係を中心に組織することの重要性も述べられている。

ただ，第1章で自殺予防教育の必要性について述べられてはいるが，児童生徒を対象とした自殺予防教育（一斉授業）の具体例は示されていない。

e 「高校生と学ぶ死『死の授業』の1年間」（1998）熊田亘

高校社会科の「倫理」の1単元における教科指導であるが，「自殺は病的なもの，防げるもの」として，自殺について直接ふれた授業実践を紹介している。大原健士郎，高橋祥友，榎本博明らの書物を参考資料として，書名にもあるように

「高校生と学ぶ」姿勢で，自殺をタブー視せず，自殺を通して生をともに考えようとする試みは注目に値する。ただ，援助希求など自殺防止の具体策が示されていない点が残念である。また，教科指導の範疇であっても，関係者の合意形成，フォローアップ等の課題は残ると考えられる。

f 「青少年のための自殺予防マニュアル」(1999) 髙橋祥友
　子どもの自殺予防に関心を持った多くの人々が熟読した書物ではないだろうか。高橋は，自殺学の分野で多くの著作，訳書を著し，我が国の自殺予防を牽引している第一人者である。学問的な成果を取り入れつつ，第1章から第4章までは主にカリフォルニア州自殺予防プログラムを土台に，日本の学校における実践的なプログラムを提示している。教師，生徒，保護者を対象とした自殺予防プログラムの詳細が具体的に示された点で画期的であった。第5章では，不幸にして自殺が起きてしまったときの対応，第6章では，自殺報道についてのマスメディアへの提言，第8章では，自殺に関するQ&A，と全編を通じて，青少年の自殺の実態や予防について詳しく解説されている。
　高橋の論文から筆者も示唆を受け，カリフォルニア州の教師向け自殺予防プログラムの訳出を試み，2000年には修士論文として「中学校における自殺予防プログラムの開発的研究」をまとめることができた。この「青少年のための自殺予防マニュアル」が刊行された後は，自殺予防教育を考える際にいつも手元に置いて紐解いてきた。

2　2000年以降の主なプログラムのレビュー

g 「平成17年度厚生労働省科学研究補助金（こころの健康科学研究事業）
　　自殺の実態に基づく予防対策の推進に関する研究」(2005) 影山隆之・他
　「小・中・高等学校の授業・特別活動における『いのちの教育』と自殺予防教育の現状」「小中学校の児童生徒を対象とした自殺予防プログラムおよび授業についての日本の現状」の中で，影山らは学校における自殺予防のための授業やプログラムについての調査を丁寧に行い，その研究成果を報告している。報告書の内容は次のWebサイトから読むことができ，自殺予防教育を概観する上で参考になる（http://ikiru.ncnp.go.jp/ikiru-hp/report/ueda17.html）。

資　料

h　「子どもの自殺予防のための取組に向けて（第1次報告）」(2007)　文部科学省

　2006年に，文部科学省が「児童生徒の自殺予防に向けた取組に関する検討会」を設置した直後の秋，いじめ自殺のセンセーショナルな報道が繰り返され，文部大臣が異例の緊急アピールをしたり，いじめをめぐって小学校長が自殺するといったことが起こった。「検討会」はこのような事態を重く受け止めながら会議を重ね，主査の高橋を中心に「子どもの自殺予防のための取組に向けて」が作成された。これ以降，文部科学省から発表された自殺予防に関するマニュアルや手引き書などの土台になったものである。全65頁をダウンロードし，閲覧することができる。

（http://www.mext.go.jp/a_menu/shotou/seitoshidou/kentoukai/.../001.pdf）

i　「校長先生になろう」(2007)　藤原和博　日経BP社

　民間人の校長として有名になった藤原和博は，"新しい社会科"を目指した「よのなか」科の授業を自ら実践し，その中で，自殺を取り上げている。

　「世の中と人のいのち」のワークシートを使っての授業では「自殺抑止ロールプレイング」を体験させ，ビルの屋上から飛び降りようとしている生徒と，説得を試みる同級生の2人1組で対話し，ワークシートに書き込ませ，関わり方を考えさせている。「頑張ろう」「とにかく死んじゃだめ」などの説得側の言葉に，「理屈や励ましは反論されて終わっちゃう。『僕はあなたに死んでほしくない』とあきらめずに伝えよう。そして相手の話をとにかくよく聞くのが重要」と指摘している。

　自殺のほか，うつについても教え，「自分で解決できる病気ではないから，必ず周りや医師に相談」することが大切だと指摘している。

　2時間目は「他人に迷惑をかけなければ自殺は許されるか」「末期がんに苦しむ母親の延命用チューブを外すのは是か非か」というテーマで討論を行う。授業に参加する大人が体験をもとに意見を言う場面もあり，生徒はやりとりを通じて自分や他人の命について考えている。

　海外では，自殺の危険の高い生徒がいることも考えて，自殺に対する考えを掘り下げる是非が問われている。藤原の実践の切り口の鋭さに驚かされるが，同時に，一斉授業のもつ危険性を十分に認識したうえでの授業の立案，実施における学校内の教職員の合意形成，ハイリスクな生徒へのフォローアップ体制の確立が必要と思われる。

j 「新訂増補青少年のための自殺予防マニュアル」(2008) 高橋祥友,新井肇,菊地まり,阪中順子　金剛出版
　この新訂増補版においては,現場の教員が執筆者に加わり,学校現場での実践報告も加えられ,プログラムの具体化のための土台作りが行われた。

k 「生と死の教育「いのち」の体験授業」(2008) 山下文夫　解放出版社
　大阪の公立中学校で保健体育を教えながら,長年「生と死の教育」に携わってきた経験をもとにつくられた授業実践教材集である。後を絶たない子どもの自殺,いじめ,殺人など,子どもの死を憂い,教育現場はどうしたらよいのかと模索するなかで,身体を使った学びで「いのち」を実感させることをめざす取り組みを提唱している。子どもの反応や感想を聞きながら教材を作成し,タブー視されがちな自殺という言葉を直接出して,「いじめは殺人行為です」「もしも,あなたが自殺したら」「子どもに先立たれた親の悲しみ」などというテーマの授業が組み込まれている。自殺予防教育に直接関わる教材開発を行った点で大きな意味があると考えられる。ただ,虐待を受けた子どもや自死遺児が「子どもに先立たれた親の悲しみ」の授業をどうとらえるのか,心の傷を広げてしまわないかという懸念もある。また,自分が自殺したらと仮定し,親や同級生の気持ちを想像させる「もしも,あなたが自殺したら」の授業は,自殺の危険の高い生徒にどのような影響を及ぼすのであろうか。自殺の危険の低い集団であれば問題は少ないと思われるが,一斉授業では上記のような懸念をぬぐい去ることができない。「自死した親をもつ子や気持ちが不安定な子には,事前に授業の内容を伝えるなど細かい配慮が必要」と述べられてはいるが,事前に内容を伝えるだけで十分なのか,また,教師間・関係機関との共通理解,合意形成,フォローアップ体制についても丁寧に取り組む必要があると思われる。

l 「教師が知っておきたい子どもの自殺予防」(2009) 文部科学省
2008年3月には,先述の「検討会」から「児童生徒の自殺予防に関する調査研究協力者会議」が設置され,1年をかけて研修にも活用可能なガイドラインが作成された。「学校現場の声を反映したものを」という考えから,筆者も引き続き協力者会議に参加することになった。この冊子は全国の小中高校や教育委員会等に,総数10万5,000部が配布された。同時に冊子の要約版であるリーフレットはすべての教員の手に届くように,98万部配布された。文科省のホームページからもダウンロードすることができる (http://www.mext.go.jp/b_menu/shingi/chousa/shotou/046/gaiyou/1259186.htm)。
　この冊子は,学校で日々子どもたちに接している教師に向けて,自殺予防に関する基礎知識を中心にまとめたものである。1981年の総理府の「手引き書」と

資料

比べると，ページ数は56ページと少ないが，多くの教員が実際に手にとって活用することができるように，簡潔に予防の知識や対応策が示されている。

m 「学校での「自殺予防教育」を探る」(2009) 得丸定子他
　本書は，心理の専門家でない教員ができる自殺予防教育とは何かということについて論じたものである。「生きること」「いのちの大切さ」「生きがい感」の言葉は教育の基礎概念であり，一人ひとりの教員が日頃からこれらの学校教育の根本目標に真摯に取り組むならば，とりたてて自殺予防という言葉を前面に出さなくても，広い意味の自殺予防教育につながるという観点から，現在行われているいのちの教育や死生観教育について意味づけし直すことを提言している。

　死生観，自殺予防教育のあり方・アプローチ・方法について，いのちの教育，道徳教育，国語教科書の内容，SOC（首尾一貫感）の各視点から論述し，フィンランドの自殺予防対策も紹介している。ネットに書き込まれた投書（自傷行為や希死念慮）をもとにした中学校における授業実践，CD-ROM教材を用いた小学校の授業実践など，意欲的な授業が報告されている。今後，このような取り組みが各地で行われ発信されていくことが，自殺予防教育の草の根からの広がりにとって欠かせないが，編著者も考察でふれているように，関係者間の共通理解，合意形成はどのようになされていったのか，フォローアップ体制が十分であったのか，適正な授業内容であったのか，を検証し続ける姿勢が重要であると思われる。

n 「子どもの自殺が起きたときの緊急対応の手引き」(2010) 文部科学省
　子どもの自殺が起こると，周りの子どもたちや遺族には長年にわたって心の傷が残るのとは対照的に，社会の関心は短時間のうちに薄らいでしまう。このような悲劇が繰り返されないためにも，2006年文部科学省では子どもの自殺予防に関する調査研究が継続的に行なわれてきた。この手引き書は，万一不幸にも子どもの自殺が起こった場合，主に発生後数日間の事後対応について解説したものである。教育委員会の指導主事やスクールカウンセラーなど外部の専門家によるサポートが不可欠であることも指摘されている。

　自殺の事後対応は，学校危機対応の一つであり，自殺に備えることは学校危機全般に備えることにつながる。内容は，①危機対応の態勢　②遺族へのかかわり　③情報収集・発信　④保護者への説明　⑤心のケア　⑥学校活動（学校再会の準備，クラスでの伝え方，クラスでの喪の過程）⑦簡易チェックリスト，からなっている。15頁の小冊子ながら，自殺事案が生じた際，混乱をきたして自殺の連鎖が生じたり，残された者の心の傷を深くなることのないように，事後対応のポイントが的確に述べられている。

（http://www.mext.go.jp/b_menu/houdou/22/04/_icsFiles/afieldfile/2010/11/16/

1292763_02.pdf）

　なお，協力者会議において，研修の重要性が論議され提言だけで終わりにせずに学校現場への定着を図るために，教員研修の充実を図ることの重要性を指摘してきた。その結果，lやnの冊子を活用した研修が2010年以降全国を2～4ブロックに分け，文部科学省主催により実施されている。

o　「学校における自傷予防」(2010)　ダグラス・ジェイコブ　バレント・ウォルッシュ他　松本俊彦監訳
　米国の取り組みの紹介であるが，これからの日本の学校における自殺予防教育を考えるうえで参考になる点が大きいと考え記載する。
　本書は，心の痛みを自傷行為という不適切な方法で緩和している子どもたちに向けて書かれたものである。アメリカでは，1年間に自傷におよんでいる高校生が1割から2割いる（日本の中高生も約1割）という。自傷する子どもだけでなく，友だちの自傷行為に気づいた子どもたちへ，どう対応すればよいのかを授業の中で理解させることをめざしている。友だちを学校における自傷予防の最大の支援資源としてとらえているところに，このプログラムの特徴がある。
　授業で活用できるDVDも付属し，若者好みの音楽をバックに子どもたちに伝えたいメッセージが，同年代の人たちが演じるドラマを通じて体験的に理解できるようになっている。自傷を，苦痛を抱え助けを求めるSOSととらえ，気づけばかかわりをもち，信頼できる大人や専門家につなげるというのが基本的な考え方である。「Acknowledge（気づく）」「Care（かかわる）」「Tell a trusted adult「（つなぐ）」の言葉が何度も画面にあらわれ，18分間の中でこれらのキーワードが定着するように工夫されている。また，「自分の身体を傷つけることはいけない」「命を大切にしなさい」などといった道徳的な価値の伝達とは一線を画す実際的な対応策が示されている。
　併せて，10分の教師向けの映像もあり，理論に裏打ちされた解説と実際の援助過程を具体的に見ることができる。本文の実施マニュアルでは授業担当者が実施しやすいように導入の説明例やグループの話し合いでのポイントなども示され，教師や養護教諭，スクールカウンセラーが授業をするときに，また，保護者や地域の援助機関と連携するときに，活用することができる。
　この「自傷のサイン」プログラムは，第2章（p.40～）で紹介したマサチューセッツ州の同じNPOで開発されたものであり，紹介した「SOS」（Sight of Suicide）と重なるところが大きい。監訳者の松本も，このプログラムは「自傷と自殺を峻別して扱いながらも，内実は自殺予防に資するプログラムとしての機能を持っている。それこそがこの『自傷のサイン』プログラムの凄さ」であると述べているが，同感である。また，付記されている「簡易版自傷傾向評価面接」

資　料

の68項目のうち，最初から50までが自殺・自殺企図への質問項目であることからも，自傷予防にとどまらず自殺予防プログラムでもあることがわかる。自殺予防教育の実施に向けての具体的な検討を行ううえで，大いに参考になる。
　筆者は，マサチューセッツで，このプログラムに重要な貢献をした原著者ウォルシュ博士に直接話を聴いたり，自殺予防プログラム「SOS」を受講する機会を得たが，そこでの体験と違わない臨場感が行間ににじみ出ている。

p　「自殺予防と学校」(2012) 長岡利貞
　著者は，資料1の冒頭で紹介した「精神健康指導の手引き第一集」(1974) の編著者であり，日本の学校における自殺予防の草分けといえる存在である。
　この「自殺予防と学校　事例に学ぶ」においても，60年にわたって学校における自殺問題に真摯に向き合ってきた著者の姿勢が全編からにじみ出ている。ひとりでも自ら命を絶つ子どもたちが少なくなるためには，「自殺を考えるとき，この（子どもが自殺する＊筆者注）『事実』をしかと見つめることが基本であり出発点」であるという指摘に強い共感を覚える。教員にも社会にも，また，家族にも，時には辛口で，しかし，あたたかな誠実さで，もの言えなくなってしまった子どもたちの声に耳を傾けようとする著者の姿から，学ぶところは大きい。
　本書の特徴は，20例近くの児童生徒の自殺未遂・既遂事例について，綿密に背景や要因を探り，自殺に至るプロセスを浮き彫りにしようと試みている点にある。理論編でもふれたように，ようやく日本社会が子どもの自殺の問題に向き合おうとしつつあり，2014年には文科省からも，児童生徒の全自殺事案について背景調査を行うことを求める方針が打ち出された。著者のいう「事例に学ぶ」ことが背景調査そのものであり，事後対応のためにも熟読したい書物である。
　また，危機対応として「子どもの自殺という難題に対応するためには，まず，指導の基本原則を示すことが大切」だが，「子どもの自殺は大人の自殺同様，きわめて多様であってひとつのマニュアルで間にあうものではない。事例を通じて臨機の対応ができるよう感覚を鍛えあげるほかはない」と述べている。学校現場の実情をふまえ，子どもの目線に立った教員の自殺予防への取り組みの大切さと，果たすべき役割が随所に示されている。読み進むなかで，日常の子どもたちへの接し方を振り返ったり，学校で起こりがちな問題行動対処の視座も少なくなかった。危機対応について考えることが自殺の未然防止へと繋がる，という示唆は重要である。
　日本の自殺予防学会を発足からこれまで牽引してきた理事長の齋藤 (2013) も，この本について，次のように評している。
　自殺事例の分析において「精神科医や心理職など臨床課の協力が必要となる場合もあるが，まず教師自身が日常的に生徒の生活を知る立場にあるわけで，教師

の役割は決定的に重要」であり、「著者は小学生から高校までの多くの事例を紹介しているが、その多様さに驚かされる」「ここで著者が強調しているのは、事例を縦に貫く『生と死』についての認識である。ユング派のJ.ヒルマンや河合隼雄あるいはアメリカのデス・エデュケーションなどを紹介しつつ、日本の教育では死について考え、生きる意味を考える指導がなおざりにされていることを嘆いている」「聴くべきことは自殺という言葉に振り回されずに、その背後にある気持ちである。そこから著者はさらに死を決意した時の、いつもと違う行動、なおも揺れる心などを紹介、さらに保健室の対応まで教えている。この辺は生涯を教師として自殺予防に取り組んできた著者の独壇場とも言えよう。ある意味で著者の取り組みは壮絶ですらあるが、どこかその語り口は優しさに満ちている」。

　随所に斎藤茂吉らの短歌、文学、映画等が紹介されている点にもふれ、「いずれも自殺理解に必要な知見と感性を読者に与えてくれるであろう」と評者（齋藤）は結んでいる。

あとがき

　「退職時には，自費出版で本を出すように」「どれだけさまざまな人に支えられたかが，書くことでわかる」という森信三先生のお話を，20歳過ぎたばかりの私は人ごととして「味噌汁会」の末席で聞いていた。大学の政治学の授業で声をかけてくださった岡本幸治先生に連れられて参加することになった読書会の一齣が，今，昨日のことのように思い出される。
　40歳を過ぎてからの内地留学では，上地安昭先生のご指導のもと，ゼミの仲間たちにも鍛えられ，自殺予防に関する論文をまとめることができた。高橋祥友先生には院生時代からお世話になっていたが，その後も文部科学省の児童生徒の自殺予防に関する調査研究協力者会議や研修会でご一緒する機会に恵まれ，子どもに関わる教員の果たしている役割の大きさを常に力説されていることに，勇気づけられてきた。遅々とした歩みの私に，先生方は折にふれ書く機会を与えてくださった。

　　ある日　卒然と悟らされる
　　もしかしたら　たぶんそう
　　沢山のやさしい手が　添えられたのだ

　　一人で処理してきたと思っている
　　わたくしの幾つかの結節点にも
　　今日までそれと気がつかせぬほどのさりげなさで

　　　　　　　　　　　茨木のり子「知命」より

　校正の終盤にさしかかった頃，この詩に出会い，卒然と悟らされた。依存的で不器用な私は，自分のことを棚に上げ「わかってもらえない」と心を閉ざしがち

あとがき

になったときもあったが、そのような私にさえ「沢山のやさしい手が　添えられた」情景が走馬燈のように思い出された。

　私に負けず劣らず不器用でまじめ一辺倒の父は、晩年、帯状疱疹の激しい痛みに耐えかね、光をいやがり死にたいと母に漏らしたこともあった。笑顔がますます出なくなり、好きだったキャンバスに向かうことはなくなったが、時に絵筆を持ち硬い表情からは想像できない「汽車ぽっぽ」などを描いた。痛みの中でもできるだけ身の回りのことを自分でやり通そうとした父は、亡くなる数日前、珍しく庭に出て、母のいれたココアを「おいしい」と飲み、91歳の天寿を全うした。

　「家外」(「家内」の言葉に対して)と冗談を飛ばし、仕事に多くの時間を費やすことを支えてくれた家族、幸せを願ったつもりが、かえって辛い思いをさせてしまった我が子からも、「今日までそれと気がつかせぬほどのさりげなさで」優しさが届けられていた。

　今も会えば勇気づけてもらってばかりの先輩の先生、いのちの授業をともにつくってくれた同僚や研修会に参加してくださった方々、生き辛さを抱えていた頃の思いを事例として載せることを了解してくれた教え子たち、貴重な示唆を与えてくださった一期一会の方々、さまざまな多くの人たちに教えられ、いのちについて考えてきた細々とした営みをまとめることができました。感謝の気持ちで一杯です。

　行きつ戻りつ、緩やかな歩みしかできない私を我慢強く支えてくださり、一冊の本として世に送り出してくださる金剛出版取締役の立石正信氏には、感謝の気持ちを言葉では言い尽くせません。

　この拙著が、一人でも多くの子どもの生き辛さに寄りそい、いのちを救う一助につながれば、望外の喜びです。

　　2015年7月

　　　　　　　　　　　　　　　　　　　　　　　　　　　　阪中順子

参考文献

会田元明（1999）子どもと向かいあうための教育心理学実験　ミネルヴァ書房
愛知県立高等学校学校保健会（1980）精神保健の指導──登校拒否と自殺　東山書房
愛知県教育委員会（1974）精神健康指導の手引き第一集　自殺問題を中心にして
赤尾克巳，八尾坂修（1998）教育データーランド'98→'99　時事通信社
赤澤正人，松本俊彦ら（2012）自傷行為と過量服薬における自殺傾向と死生観の比較　自殺予防と危機介入　Vol.32.
Alec L. Miller, Jill H. Rathus and Marsha M. Linehan（2007）Dialectical Behavior Therapy with Suicidal Adolescents（高橋祥友訳（2008）弁証法的行動療法──思春期患者のための自殺予防マニュアル　金剛出版）
American Association of Suicidology（AAS）（2014）About the National Center for the Prevention of Youth Suicide http://www.suicidology.org/ncpys/about
青野慶久（2013）こんな働きがあってもいいじゃないか　東洋経済オンライン http://toyokeizai.net/articles/-/26387
青木省三（2009）思春期のこころの病　NHK厚生文化事業団
青木省三（2011）新訂増補 思春期の心の臨床──面接の基本とすすめ方　金剛出版
青木省三編著（2012）子どものうつ　こころの科学　第162号
新井肇，古谷大輔，阪中順子（2011）教員の自殺予防に関する意識の現状　日本生徒指導学会第12回大会発表（フォーラム学校における子どもの自殺予防教育の現状と課題において）資料
新井肇（2014）アメリカにおけるメンタルヘルスの公民連携（弘田洋二，柏木宏，矢野裕俊　科学研究費補助金研究報告書　社会的条件不利にとりくむ学校メンタルヘルスマネジメントの研究）pp.32-36
Brent, D. A Poling K. D. & Goldstein, T. R.（2011）Treating Depressed and Suicidal Adolescents A Clinician's Guide. New York Guilford（高橋祥友訳（2012）思春期・青年期のうつ病治療と自殺予防　医学書院）
Bonanno, G.A.（2009）The Other Side of Sadness What the new science of bereavement tells us about life after loss. New York Basic Books（高橋祥友監訳　高橋晶ら訳　リジリエンス　悲嘆についての新たな視点　金剛出版）
Caplan, G.（1964）Principles of Preventive Psychiatry. Basic Books（新福尚武監訳（1970）予防精神医学　朝倉書店）
張賢徳（2007）日本自殺予防学会の取組み　平成19年版自殺対策白書　内閣府
傳田健三（2008）児童・青年期の気分障害の臨床的特徴と最新の動向　児童青年精神医学とその近隣領域　Vol.49, No.2
Douglas Jacobs, Barent Walsh（2009）Signs of Self-Injury Screening for Mental Health,

参考文献

Inc.The Bridge Central MA（松本俊彦監訳（2010）学校における自傷予防　金剛出版）
Effie Malley（2011）Cliff-Edge and Upstream-Both Approaches Needed in Suicide Prevention AAS National Center for the Prevention of Youth Suicide
榎本博明（1996）自殺——生きる力を高めるために　サイエンス社
藤原和博（2007）校長先生になろう　日経BP社
藤川大祐（2009）こころの病気を学ぶ授業プログラムの開発に関する調査研究　NPO法人企業教育研究会
深谷昌志（2001）中学生の悩み　モノグラフ・中学生の世界　Vol.70　ベネッセ教育総合研究所
福田示智恵（1997）ひとりでつづれるまで　つづる　第9号　つづり方教育研究会
Goethe, J. W.（1833）Dichtung Und Wahrheit. Aus MeiNem Leben.（山崎章甫訳　1997　詩と真実　岩波書店）
針間博彦，白井有美，崎川典子，岡田直大（2009～2010）マインドマターズ（1）～（8）こころの科学　Vol.143-150
橋本治（1998）いじめと自殺の予防教育　明治図書
兵庫・生と死を考える会（2005）大切さを実感させる教育のあり方　平成16年度ヒューマンケア実践研究支援事業成果報告書　21世紀ヒューマンケアー研究機構
兵庫・生と死を考える会（2006）大切さを実感させる教育のあり方　平成17年度ヒューマンケア実践研究支援事業成果報告書　21世紀ヒューマンケアー研究機構
茨城県教育研修センター（2001）予防的な学校教育相談の在り方　研究報告書　第44号
稲村博（1978）自殺防止　創元社
稲村博（1981）心の絆療法　誠信書房
稲村博（1994）自殺（高野清純，國分康孝，西君子編　学校教育相談カウンセリング辞典）教育出版
石毛みどり，無藤隆（2006）中学生のレジリエンスとパーソナリティーとの関連　パーソナリティー研究Vol.14 pp.266-280
石井完一郎（1970）自殺研究序説（上里一郎編　自殺行動の心理と指導）ナカニシヤ出版
石井完一郎（1971）京大生の自殺について（1）京都大学学生懇話室紀要　第一輯
石井完一郎（1980）自殺研究序説（上里一郎編　自殺行動の心理と指導）ナカニシヤ出版
岩坂英巳（2004）AD/HDのペアレント・トレーニングガイドブック　じほう
Joiner T E, Van Orden K A, White T K, et al.（2009）The Interpersonal Theory of Suicide : Guodance for working with suicidal clients American Psychological Association. Washington, DC, 2009（北村俊則監訳（2011）自殺の対人関係理論——予防・治療の実践マニュアル　日本評論社）
自治体国際化協会（1999）オーストラリアの青少年政策：青少年の生活と直面する諸問題——CLAIR REPORT　第187号
影山隆之ほか（2005）平成17年度厚生労働省科学研究補助金（こころの健康科学研究事業）自殺の実態に基づく予防対策の推進に関する研究
家庭裁判所調査官研修所（2001）重大少年事件の実証的研究　司法協会
加藤正明（1996）対談　危機をめぐって（稲村博，斎藤友紀夫編　危機カウンセリング　現代のエスプリ　No.351）
加藤敏，八木剛平編著（2009）レジリアンス　現代精神医学の新しいパラダイム　金原出版
勝俣暎史（1991）自殺の危険因子（大原健士郎編著　実践・問題行動体系12　自殺）開隆堂
警察庁（1981-2013）警察白書

河合隼雄（1987）影の現象学　講談社学術文庫
河合隼雄（1999）閉ざされた心との対話　講談社
Kessler, Ronald C, (2013) National Comorbidity Survey Replication Adolescent Supplement, JAMA Psychiatry.
木下秀美（2002）不登校自殺　そのとき親は学校は　かもがわ出版
国立教育政策研究所生徒指導研究センター（2006）生徒指導体制のあり方についての調査
小塩真司，中谷素之，金子一史，長峰伸治（2002）ネガティブな出来事からの立ち直りを導く心理的特性 ── 精神的回復力尺度の作成　カウンセリング研究Vol.35 pp.57-65
厚生労働省（厚生省）(1998-2014) 自殺死亡統計の概況　人口動態の概況
厚生労働省：自殺防止対策有識者懇談会（2002）「自殺予防に向けての提言」
厚生労働省：今後の精神保健医療福祉のあり方等に関する検討会（2009）精神保健医療福祉の更なる改革に向けて
厚生労働省：地域におけるうつ対策検討会（2004）うつ対策推進方策マニュアル ── 都道府県・市町村職員のために　地域におけるうつ対策検討会報告書
熊田亘（1998）高校生と学ぶ死「死の授業」の1年間　清水書院
倉上洋行，若松秀俊（2003）保護者の養育態度と小中学生の精神的不調との関連研究　Health Sciences Vol.19 No.1 pp.58-65.
桑原茂夫（1987-2013）ちょっと立ち止まって（桑原茂夫（1982）だまし絵百科　筑摩書房）中学1年生国語教科書　光村図書
草場一壽（2004）いのちのまつり　サンマーク出版
Lester, D. (1989) Questions and Answers about Suicide.（齋藤友紀雄訳　自殺予防Q&A　川島書店　1995）
Leo Buscaglia (1998) The Fall of Freddie the Leaf（みらいなな訳（1998）葉っぱのフレディ ── いのちの旅　童話屋）
Lewin, k. (1951) Field Theory in Social Science. Harper & Brothers.（猪股佐登留訳　1957　社会科学における場の理論　誠信書房）
Maslow, A. H. (1962) Toward a Psychology of Being. Van Nostrand-Reinhold.（上田吉一訳　1964　完全なる人間　誠信書房）
松本俊彦（2009a）自傷行為の理解と援助　日本評論社
松本俊彦，今村扶美（2009b）思春期における「故意に自分の健康を害する」行動と「消えたい」体験および自殺念慮との関係　精神医学　51巻9号　pp.861-871
松谷みよ子（1987）わたしのいもうと　偕成社
文部科学省（文部省）(1987-2013) 児童生徒の問題行動等生徒指導上の諸問題に関する調査
文部科学省（文部省）(1987-2014) 学校基本調査
文部科学省：キャリア教育推進の手引作成協力者会議（2006）小学校・中学校・高等学校キャリア教育推進の手引
文部科学省：児童生徒の自殺予防に向けた取組に関する検討会（2007）子どもの自殺予防のための取組に向けて（第1次報告）
文部科学省：児童生徒の自殺予防に関する調査研究協力者会議（2009）教師が知っておきたい子どもの自殺予防
文部科学省：児童生徒の自殺予防に関する調査研究協力者会議（2010）子どもの自殺が起きたときの緊急対応の手引き
文部科学省（2008）小学校学習指導要領解説
文部科学省（2010）中学校学習指導要領解説

参考文献

文部科学省：学校第三者評価のガイドラインの策定等に関する調査研究協力者会議 (2010) 学校評価ガイドライン
文部科学省 (2011) 高等学校学習指導要領解説
文部科学省：児童生徒の自殺予防に関する調査研究協力者会議 (2011) 平成22年度児童生徒の自殺予防に関する調査研究協力者会議審議のまとめ
文部科学省：児童生徒の自殺予防に関する調査研究協力者会議 (2014) 子供に伝えたい自殺予防——学校における自殺予防教育導入の手引き
森浩太，陳國梁，崔允禎，澤田康幸，菅野早紀 (2008) 日本における自死遺族数の推計　日本経済国際共同センター
森昭三他 (2011) みんなの保健3,4年　学研教育みらい
森昭三他 (2011) みんなの保健5,6年　学研教育みらい
森昭三他 (2011) 中学保健体育　学研教育みらい
村瀬嘉代子 (2003) 相談するということ（日本臨床心理士会編　臨床心理士に出会うには）創元社
村瀬嘉代子 (2009) 新訂増補 子どもと大人の心の架け橋——心理療法の原則と過程　金剛出版
村瀬孝雄 (1996) 中学生の心とからだ——思春期の危機をさぐる　新版　岩波書店
長岡利貞，中川信平，大原健士郎，稲村博ら (1975) 中・高校生の自殺をどう防止するか　学事出版
長岡利貞 (1980a) 中・高校生の自殺予防　東山書房
長岡利貞 (1980b) 中・高生の自殺——学校教育との関連から（上里一郎編　自殺行動の心理と指導）ナカニシヤ出版
長岡利貞 (2012) 自殺予防と学校——事例に学ぶ　ほんの森出版
長崎県教育委員会 (2005) 児童生徒の「生と死」のイメージに関する意識調査を生かした指導
内閣府 (2007) 低年齢少年の生活と意識に関する調査　内閣府政策統括官
内閣府 (2012-2014) 平成24-26年版自殺対策白書
中久郎 (1966) 青年の自殺（高坂正顕，臼井二尚編　日本人の自殺）創文社
日本学校保健会 (2009) 保健室利用状況に関する調査報告書
日本イーライリリー株式会社 (2012) 学校での精神疾患理解のために　支援活動報告書 2012年度
日本自殺予防学会 (2004) 地域と家庭における自殺予防のための手引き書　いのちの電話
日本レクリエーション協会 (1995) 新グループワーク・トレーニング　遊戯社
日本青少年研究所 (2009) 中学生・高校生の生活と意識調査
日本青少年研究所 (2011) 高校生の心と体の健康に関する調査
西脇市教育委員会 (2007) 地域教育力向上に向けて
西尾明 (1983) 青少年の自殺（江見佳俊編　問題行動の心理と指導）福村出版
Nock M.K., Green J.G., Hwang I., McLaughlin K.A., Sampson N.A., Zaslavsky A.M., Kessler R.C., (2013) Prevalence, Correlates, and Treatment of Lifetime Suicidal Behavior among Adolescents : Results from the National Comorbidity Survey Replication Adolescent Supplement.. JAMA Psychiatry. ; 70 (3)：300-310. http://archpsyc.jamanetwork.com/article.aspx?articleid=1555602（2014.10.3アクセス）
則定百合子 (2008) 青年期における心理的居場所感の構造と機能に関する実証的研究　神戸大学大学院総合人間科学研究科博士論文
NSW (New South Wales) Department of Education and Communities (2012) Mindmatters

http://www.curriculumsupport.education.nsw.gov.au/secondary/pdhpe/pdhpe7_10/health_education/mm_001.htm　http://www.lib.kobe-u.ac.jp/repository/thesis/d1/D1004275.pdf
OECD Family database（2012）Teenage suicides
　　　http://www.oecd.org/social/family/database.htm（2013）
小此木啓吾（1979）対象喪失——悲しむということ　中公新書
大原健士郎（1991）自殺とは（大原健士郎編著　実践・問題行動教育体系12　自殺）開隆堂　pp.5-26
大貫隆志，武田さち子，住友剛（2013）指導死　高文研
大阪府人権教育協議会　感情ポスター　いまどんな気持ち
　　　http://homepage3.nifty.com/daijinkyo/kyozai/download/page.htm（2013）
大塚明子（1998）中学生の自殺親和状態尺度の開発と自殺親和状態に関する要因の研究　早稲田大学大学院修士論文
小澤竹俊（2006）13歳からの「いのちの授業」大和出版
Pfeffer, R. C.（1986）The Suicidal Child. The Guilford Press（高橋祥友訳　1990　死に急ぐ子供たち）中央洋書出版部）
Pitcher, G. D., & Poland, S.（1992）Crisis Intervention in the Schools. The Guilford Press.
Poland, S.（1989）Suicide Intervention in the Schools. The Guilford Press.
Ross, C.（1985）Teaching Children the Facts of Life and Death : Suicide prevention in the schools. In Peck, M., Farberow, N., & Litman, R.（Eds.）Youth Suicide. Springer.
埼玉県教育局指導課（1978）児童生徒の自殺の実態とその防止のために
齋藤友紀雄（2013）書評（自殺予防と学校——事例に学ぶ　ほんの森出版）自殺予防と危機介入　第33巻第1号
阪中順子（2000）中学校における自殺予防プログラムの開発的研究　兵庫教育大学修士論文
阪中順子（2001）喪失体験により抑うつ症状を呈した女子高校生の事例（上地安昭編著　学校の時間制限カウンセリング）ナカニシヤ出版
阪中順子（2001）自殺予防（國分康孝監修　現代カウンセリング事典）金子書房
阪中順子（2002）中学生の自殺を防ぐために学校ができること　日本社会精神医学会雑誌　第11巻　第2号　日本社会精神医学会　pp.229-233
阪中順子（2003）中学校における危機介入の具体化のために　自殺予防と危機介入　第24巻第1号　pp.10-17
阪中順子（2004）学校における自殺予防教育——自殺予防プログラムを実施して　こころの科学　第118巻
阪中順子（2005a）院内学級における教師カウンセラー（上地安昭編著　教師カウンセラー——教育に活かすカウンセリングの理論と実践）金子書房
阪中順子（2005b）教育分野からみた思春期における危険因子　自殺予防と危機介入　第26巻第1号　pp.548-553
阪中順子（2006）中学生の自殺予防　精神療法　第32巻第5号
阪中順子（2007）学校現場から見た子どもの生と死　発達　第109号　ミネルヴァ書房
阪中順子（2007）いじめが原因と見られる自殺が問題となっていますが，学校における自殺予防教育について教えてください　自殺対策ハンドブックQ&A　ぎょうせい
阪中順子（2008）学校における自殺予防教育　現代のエスプリ488号
阪中順子（2009）中学生の自殺予防（高橋祥友編著　セラピストのための自殺予防ガイド）金剛出版

参考文献

阪中順子（2009）学校における自殺予防教育（高橋祥友，竹島正編　自殺予防の実際）永井書店

阪中順子（2010）自殺予防（上地安昭編著　教師カウンセラー・実践ハンドブック）金子書房

阪中順子（2010）教師の指導がきっかけと思われる自殺への対応　月刊教職研修　9月号　第457号

阪中順子（2010）「教師が知っておきたい子どもの自殺予防」解説——心の危機におちいった子どもたちの叫びに応えるために　児童心理6月号　第64巻第8号

阪中順子（2011）自殺予防——自傷する子どもや死にたいと訴える子どもにどう関わるか（新井肇編著　現場で役立つ生徒指導実践プログラム）学事出版

阪中順子（2011）子どもの自殺予防——生徒向け自殺予防プログラムを中心に　児童青年精神医学とその近隣領域　Vol.24, No.3

阪中順子（2013）子どもの自殺について考える（第1-3回）小学保健ニュース　No.1007, 1008, 1009付録

阪中順子（2013）日本の学校における自殺予防プログラムの具体的展開に向けて——米国及び豪州の自殺予防プログラムからみえてくるもの　児童青年精神医学とその近隣領域Vol.54（3）pp.282-288

阪中順子（2013）こんな叱り方はNG　授業力＆学級統率力7月号

阪中順子（2014）若者層の自殺について　体と心保健総合大百科　中・高校編　少年写真新聞社

Shneidman, E. S.（1985）Definition of Suicide. John Wiley Sons.（白井徳満，白井幸子訳（1993）自殺とは何か　誠信書房）

総務省行政評価局（2005）自殺予防に関する調査結果報告書

総理府青少年対策本部：青少年の自殺問題に関する懇話会（1979）青少年の自殺に関する研究調査

総理府少年対策本部：青少年の自殺問題に関する懇話会（1979）子供の自殺防止対策について（提言）

総理府青少年対策本部：青少年の自殺問題に関する懇話会（1981）子どもの自殺予防のための手引き書

総務庁青少年対策本部（1998）青少年白書

鈴木章昭（2010）高等学校における授業を通じた心理教育的援助サービスについて　神奈川県立総合教育センター長期研究員研究報告

高橋祥友（1992, 2006, 2014）自殺の危険（第3版）金剛出版

高橋祥友（1997）自殺の心理学　講談社

高橋祥友（1999）青少年のための自殺予防マニュアル　金剛出版

高橋祥友（2002）WHOによる自殺予防の手引き　自殺と防止対策の実態に関する研究　平成14年度厚生労働科学研究費補助金（こころの健康科学研究事業）研究」報告書

高橋祥友編著　新井肇，菊地まり，阪中順子（2008, 1999）新訂増補　青少年のための自殺予防マニュアル　金剛出版

高橋祥友（2011）教育の危機管理　週刊教育資料　No.1148

武田さち子（2004）あなたは子どもの心と命を守れますか！　WAVE出版

田中英高，寺島繁典，竹中義人，永井章，Magnus Borres（2002）日本の子どもの自殺願望の背景に関する一考察　心身医学　Vol.42 No.5　pp.293-300.

戸田芳雄（2012）新しい保健体育　東京書籍

東京都立教育委員会（2009）「子供の自尊感情や自己肯定感を高めるための教育」の研究について

参考文献

東京都立教育研究所相談部（1982）子供の「生と死」に関する意識の研究
得丸定子編著（2009）学校での「自殺予防教育」を探る　現代図書
冨永良喜（1998）授業に生かせる教師のための「ストレスマネジメント教育」兵庫教育大学ストレスマネジメント教育臨床研究会
筑波大学こころの健康委員会編（1994）筑波大学ガイダンス・マニュアル（自殺予防のために）
上田敏彦（2013）子どもの死の考え方　北海道子どもを支える教育者のための自殺予防ゲートキーパー専門研修資料
上地安昭（2003）教師のための学校危機対応実践マニュアル　金子書房
和唐正勝，髙橋健夫他（2013）現代高等保健体育（高等学校教科書）大修館書店
渡辺真（2006）現代青少年の社会学　世界思想社
World Health Organization（2000）Preventing Suicide : A Resource for Teachers and Other School Staff（河西千秋，平安良雄監訳（2007）教師と学校関係者のための手引き　横浜市立大学医学部精神医学教室）
山下文夫（2008）生と死の教育「いのち」の体験授業　解放出版社
山登敬之（2012）子どものうつ病と薬物療法　こころの科学　Vol.162

◆ 著者略歴

阪中 順子［さかなか じゅんこ］

大阪生まれ　奈良県在住
大阪府立大学経済学部卒業
兵庫教育大学大学院学校教育研究科（生徒指導コース）修了
公立小中学校教諭
四天王寺学園小学校，四天王寺学園中学校カウンセラー現職
臨床心理士　学校心理士スーパーバイザー
文部科学省「児童生徒の自殺予防に関する調査研究協力者会議」委員
日本自殺予防学会理事

◆ 著書

「学校の時間制限カウンセリング」（共著）（ナカニシヤ出版）
「教師カウンセラー――教育に活かすカウンセリングの理論と実践」（共著）（金子書房）
「新訂増補　青少年のための自殺予防マニュアル」（共著）（金剛出版）
「自殺予防の実際」（共著）（永井書店）
「現場で役立つ生徒指導実践プログラム」（共著）（学事出版），他

学校現場から発信する子どもの自殺予防ガイドブック
いのちの危機と向き合って

2015年8月20日　発行
2023年10月10日　3刷

著者 ──── 阪中順子
発行者 ──── 立石正信
発行所 ──── 株式会社 金剛出版
　　　〒112-0005 東京都文京区水道1-5-16　電話 03-3815-6661
　　　振替 00120-6-34848

装画●岡田忠春
印刷・製本●デジタルパブリッシングサービス

©2015 Printed in Japan
ISBN978-4-7724-1444-9 C3011

自殺の危険［第4版］
臨床的評価と危機介入

［著］＝高橋祥友

A5　上製　504頁　定価6,380円

自殺の危険を評価するための正確な知識と
自殺企図患者への面接技術の要諦を
多くの最新事例を交えて解説した
画期的な大著。改訂第4版。

自殺防止の手引き
誰もが自殺防止の強力な命の門番(ゲートキーパー)になるために

［著］＝羽藤邦利

B6判　並製　262頁　定価3,080円

精神科医歴50余年。
長年自殺防止活動に携わり,
1万人を超える診療経験に裏打ちされた
「自殺防止活動のための手引き書」！

自殺学入門
幸せな生と死とは何か

［著］末木 新

A5判　並製　194頁　定価3,080円

ヒューマニティの視点から語られることが多かった自殺や
自殺予防について,
科学的な知見や様々な考え方を紹介しながら考察する。

価格は10％税込です。